幼儿园园长的领导艺术

任民　李迎春◎著

中国轻工业出版社

盾，让教师失去理智，完全失去反思空间，情绪处在激烈对抗状态。这样的思想教育工作是很难见效的。所以，园长不妨先让一步，态度和缓一些，先肯定这位教师的优点，尤其要指出其过去具体的成绩。这样做比较容易被教师接受，而且更为教师提供了一个反思的空间。有了反思的空间，教师才可能认识到自己的错误。

　　对于很多工作，园长都可以采取以退为进、以守为攻的做法。事实上，往往园长为教师让一步，教师会为园长让两步。退一步，往往视野更加宽阔，把下一步的走法看得更加清楚。

　　（2）以迂为直。有时直来直去的方式会让人难堪，绕绕弯才容易被人接受。在几何学里，两点之间最短的距离是直线；可是在现实工作中，问题往往没有这样简单。两点之间充满障碍和不确定因素；这时，绕过障碍达到目标比清除障碍达到目标代价要小得多；所以，军事学上，强调以迂为直。

　　有的问题不能直接解决，就应该考虑迂回策略。比如，直接做教师本人的工作不好做，可以做他的家人或好友的工作。再比如，有时教师加班比较多，家属意见很大，幼儿园可以在年终为家属颁发支持奖。颁奖的过程也是让家属了解、理解园里工作的过程，可以大大减少他们的不满情绪。

　　（3）以柔克刚。有时刚性方式叫人难以接受，就采用柔性方式，"随风潜入夜，润物细无声"。柔性的方式往往能收到春风解冻、和气消冰之效。

　　由此可见，"阴谋"是一种柔性风格的谋略，与阴谋诡计不可同日而语。当然"阴谋"中也包括"阴谋诡计"，但是又不仅限于此。"阴谋"中那些无损于人而有利于解决问题的内容是每一位幼儿园管理者都应该认真学习研究的。

　　明代学者陆灼在《艾子后语》中讲了一个寓言故事，可以帮助我们理解阴谋的合理性。

　　艾子游于郊外，弟子通、执二子从焉，渴甚，使执子乞浆于田舍。有老父映门观书，执子揖而请，老父指卷中"真"字问曰："识此字，馈汝浆。"执子曰："'真'字也。"父怒不与，执子反以告。艾子曰："执也未达，通也当往。"通子见父，父如前示之。通子曰："此'直八'两字也。"父喜，出家酿之美者与之，艾子饮而甘之，曰："通也智哉！使复如执之认真，一勺水吾将不得吞矣。"

这个故事十分平常，却蕴涵很深的人生哲理。艾子的两位学生的"执"与"通"分别象征着两种截然不同的人生态度。"执"是阳，代表理想主义，"通"是阴，代表现实主义。"执"是"仁"，通是"智"。"执"是山的性格，"通"是水的品质。执子执着、认真、有原则性，而通子通达、变通、有灵活性。

在解决取水问题上，执子采用阳谋碰壁了，通子采用阴谋却成功了。谁对谁非呢？这个问题很难回答，因为世界是多彩的，很难说赤、橙、黄、绿、青、蓝、紫哪种颜色最美，很多问题难用是非定论。

执子好像是对的，他追求人生的真善美，信守做人原则，不轻易为现实利益所动，正是这种认真精神推动着人类历史进步，但是面对性情古怪的老翁解决不了问题。通子好像也是对的，他尊重老师，老师"渴甚"，就要为老师讨到水喝。为了从那个古怪老翁处讨到水，他不固执、死板，把"真"念成"直八"，他有灵活、变通的精神。

执子尊重原则，用的是"阳谋"。通子尊重现实，用的是"阴谋"。

可见"阴谋"、"阳谋"各有其合理性。因此，《易经·系辞传》云："一阴一阳之谓道"。

显然，领导艺术就是阴阳并用、刚柔相济，把原则性与灵活性结合起来。

在事关全局、原则的问题上，园长必须执着认真，旗帜鲜明。但是在具体的策略上，又必须讲究"通"的艺术，审时度势、随机应变、适时调整。如果在具体的策略上，只讲"执"、不讲"通"，只讲认真、不讲如何认真，只讲刚性、不讲柔性，只讲阳谋、不讲阴谋，就难免处处碰壁，一事无成。

综观中国古代诸子百家，似乎讲"阳谋"的少，讲"阴谋"的多。基本上儒家讲阳谋，讲仁、义、礼、智、信、恭、宽、信、敏、惠，浩然正气。而道家、法家、兵家、纵横家基本上讲"阴谋"，比如兵家讲的"兵无常势，水无常形，能因敌变化而取胜者谓之神"，道家的"无为而无不为"、"柔弱胜刚强"、"大象无形"，法家的法、术、势并用，纵横家的捭阖术、远交近攻等皆是贵阴的谋略——阴谋。

实际上，优秀领导都有儒道互补、阴阳并用的性格，明白阴阳本身就是一个矛盾统一体，阴以阳为体，阳以阴为用。因此他们能够以博大的胸襟、悠然的气度容纳两种看似对立的观念，并灵活地应用和转换两种观念解决复杂的问题。他们的长处在于能够灵活地应用两种谋略，首先在思想方向上讲阳谋，树立旗帜，坚持纲领；然后在具体策略上讲阴谋，强调方法手段的灵活性。他们的智慧就在于审时度势，沟通理想与现实，有经有权，发挥创造性。

从这个角度讲，领导艺术本质上就是阴阳相合的艺术，也是把正确方向和灵活策略结合起来，创造性解决问题的能力。

从领导艺术的本质要求出发，园长既要有理想主义的态度，坚持正确的办园方向，遵循科学的幼儿教育理念，以服务幼儿、服务家长的双重任务为本，保教结合，做好教职工的思想教育工作，引导大家向前看，制定严格的规章制度，规范员工行为；但是又要有变通的智慧、胸襟和气度，懂得委曲求全，具体问题具体分析，尊重现实，不抱残守缺，改革创新，既有对人生理想的执着追求，又有因地制宜、因人而异、因势利导、老成谋事的工作智慧。

正是基于对领导艺术的这种理解，本书从领导艺术的基本原则、做服务型领导、领导者的事务管理、学习王者之范、摆平人际关系、打造亲和力、知人善任、学会做决策、提高制度管理的执行力、做好激励工作、把握思想教育工作的规律、做好家长工作、学会运筹时间、学会反思十四个角度阐述了幼儿园园长创造自己的领导艺术应遵循的基本指导精神。

本书内容有以下四个特点：

（1）应用现代领导科学的基本原理分析幼儿园园长在领导工作中遇到的各种问题，并广泛借鉴中国古代的领导智慧，提出一些前人未发掘的新颖观点。比如把《道德经》中的大象无形、大白若辱、大方无隅、大器晚成、大音希声、大成若缺、大盈若冲、大直若屈、大巧若拙、大辩若讷、大智若愚、大公无私的思想和园长工作结合，提炼出能够指导园长创造属于自己风格的领导艺术的十一个原则：真实性原则、自然性原则、非功利性原则、柔性原则、包容性原则、开放性原则、变通性原则、内涵性原则、适当缄默性原则、隐身性原则、服务性原则，这种分析概括符合老子思想的主旨，又对园长极具指导作用。

（2）立足于幼儿园园长实践现场，具有很强的针对性。本书作者从1998年开始从事河南省幼儿园园长培训工作，在培训教学工作中特别重视通过让园长写案例分析作业和座谈的形式向园长们收集案例和问题，了解幼儿园园长有哪些困惑，有哪些智慧以及需要哪些方面的指导。因此本书是积 15 年的准备对园长们怎样提升领导艺术问题的集中回应，十四章每章回应一个大问题，有理论，有实践策略的建议，是国内比较完整地专论幼儿园园长领导艺术的著作，希望对同行开启此类研究起到抛砖引玉的作用。

（3）本书立论常有独到的视角。在融合现代领导科学、中国古代领导哲学、一线园长的实践材料以及学前教育思想、心理学、教育学等基础上，通过对园长实践经验和教训的反思，本书提出一些观点，具有一定的新意。这些内容在作者的园长培训教学过程中得到园长们的热烈响应，也希望能给读者朋友提供一定的启示。

（4）本书提供了一定数量的一线幼儿园园长工作中的真实案例材料，使之贴近园长的实际工作，无疑更增添了亲近感。这些案例材料启迪了作者的理性思考，有助于年轻园长对幼儿园领导方式有一个直观的把握，也使这本书更具通俗性和可操作性。

本书适合一线幼儿园园长及骨干教师、教育行政干部、学前教育专业大学生及各级培训系统管理者和教学人员阅读。

任　民

2013 年 6 月 24 日

目 录

第 1 章 领导艺术的基本原则——大象无形
- 一、真实性原则 ··· 2
- 二、自然性原则 ··· 4
- 三、非功利性原则 ··· 6
- 四、柔性原则 ··· 7
- 五、包容性原则 ··· 8
- 六、开放性原则 ·· 10
- 七、变通性原则 ·· 10
- 八、内涵性原则 ·· 11
- 九、适当缄默性原则 ·· 13
- 十、隐身性原则 ·· 13
- 十一、服务性原则 ·· 14

第 2 章 做服务型领导——太上，不知有之
- 一、以"侮之"型领导为戒，从树威立信开始 ················ 18
- 二、不要做"畏之"型领导者 ······························· 19
- 三、做"亲而誉之"型的领导 ······························· 21
- 四、"不知有之"型领导最了不起 ··························· 25
- 五、怎样做服务型领导 ······································ 30

第3章 领导者的事务管理——有所为有所不为
一、处理好无为和有为的关系 … 35
二、向狮子学习专注于自己的目标 … 37
三、做好授权工作 … 40
四、把握例外原则 … 41
五、搞好权力的平衡 … 46

第4章 学习王者之范——以德行仁者王
一、提升政治素质 … 48
二、提升文化素质 … 52
三、提升科学调度能力 … 56
四、灵活地把握刚柔手段 … 58
五、做好沟通工作 … 62
六、学会倾听 … 63

第5章 摆平人际关系——君子和而不同
一、明确幼儿园人际关系管理的重要性 … 69
二、了解人际关系理论 … 70
三、协调人际关系的两个法则 … 74
四、处理好与教师的关系 … 76
五、解决教职员工之间的矛盾 … 81
六、处理好公众关系 … 84

第6章 打造亲和力——以人为本
一、把教师放在中心地位 … 89
二、学会"唱红脸" … 92
三、把握打造亲和力的潜规则 … 94
四、树立温和的外在形象 … 96

五、无情纪律，有情操作 ········ 96
　　六、虚心接受批评意见 ········ 98
　　七、正确对待不同性格的教师 ········ 100
　　八、做好"容"字文章 ········ 101

第 7 章　知人善任——用人如器
　　一、园长首先要"知人" ········ 107
　　二、"善任"的指导精神 ········ 111

第 8 章　学会做决策——谋在于众，断在于独
　　一、管理就是决策 ········ 125
　　二、决策的四种风格 ········ 126
　　三、决策的原则 ········ 128
　　四、科学决策的"十胜"标准 ········ 131
　　五、提升决策品质的技巧 ········ 140

第 9 章　提高制度管理的执行力——任是无情也动人
　　一、明确制度管理的必要性 ········ 143
　　二、制定规章制度应注意的问题 ········ 144
　　三、制度管理必须与人性化管理结合 ········ 145
　　四、规章制度的执行必须具有严肃性 ········ 147
　　五、在执行过程中不断地完善规章制度 ········ 150
　　六、园长要带头执行规章制度 ········ 152

第 10 章　做好激励工作——九万里风鹏正举
　　一、目标激励 ········ 154
　　二、竞争激励 ········ 155
　　三、尊重激励 ········ 156

四、赏识激励 ·· 158
　　五、公平激励 ·· 160
　　六、参与激励 ·· 161
　　七、感情激励 ·· 162
　　八、支持激励 ·· 163
　　九、领导行为激励 ·· 164
　　十、奖惩激励 ·· 166

第11章　把握思想教育工作的规律——围师必阙
　　一、为什么要做思想教育工作 ···································· 169
　　二、思想教育工作要与帮助教师解决具体困难结合起来 ·············· 173
　　三、不能过高地估计经济杠杆的作用 ······························ 173
　　四、思想教育工作要着力解决师幼关系问题 ························ 174
　　五、通过思想教育工作维护教师的心理健康 ························ 178
　　六、要善于发现好的典型，树立学习榜样 ·························· 180
　　七、批评处分教师要有灵活性 ···································· 181
　　八、处理错误行为要讲"围师必阙" ······························ 182

第12章　做好家长工作——相看两不厌
　　一、帮助家长规范幼教理念 ······································ 186
　　二、树立为家长服务的意识 ······································ 189
　　三、指导教师做好家长工作 ······································ 193
　　四、建立合理的家长工作制度 ···································· 195
　　五、园长要做教师和家长之间沟通的桥梁 ·························· 197

第13章　学会运筹时间——一寸光阴不可轻
　　一、要有时间管理的意识 ·· 201
　　二、要重视时间管理工作的有效性 ································ 203

三、做好目标设置和计划管理工作 ··· 205
四、学会按优先级做事 ··· 208
五、学会集中利用时间 ··· 209
六、大胆授权 ·· 210
七、提高会议效率 ·· 213
八、培养提高时间管理效率的一些好习惯 ······································· 215

第14章 学会反思——君子有九思
一、正确地认识反思 ··· 217
二、反思的角度 ··· 222

第1章 领导艺术的基本原则
——大象无形

领导艺术的最高境界是大象无形，大象无形意谓世界上最大的形象，却无法看到它的形体。"大象"意味着内容无比崇高和丰富，能够给人巨大的影响；"无形"意味着它的影响是无声无息的，群众不知不觉就已经受到教益，接受影响。

世上最大象无形的事物莫过于天了吧？谁能看到天？可是天存在，天用无比巨大的胸怀给众生提供了成长的空间，又用日月和北斗给众生指引了发展的方向。天何曾对众生说过："我是造物主，你们都得对我顶礼膜拜！"当你志得意满的时候，何曾想过天的功劳？可是当你在工作和生活中遇到巨大困难而一筹莫展的时候，会想到它，会高声喊："天哪！"天启示我们，世界上最伟大恢宏的气派和境界，从不拘泥于一定的形式之规，而是隐在幕后以让人觉察不到的方式引导着生活，创造着秩序，并用温柔的眼睛守护着一切。

因此，领导艺术的最高境界就是大象无形。作为幼儿园管理者，谁的境界都不可能达到天的水平，但是可以学习天的大象无形的境界，不断改进自己的领导风格，做到在一时一事中以大象无形的方式，解决矛盾、化解纠纷，创造没有威压感的组织氛围和自主工作秩序。

大象无形是老子在《道德经》第四十一章里揭示的领导艺术境界。其实，老子不仅讲大象无形，还在《道德经》第四十一章讲"大白若辱、大方无隅、大器晚成、大音希声"，在《道德经》第四十五章接着讲"大成若缺、大盈若冲、大直若屈、大巧若拙、大辩若讷"。实际上，老子还把大公无私当作领导智慧，因为他在《道德经》第七章讲"非以其无私邪，故能成其私"，在《道德经》第六十六章讲"以其不争，故天下莫能与之争"。再加上后人受他启示悟出的"大智若愚"，老子思想共有"十一大"，可以作为大象无形的最好注脚：

大白若辱：最洁白的东西，看起来好像有点污点；

大方无隅：最方正的东西，反而看不到棱角；

大器晚成：最贵重的东西，总是最后才完成；

大音希声：最美妙的音乐，却听不到一个音符；

大成若缺：最完美的东西，却好像有残缺；

大盈若冲：最充实的东西，好像很空虚；

大直若屈：最正直的东西，好像是弯曲的；

大巧若拙：最灵巧的东西，好像很笨拙；

大辩若讷：最卓越的辩才，好像不会说话；

大智若愚：最聪明的人，好像与愚人没什么两样；

大公无私：最公正的人，将自己置之度外。

从老子的"十一大"思想中，我们可以提炼出园长在创造属于自己风格的领导艺术时应该遵循的十一个重要原则。

一、真实性原则

所谓大白若辱，就是强调真实性原则，启示园长要增加自己的魅力，提升自己的人气，不可用刻意掩饰缺点的做法在自己和群众之间挖设鸿沟。从心理学的角度讲，一个人没有缺点，是不可爱的，因为大家感觉他不真实。因此，园长不可随便放大优点，遮掩缺点。有时，一些小缺点只管率性展现，反而会缩短与大家的距离。有时，小缺点也可以成为自己的特点，增加自己的魅力。

从真实性出发，鹤立鸡群的冲动是领导艺术之大忌，因为鹤立鸡群的想法本身就是脱离群众的冲动。一个领导者如果脱离群众，不接地气，是不可能有生命力的。因此，园长不能因为自己处于领导者地位就傲视群众，或者认为领导就要有领导的样子，不能在教职工面前暴露缺点。曾国藩说："做人一定要像人，做官不可像官。"园长如果太像官了，不仅难以调动教职工的积极性，还会使自己成为孤家寡人而背上过重的负荷，使自己身心俱疲，乃至出现严重的职业倦怠。

鹤立鸡群的错误在于使自己因为重心过高而失去群众基础，大白若辱则是医治这种病态的最佳药方，即承认自己有缺点和错误，需要大家帮助，使自己和大家成为互相帮助的关系，在这种关系中每个人都不可缺少。

园长之所以需要大白若辱，是因为领导与管理不同。管理主要是做事，做事需要个性，需要创意；而领导却是做人的工作，需要建立和谐、合作的关系，需要整合别人的创意。因此做人的工作就需要跟群众近距离接触，让群众有意见敢说，有建议敢提，有困惑敢问，有困难敢讲，然后通过接受意见改进领导工作，通过吸纳合理化建议使管理更完善，通过解疑释惑帮助教职工提高工作效率，通过了解教职工困难并帮助他们解决困难而提高士气。所以，与人建立和谐、合作的关系是园长应该具备的基本能力，这样园长就不能自视甚高而脱离群众，相反要把自己融入到群众之中去，这样就必须学会尊重别人，包括尊重上级，尊重教职工，尊重幼儿，尊重家长。

与群众近距离接触而又让大家没有威胁感，是建立在共同性基础上的。所以，园长一定要学会求同存异，求同就是寻找共同点，存异就是尊重别人的特点。求同就需要园长坦率地承认自己的缺点，而不是千方百计掩饰自己的缺点，掩饰自己的缺点将使自己失去率直和真诚，进而失去与群众心灵共鸣的能力。这非但不能增加自己的影响力，反而会降低影响力。

所以，有缺点并不可怕，暴露缺点才能痛快地改正缺点。《论语·子张》中子贡说："君子之过也，如日月之食焉。过也，人皆见之；更也，人皆仰之。"子贡的话启示我们，领导的过错好比日食、月食，他若犯错，群众都看得见；他能改正过错，便人人都尊敬他。所以幼儿园领导有过而能改，通过改过行为让群众相信他对组织、对群众是负责的，可增加其公信力。

有些园长喜欢拿自己的优点对比群众的缺点，这只能使教职工产生威压感，效果适得其反；而有些园长坦率地承认自己也有某些缺点，然后努力改掉这些缺点，反而为大家做了知过能改的最好的榜样。

二、自然性原则

所谓大方无隅，老子在《道德经》第五十八章中解释："是以圣人方而不割，廉而不刿，直而不肆，光而不耀。"意思说圣人处事方正而不伤人，有棱角而不刺人，直率而不放肆，明亮而不刺眼。由此可见，圣人依天道而行，自然而然，尽管有自己的性格，但是完全不是出于刻意标榜、伤人的目的。因此，从大方无隅中，可以读出领导艺术的自然性原则。

它有三层含义：

（一）不刻意自我标榜

大方无隅的意思是说，最方正的东西反而让人忽略了它的棱角。优秀的领导者从来都是努力做自己该做的事情，无暇标榜自己有多好，或者对标榜自己毫无兴趣。他们完全遵循着自然性原则，走自己的路，做正确的事情，不怕别人非议，让事实回应议论自己的人。事实也往往如此，最好的表白是不表白！

有一位园长特别热衷于评奖、做广告，获得的各种国家级奖状、奖杯几乎可以办展览；幼儿园的广告做到公交车车身上，做到火车站里，做到报纸上；每年都不断地组织幼儿参加电视节目。但是她从不在保教工作和服务家长上下功夫，厨房里散发着霉臭味，家长的口碑非常不好。结果这个幼儿园不到两年就关门了。

还有一个一级一类示范园，从来不为自己做广告，很少上电视，节日排演节目，所有的孩子都有资格参加。尽管不做广告，可是家长都成了它的义务宣传员，所以大家千方百计都想把孩子往这个园里送。

由此可见，自己说自己好不算好，评委和媒体说自己好也不算好，孩子和家长说好才是真正好！

（二）把原则性和团结群众结合起来

大方无隅还有一层含义是说，领导者应方正自律，有自己的棱角，但是绝不能拿自己的棱角作为伤害别人的工具。

这就启示园长要把做人的原则性和团结群众结合起来。

园长需要为人正派，责己很严，但是不能苛求教职工都像自己这样，园长眼里要揉得下沙子。

园长应有犀利的口才，但是不能用犀利的口才伤害群众，园长的口才主要是用于鼓舞人心。

园长应有直率的性格，但并不因直率而放肆，因为他很会为别人着想。

园长应有明星一样的光芒，但是不会刺伤群众的眼睛，因为他平时很低调。

把原则性和团结群众结合起来，就构成一种优秀的领导品质。

（三）内方外圆

大方无隅中的"大方"启示园长骨子里要方正廉洁，"外圆"启示园长对外要有灵活性。圆是为了减少阻力，是采用的科学方法；方是立世之本。

园长过于方正，容易受伤；但是如果过圆，总想八面玲珑占别人的便宜，也必将众叛亲离。所以，优秀园长的性格是外表随和，内里严正，谦虚谨慎，通达睿智。他们知道为人处世，既要真切诚恳，也要圆活通变。

在《资治通鉴》中记载了这样的故事：

魏王攻陷了一座城池，大宴群臣。宴席上，魏王问文武百官："你们说我是明君呢还是昏君呢？"大多数官员说："大王当然是一代明君了！"可是问到任座时，正直的任座说："大王是昏君。大王您获得了胜利，攻下了城池，没有按顺序分给您的弟弟，而是分给了您的儿子，可见您是昏君。"魏王大怒，马上下令把任座赶出去。接着问下一个臣子，这位大臣说："大王是明君。"魏王心中暗喜，忙问："何以见得？"这位大臣说："有古言说：明君手下多是一些直臣，现在大王手下有像任座这样的直臣，可见大王是明君。"听罢，魏王赶快把任座重新请进来。

在这个故事中，出现了三种人，第一种人是趋炎附势的大臣，他们一味地"圆"，这些人为了名利，放弃了原则；第二种人是正直的任座，他一味地"方"，结果触犯了君王颜面，不仅没有起到作用，反而被逐出宴席；第三种人是救回任座的大臣，他是内方外圆，既顺从了魏王的心愿，又委婉地告诉了魏王明君的做派。

作为园长，应该学习这种外圆内方的领导艺术。

三、非功利性原则

所谓大器晚成，就是强调非功利性原则。大器晚成意味着作为园长要正确理解人才成长的规律，人才成长的规律是大器晚成，而不是大器早成。今天中国教育出现严重的功利化倾向，一些家长望子成龙、望女成凤心切，揠苗助长，很多幼儿园迎合家长的需要，把小学内容拿到大班甚至中班学习，给幼儿施加沉重的学习负担，结果活生生地扼杀了幼儿热爱学习的天性。

所以，园长应该懂得"欲速则不达"的道理。

人才的成长漫长得犹如马拉松比赛，在马拉松比赛中，目标是赢在终点，而不是赢在起跑线上。聪明的运动员绝不会在起跑线上拼命狂奔，而是不急不躁，科学地使用力量，因为他们志在终点。而在起跑线上拼命狂奔的运动员基本上都败在终点，因为他们过早地透支了自己的体力。

因此，作为能够给孩子童年施加很大影响的人，园长有责任树立童年意识、生命意识，尽量摒弃功利性教育思想对孩子童年生活的干扰，让园里的一切活动都围绕着"捍卫童年幸福"这个核心理念，让自己的领导艺术发挥在捍卫童年幸福方面，努力把幼儿园建设成每一个孩子快乐成长的乐园、花园。

四、柔性原则

所谓大音希声，就是强调柔性原则，意思是指园长讲话，不要采用疾言厉色的方式，因为这样会把工作对象置于对抗的立场上。尤其在幼儿园里，教职工以女性为主。女性意味着重情感，人情味比较浓，所以应该加大人文关怀的力度，多运用协助和促进而不是权威和命令的领导方式。因此，女性的领导风格更适合幼儿园。

柔性原则的本质是以情动人。园长如能做到以情动人，则意味着他已经具备了优秀园长的魅力，因而离真正优秀的园长已经不远了。

园长领导教师的手段不外"情、理、法、权"，所以领导方式可分为四种："权治"、"法治"、"理治"、"情治"。

"权治"是单纯的行政管理，以权势管人，随意性比较大，强调命令与服从，教职工会感受到威胁，心情不畅；"法治"是依法治园，教职工的威压感减少，但是单纯的"法治"会使教职工仍然处在被动状态；"理治"是思想教育的方式，大家主动认同，有了主体自觉，但是单纯的理治未必能够让教职工激情洋溢；而"情治"诉之于情感，一旦情感之弦被拨动，教师的积极性、主动性、创造性就能被充分唤醒。

一流的领导，"情治"的成分最多；二流的领导，"理治"的成分最多；三流的领导，"法治"的成分最多；末流的领导，"权治"的成分最多。园长到了只有靠权势管理的时候，已经基本上失去了领导力，更谈不上领导艺术了。反过来，园长仅仅借助于情感的因素就能领导教职工的时候，他的领导艺术必然已经达到了上乘境界。

园长以情领导教职工，经常会收到意想不到的效果。

某幼儿园有一位教师经常抽空离园上街买菜，虽然园长批评过多次但她仍然我行我素，不见成效。新园长来了一段时间以后，大家发现这个教师竟一改痼疾，再也没有出现上述违犯园章园规的事情，大家谁也不清楚新园长到底用了什么妙法绝招。原来,新园长到这位教师家中家访时,在随意的交谈中了解到她的爱人由于工作需要经常出差,孩子又小,买菜当然由她来承担了,而且家庭收入不高,还希望买便宜点的菜。搞清了原委,摸透了教师的心理,新园长推开司务长的门,悄悄地告诉他以后上市场买菜时关照一下这位老师,替她代买一下。

接连几天司务长都选购一些这位教师喜欢买的菜,要多要少没关系。价格方面,由于食堂是大批量买菜,比她自己上市场买还便宜。这位老师很高兴,非常感谢司务长。司务长让她感谢得过意不去不由道出了原委,说:"要谢就谢园长吧。"司务长把园长如何体谅、如何委托、怎样关照她的来龙去脉和盘托出。这位教师掂着菜篮子,久久地呆立着,眼睛湿润了。从那以后,她主动提前上班,休息时也深入到孩子们中间,还积极主动地为幼儿园出谋划策,"老不改"变成了"台柱子"。

这位园长的做法体现的就是柔性原则。园长没有采用刚性的方式批评她,因为还有比刚性批评成本更低、副作用更少的方法——情感投入。

情感投入至少有四个功能,一是激励功能,可以激发教职工工作和学习的积极性;二是协调功能,能够起到以心换心的作用,使教职工增强服从管理的自觉意识,促进他们与领导间的相互理解与合作;三是组织功能,能增强幼儿园内部的凝聚力,使人们在工作中形成彼此的默契和配合,取得最佳的工作成效;四是回报功能,能使教职工萌发感激之情,进而产生亲近感和认同感,从而激发工作热情———定要以优异的工作成绩来回报领导的关怀。

园长带队伍,尤其是带一支陌生的队伍,只有对教职工施以爱心,才能面对矛盾,稳住人心,赢得人心,取得主动权。

五、包容性原则

所谓"大成若缺,其用不弊",就是强调包容性原则。"水至清则无鱼,人至察则无徒"，园长眼睛里要揉得下沙子，如果不能包容别人，也就不能领导别人。

园长应该知道，以完美主义的态度要求自己叫"自虐"，以完美主义的态度要求别人，叫"虐人"。

美国著名人本主义心理学家马斯洛说："在一个长宽高只有三英尺的小房子里，人的身高也只能有三英尺。"老子说："受国之垢，是谓社稷主；受国不祥，是为天下王。"（《道德经》第七十八章）这些话都是在说，作为领导者，必须有博大的胸襟，"海吸长河远，天包大地圆"；优秀领导胸襟博大得甚至足以藏垢纳污，才具备排山倒海的动员力量。

因此，园长的胸怀要大到足以容下教职工的缺点。

容得下自己的缺憾，才能容得下别人的缺憾，容得下别人的缺憾，才能把别人组织起来，奔向共同的目标。

优秀领导无不津津乐道"上善若水"，因为水给人最显著的印象大概就是它的包容精神。所以水养山山青，润花花俏，滋苗苗壮，决不厚此薄彼；能渡大轮船也渡舢板，养鲸鲨也养虾蟹，绝无势利之心；泽被万物，普惠众生。

文化其实就是一种生态环境，良好的生态环境都是多样化的，所以幼儿园文化也应是包容文化。包容精神可以使园所内不同的成员团结到同一面旗帜下，并产生主人公的责任感和使命感，使园所内人际关系融洽友爱、人的个性全面发展、各种积极因素得到广泛调动、各种利益关系得到妥善协调、各种矛盾和问题得到有效处理，让园所呈现协作、稳定、团结、良性竞争、诚信友爱、充满活力、安定有序、健康优化的良好局面。

在当前，尤其应该强调的是：园长要包容各种各样的教师，包容各种各样的思想，要懂得"一花独秀不是春，百花齐放春满园"，要允许各种教学方式在课堂上尝试；教师要包容各种各样的幼儿，鼓励幼儿个性化的思考方式、表达方式；幼儿要包容与自己不同文化和家庭背景的同学，关心爱护弱势群体。

六、开放性原则

所谓"大盈若冲,其用不穷",就是强调开放性原则。它意味着园长必须有开放的胸襟,才能不断地学习新知识,永葆向上的活力,具备开放的思想,并对教职工的愿望、家长的要求、幼儿园发展的前景保持高度的敏感,才能做出正确的决策。

一些园长对外界的很多信息之所以不敏感,是因为已经先入为主地有了一个框架,于是只会选择自己愿意听的去听,不愿意听的都不听,结果听到的全都是自己愿意听到的,以至于溢满了的心胸什么都容不下,成了感觉迟钝的"昏君"。

《管子·九守》云:"以天下之目视,则无不见也;以天下之耳听,则无不闻也;以天下之心虑,则无不知也。"

优秀领导能够把握各方面信息,做科学决策,兴利除弊,是因为他们的心智是开放的。

唐太宗专门设立三省六部制,就是把过大的君权下放给各职能部门,防止权力过于集中导致君主权力的滥用和性格的封闭昏庸;又设立谏官,负责批评政事,并保证言者无罪。

因此,园长要学会开放。首先做一个终身学习者,以研究的态度对待工作中的各种问题,建设园里的学习文化,建立教科研机构,向科研要质量;其次,建立与教职工沟通的机制,及时了解情况;最后,发扬民主,建立广大教职工民主参与管理的体制。

七、变通性原则

所谓"大直若屈",就是强调变通性原则。园长有原则性固然是优点,但是由于情况的复杂性,有时非常需要变通。如果不考虑情况的特殊性,以照章办事为理由，就会伤害教职工的感情。

有些制度和规定已经明显不合时宜了，就要大胆修订，制定更人性化的制度。有时问题在圈内解决不了，就需要跳到圈外想办法。有时二者不可兼得，就要懂得"舍鱼而取熊掌"，比如牺牲局部利益顾全大局利益，或者牺牲当前利益求取长远利益。

尤其是做人的工作，更需要通情达理，不仅要有政策观念，还要识人情、明事理，寻找法外施仁的空间。如果只讲原则，什么情况下都不讲人情，那么原则性强也会变成弱点。由于员工素质差别很大，有时就要因人而异，有时就要顾及一下他人的感受，来点灵活性。

因此，无论是个人目标还是团队目标，都存在折中与协商的可能。在实现目标的过程中，园长要始终允许教师在尊重团队目标的前提下，调整个人目标，目标的实现过程，可以是直线式的，可以是迂回式的。

但是就价值观而言，必须是直线式的。管理者必须保证在价值观方面每个人都在走直线；否则，价值观的相悖，就是团队的分裂与衰亡。对那些不认同团队价值观的人，最好的办法就是不要再让他留一分钟。团队价值观，没有任何折中的可能。

八、内涵性原则

所谓"大巧若拙"，就是强调内涵性原则。内涵性原则就是反对盲目跟风的形式主义，立足本园实际，挖掘本地资源和自身优势，创造属于自己的有效的保教活动形式以实现幼儿园目标。

比如农村幼儿园办园经费往往紧张，就没有必要弄得像城市幼儿园那样富丽堂皇。如果玩教具设备购置困难，那么完全可以利用当地的乡土资源，创造性地变废为宝。幼儿园可以争取群众的支持，运用当地的自然材料如大树枝、废轮胎、荆条、鹅卵石、碎砖石等，设计制造"攀登架"、"平衡木"、"跷跷板"、"滑梯"、"秋千"和"迷宫"等，这样做既能为幼儿的大肌肉运动和体育锻炼创造条件，又可以给教师广阔的创造空间，与城市幼儿园教师处在相同的竞争平台上。

从内涵性原则出发，幼儿园的环境规划和创设必须考虑使用者的需求，要照顾周边服务对象的育儿需求和经济承受能力，在确保安全的前提下，以够用、适用为原则。

很多农村幼儿园园长感叹缺少资源，其实，资源什么时候都不缺少，有智慧就有资源。很多情况下，并非有钱才能办事，有智慧，不花钱照样办事。教改中所需的乡土资源在农村可谓"取之不尽，用之不竭"，充分挖掘和利用，既能节约投资，又能为教育教学提供充足的材料，并能为教师发挥创造力提供条件，可以有效地解决经费与发展的矛盾，并形成鲜明的农村幼儿教育特色，与城市幼儿园处在一个实力平台上。

山东省寿光市田柳镇幼儿园资金来源有限，就在本土资源上做文章，利用农村各种丰富的自然资源、环保废旧物品为原材料，开展"八个一活动"教学的研究。老师们利用民间游戏创编的"一团线"、"一块泥"、"一个沙包"、"一个毽子"、"一张纸"、"一个皮球"、"一个铁环"和"一根跳绳"八个一活动，深受孩子们喜爱，老师们操作起来得心应手，效果特别显著，成为山东省的龙头实验课题。活动中，老师们为孩子提供了大量的实践活动场所，在活动区角内投放了充足的自然材料，为孩子们的创造活动提供了有利的条件。像玩泥巴就有"搓、捏、团、滚、塑"等活动；"玩种子活动"就要求幼儿利用各种植物种子和由种子长出的根、茎、叶、花、果等材料，进行剪、编、拧、卷、画、制作等活动。

当然也有一些幼儿园，缺乏对自身实际情况的调查分析，盲目照搬其他幼儿园的经验，安排教研活动频繁，但大多停留在进行观摩课形式上，而且缺乏评价，缺乏指导，使活动流于表面形式，没有达到实际效果。甚至有个别农村幼儿园不把教研活动放在重要地位，而整天忙着对外交际，把教师频频派到各种场合做礼仪小姐，搞公关。这都是背离内涵性原则的表现。

从内涵性原则出发，如果幼儿园师资水平目前还较低，比如教师队伍老龄化，幼儿园所处的人文环境不占优势等，那么就没有必要一开始就搞大、精、深的教改，可以在服务上做文章，结合实际搞改革，本身就是创新。

九、适当缄默性原则

所谓"大辩若讷",就是强调适当缄默性原则。它意味着优秀领导者不会一味地关注个人魅力,他们既是雄心勃勃的,也是谦虚和缄默的,因为他们关注组织的发展胜过关注自己的魅力,所以特别注意听取各方面的意见。根据信息理论,领导的大脑就是一个信息处理中心,需要先把正确的意见信息收集上来,然后做出正确的判断,再把指令信息输送出去。如果领导者只有信息输出,而没有信息输入,这样的输出只能是些浅薄的内容。如果形成习惯,那么深度处理信息的能力就会退化。

所以,聪明的园长懂得适当缄默的价值。比如在组织大家讨论问题时,只需要做一个开场白式的发言,然后与每位骨干教师进行目光接触,请他们发言,自己则缄默不言,当一圈人发完言后,把大家发言的亮点和自己的思考归集起来做一下总结发言,往往会掷地有声,赢得尊重。

十、隐身性原则

所谓"大智若愚",就是强调隐身性原则。它意味着领导者有责任鼓励下属发挥才智,而以己之智压抑下属之智是领导艺术之大忌。智力过高的领导者往往很少有成功的。西楚霸王项羽历经七十余战,未尝败绩,是常胜将军,但是他的部下能力越来越弱。有人评价隋炀帝杨广亡国,原因在于太聪明,"智足以拒谏,辩足以饰非",最后成为孤家寡人。

所以,领导者过于精明、能干,凡事亲力亲为并不见得是好事。因为下属知道可以请示领导,反而没有了主动性,不愿意拿主意,以后对工作越来越不清楚、越来越不明白。反之,那些不善于做具体工作的领导,其下属工作能力却往往较强。

这样，园长必须明白要不断地提升下属的工作能力，领导者一定不能自恋，要尽量从前台隐到幕后，要由大智变为"若愚"，不断给员工提出期望，施加适当压力，如此教职工才会有学习能力和开拓精神，才能在独立负责中学到知识，能够独立处理事务，成为自己得力的助手。

聪明的园长面对下属的请示，往往不急于给出答案，而是要他自己拿出方案，然后对他的方案给予评论，即使下属的方案并不好，也对他方案中积极的地方予以肯定。

有时，为了培养下属自己做决定的习惯，聪明的园长甚至故意在短时间内不接电话。

对于解决问题，即使园长的意见在先，下属的意见在后，园长也有必要让下属感觉到这个主意是他自己首先想出来的，令属下有成就感，以后会促使他更积极地动脑筋考虑问题。园长要学会抛砖引玉，有时可以故意提一些不成熟的想法，请老师们分析。

《易经》乾卦云："见群龙无首，吉。"意思是说个人英雄不是真英雄，团队英雄才是真英雄。园长工作遵循隐身性原则就是要有大智若愚的风范，压抑个人英雄主义的冲动，给广大教职工提供建功立业的舞台。

十一、服务性原则

所谓"大公无私"，就是强调服务性原则。

有些园长不重视自身人格修养、才能的提高，不注重丰富自身的业务知识，不注重关心下级疾苦，在工作中仅依靠权力压迫教师服从，造成许多教师表面服从、内心不服从，当面服从、背后不服从的不良现象。全球三大旅游公司之一的美国罗森帕斯旅游公司，以重视员工的人性化管理而著称。它出版了一本题为《顾客第二》的畅销书，书中对"顾客第一，员工第二"的理念进行了批判。该公司认为，对员工影响最大的莫过于公司，因为公司既可以给员工带来快乐，也可以给员工带来沮丧甚至恐惧。当员工把糟糕的情绪带回家时，就会造成家庭不和，这种家庭矛盾又会进一步恶化他的情绪。第二天员工又会把这种恶劣情绪带回公司，最后不可避免地把这种恶劣情绪发泄到顾客身上或同事身上，这种情况正是导致公司效益滑坡的真正原因。因此，与其把顾客当作上帝，不如把员工当作上帝，即员工第一。只有公司把员工当作上帝，员工才能把顾客当作上帝。

以往教师充当权威者的角色，没有与幼儿建立起充分尊重、平等的师幼关系，制约了幼儿主体地位的发挥。这些问题的根本原因是幼儿园教育管理理念的滞后，使教师始终处于被支配的地位。教师对幼儿园的管理及现状不满，并将这种情绪转嫁到幼儿及家长身上，形成了不良循环。这种循环反过来又阻碍了教师潜能的发挥。

因此，在幼儿园里，园长首先应做好教师的服务工作，改变以往以督查、批评为主的管理模式，倡导"以人为本"，真正和教师平等相处，一切以"为教师的发展提供服务"为圭臬。作为园长，不能把规章制度当作管、卡、压的手段，这样势必会造成领导和员工的关系紧张，使大家身心疲惫。园长首先应关心教职工的生活，让大家没有后顾之忧，然后精神饱满地投入到工作中；应多听取大家的心声，使每个员工都以主人翁的态度参与到幼儿园的建设和管理之中。事实证明，尊重和关爱有传递效应，教师得到了领导的尊重和关爱，自然会以同样的尊重和关爱对待家长和幼儿，为服务育人奠定良好的基础。

第2章 做服务型领导
——太上，不知有之

领导从本质上讲就是服务。

2500年前，老子就表达了这种思想。他研究了现实中形形色色的领导后，归纳出领导者的四种类型："太上，不知有之；其次，亲而誉之；其次，畏之；其次，侮之。"（《道德经》第十七章）

老子的意思是说一流的领导者是"不知有之"型，人民根本意识不到他的存在；次一点的领导者是"亲而誉之"型，人民会亲近并赞美他；再差一点的领导者是"畏之"型，人民会畏惧他；最差的领导者是"侮之"型，人民会蔑视他。

"侮之"型的领导者，无威无信，没法开展工作；"畏之型"的领导者有威无信，仅凭权力性影响力去工作，与群众的心理距离遥远，难以真正激发群众的积极性、主动性、创造性；"亲而誉之"型的领导者有威有信，因为关心群众而有和谐的干群关系，因为热爱工作而有显著的工作业绩，能够赢得群众爱戴和赞扬；"不知有之"型的领导者淡化威和信，完全隐入群众中，在潜移默化中把群众引入正确轨道，让群众成为英雄，因而是最好的领导者。

可见，领导者水平由"侮之"型向"不知有之"型递进的过程，即是服务品质提高的过程，老子教导我们最好的领导者就是服务型领导者。

作为幼儿园园长，怎样做服务型领导者呢？

一、以"侮之"型领导为戒，从树威立信开始

园长靠威信开展工作，什么是威信呢？

威信就是对群众有足够的影响力。影响力是指领导者通过言语指令（如命令、建议、劝告等手段）和非言语指令（如榜样示范、人格感召）引发员工做出预期反应的感召力量，本质上是指领导者将个人意志变成组织成员的相应行为的能力。

通俗地说，"威"是一种威慑力，让员工感觉到不服从就会得到不利的结果而不敢不从；"信"就是信誉力，就是得到群众的尊重、信赖和拥护。因此，"威"属于权力性影响力，"信"属于非权力性影响力。

"威"作为权力性影响力，是指由领导者掌握合法职权并能合情合理地加以运用而产生的影响力。

"信"作为非权力性影响力，是由领导者表现出来的良好品格、卓越的才能、丰富的知识和经验、真挚而友善的感情等因素而赢得群众的信任和拥护所构成的。

显然，开展领导工作既需"威"，也需"信"。"侮之"型领导者难堪之处就在于既无"威"也无"信"；"畏之"型领导者有"威"而无"信"；"亲而誉之"型领导者有了威信；"不知有之"型的领导者善于利用威信激发群众的主体性。

因此，威信是园长开展管理活动最宝贵的资源，对于办好幼儿园有着重大的意义。

有了威信，园长做出的决定就能畅通无阻，工作中的各种问题就能得到顺利解决。反之，园长没有威信，正确的决定也可能遭到怀疑和抵制，成为老子所说的"侮之"型领导者。

园长的威信，对于调动教职工的工作积极性、稳定教师队伍、培养良好的园风，有着巨大的作用。园长有没有威信，关系着一个幼儿园的成败，绝不只是园长个人的荣辱问题。

二、不要做"畏之"型领导者

为什么不要做"畏之"型领导者呢？因为这种领导风格会严重影响领导者的亲和力，让大家在心里说："领导，想说爱你不容易！"

这种领导风格容易造成四种不良结果：

1. 容易造成下属人格上的缺陷

"畏之"型的园长必然刻板固执，导致耿直有能力的教师难以在园里站住脚，能站住脚的都是会见风转舵、看脸色说好听话的人。这种人往往没有真实的能力，靠这样的下属能把园里的工作干好吗？

2. 使下属只会依命令行事

"畏之"型的园长以说一不二自诩，往往压抑优秀教师正确的意见和建议，结果教职工只好依命令做事，越来越没有主动性，越来越不愿意动脑筋，凡事请示园长，弄得园长都很烦，园长说："啥事都问我，难道你们没长脑子吗？"实际上，不是教职工没长脑子，而是不敢有脑子。

3. 缺乏人格的感召力

"畏之"型园长一味地依靠外在权威，迷信职位权力的作用，以势压人，结果使自己严重缺乏人格感召力。教职工只满足于在园长眼皮底下干工作，结果大事难成。

4. 下属对领导者有不良的神秘感

"畏之"型领导风格使下属对领导者有一种不良的神秘感，阻碍了下属与领导者接近，结果严重降低领导对群众的影响力。

因此，园长要改良这种风格，做一做加减法。加减法至少可以从四个方面做：

- 加上人文色彩，减去不近人情；
- 加上科学精神，减去盲目行动；
- 加上民主和合作，减去霸道和专制；

● 加上浪漫色彩，减去死板与世俗。

幼儿园的工作很烦琐，且家长工作难做；工资待遇也不尽如人意。在这种背景下，教师容易出现倦怠感觉，也缺乏成就感。作为幼儿园园长不能让教师只有苦和累的感觉，要让大家感到苦中有甜，累中有乐。园长应针对绝大多数幼儿教师年轻富有朝气的特点，在园里营造一些浪漫色彩。

以下两位园长开展的旨在注入浪漫色彩的活动耐人寻味：

咖啡时光

一天，我和几位时尚的年轻老师聊天，当她们说起与老公、恋人一起到咖啡馆喝咖啡时，幸福感溢于言表，由此，我想到每周利用教师的一次备课时间，开展一次"咖啡时光"活动，给教师们一个放松、沟通、宣泄、提升的机会。为此，在我们幼儿园的多功能厅里，我与教师们共同安置了背投，布置了幽雅温馨的环境，买来了各种水果、小点心和雀巢咖啡。

在活动前，我在海报上写了活动时间，并要求每位参加的教师要打扮得时尚优雅。让我感到意外的是，以往拖拖拉拉的老师提前到了活动室，而且一个个光鲜亮丽，在柔美的轻音乐中，老师们品尝咖啡，轻言细语地交流，轻松、温馨的氛围伴随着浓浓咖啡的香气，笑容在每个教师的脸上荡漾。

由于我们是轮班制，第二天，一位还没轮到的教师问我："园长，昨天你们'咖啡时光'都做什么了？我们班李老师活动后，笑眯眯地回到班上，笑眯眯带着小朋友活动，什么时候轮到我们啊？"听到老师的问话，我想：这样的方法，不可能从根本上解决教师职业倦怠的问题，但恰似一阵春风，"吹皱"了老师的心波。

在以后的日子里，我们都定期举办"咖啡时光"活动。本学期，我们还专门设置了一个活动室，成为专用小屋，在"咖啡时光"的小屋墙上，我们写下了这样一句话：品味职业人生，做一名幸福、快乐的教师！

爱你在心的"赞美会"

曾经有一段时间，我园教师的工作出现了倦怠的苗头，似有一种当一天和尚撞一天钟、只要不出事就行的感觉，教师之间也纯粹是一种工作应付的关系，相互之间缺乏情感交流，工作缺乏主动性。

当时，我就想：教师管理的核心是调动人的积极性，怎么样去激励教师的这种内在激情呢？教师的自尊心强，愿意受到周围人的尊重与肯定，我们能不能让每个老师都得到这种满足呢？于是，我们就开展了"赞美会"的活动，让每位老师都来赞美本班的另外两位教师，我们给了老师三天的准备时间，让每个人尽力去挖掘别人的闪光点。

"赞美会"我们是利用下班的时间来开的，可是没有一个人急着回家，大家逐一地对其他教师进行夸赞，把平时"爱你在心口难开"的话语全部畅谈了出来，很多老师都惊异，原来自己在别人心中是那么可爱、那么重要，以前还以为自己对别人都是无所谓呢！会上，很多教师都感动得哭了，我们的"赞美会"一直延续到晚上十点钟。

最后，我做了简单的总结："一根筷子，人们很容易把它折断，可是，我们把50多根筷子绑在一起，会迸发出无穷的力量！我相信，咱们这些可爱的老师，亲亲热热地团结在一起，将是幸福的无穷源泉。"

话一说完，老师们热烈鼓掌，相互拥抱。从那以后，灿烂的笑容荡漾在了每位教师的脸上，回映在了每个孩子的心中。

三、做"亲而誉之"型的领导

显然，"亲而誉之"型的领导者要比"畏之"型的领导者水平高得多。这种领导既关心人，也关心工作。关心人，能走到群众心里，群众亲之；关心工作，能做出成绩，群众誉之。

这种领导风格得到管理方格图理论的充分肯定。

管理方格图理论是由美国得克萨斯大学的行为科学家罗伯特·布莱克和简·莫顿在1964年出版的《管理方格》一书中提出的。这种理论认为，衡量领导者的能力水平应该建立两个标准：一是看他关心生产的程度，二是看他关心人的程度。为此，他们画出一张纵轴和横轴各9等分的方格图，纵轴表示领导者对人的关心程度，横轴表示领导者对生产的关心程度。第一格表示关心程度最小，以后第二格、第三格直到第九格关心程度依次递增，如第9格表示关心程度最大。这样方格图上总共有81个方格，分别表示81种领导方式。

显然管理方格图所代表的81种领导方式中，最典型的有五种：

1.1型领导方式

在关心人和关心生产的程度上都处在第一格，代表贫乏的管理，对生产和人的关心程度都很小。这种领导既不关心人，也不关心工作。不关心工作，工作质量不高；不关心人，与职工关系紧张。这种领导者就是所谓的"侮之"型领导。

9.1型领导方式

在关心生产的程度上处在第九格，关心程度最大，但在关心人的程度上处在第一格，关心程度最小。它代表任务管理，即重点抓生产任务，不大注意人的因素。在幼儿园里，园长如果采用这种领导方式，会发现一开始园里工作很有起色，因为园长一心扑在工作上，能让每一个环节都在正常情况下运转，但是职工的工作状态很快就会进入"高原期"。因为园长不关心人，忽视对教职工的关心，结果教职工的积极性不高，因此园所工作达到一定水平就裹足不前了。这种园长一般都是所谓的"畏之"型领导。

1.9型领导方式

与9.1型领导方式正好相反，在关心生产的程度上处在第一格，关心程度最小，但在关心人的程度上处在第九格，关心程度最大。它代表俱乐部式管理，重点在于关心人，使企业充满轻松友好的气氛，不大关心生产任务。在幼儿园里，园长如果采用这种领导方式，那么园里会有良好的人际关系；但是园长会过分关心个人目标的实现，往往忽视组织目标的落实；所以幼儿园的发展水平难以达到理想的状态。这种园长可谓"亲而无誉"型。

5.5型领导方式

在关心人和关心生产的程度上都处在第五格，代表中间式管理，既不偏重于关心生产，也不偏重于关心人，完成任务不突出。在幼儿园里，园长如果采用这种领导方式，他的想法可能是，工作没有必要干得太好，那会累死人的；也不能太差，显得自己没本事。对下属不能太好，否则他们觉得你好欺负，蹬鼻子上脸；对下属也不能太差，太差了他们跟你做对，工作不好开展！显然这种园长只是守成而已，难以开拓局面。因为开拓局面需要大家有高昂的士气，需要工作上的首创精神。这种园长可谓"无毁无誉"型。

9.9型领导方式

在关心人和关心生产的程度上都处在第九格，代表理想型管理，对生产和人都很关心，能使组织的目标和个人的需要最理想、最有效地结合起来。在幼儿园里，园长如果采用这种领导方式，那么不仅幼儿教师会有很高的工作水平，而且幼儿园会有让人心情舒畅的人际氛围，而高昂的士气会促进组织目标更完美地实现。这种园长就是所谓的"亲而誉之"型领导。

布莱克和莫顿提出管理方格图理论，意在提醒企业管理者避免领导工作中容易出现的极端倾向，或者以生产为中心，或者以人为中心。管理方格图理论启示园长，在关心工作和关心人这两个方面，没有必然的冲突。作为园长，既要抓工作任务的完成，又要致力于职工关系的协调，要把职工利益和园所目标结合起来，努力做一个9.9型的理想型领导者。

某幼儿园一位年轻的园长感叹：幼儿园是一个女性占优势的世界，大家对人际关系的和谐有更高的需要，但是由于女性具有更关注细节琐事的性别特点，幼儿园在美丽温馨的同时，也容易孕育出诸多的矛盾，这是女性的天性所致。有时教师甚至会为一件鸡毛蒜皮的小事而大动肝火，闹到我这里。我在处理这类事情时也会很生气，不希望教师在小事上出现不文明的行为，所以通常会对之进行严厉批评。严厉的批评过后，老师们不再作声，但以后和我再也没有亲近的语言……

女性对人际关系的和谐一般来说有更高的需求，且她们易感情用事，因此，对于教师间鸡毛蒜皮的小事采用讲道理的方式效果并不好，本来就"公说公有理，婆说婆有理"，很难说清楚，所以，做领导的要多用情，少纠缠事，最好的办法是冷处理甚至不处理。有些事情领导不处理，下属能自行解决；领导处理了，反而使问题更加复杂。所以，园长要明白多管大事、少管小事的道理。人是有感情的，不仅要有制度化的管理，还要有情感的投入，不懂得爱人、关心人，称不上好的管理者。有的园长认为当领导要有当领导的样子，不能与职工多接触，不能让职工摸透自己，否则很难管理。其实不然，即使园长的能力与为人让教师很服气，但如果缺乏亲近感，情感上就很难与教师产生共鸣，工作中对教师缺少理解，那么教师也很难进入最佳的工作状态。所以，园长要学会关心职工，比如给怀孕哺乳者以关照，处处帮助职工；反过来职工也会以极大的工作热情来回报。

大家为什么没有干劲

某幼儿园1997年为迎接香港回归，接受了上级下达的任务，即在不影响工作的基础上编排一个歌颂祖国的舞蹈。上级要求幼儿园在半个月内完成这个舞蹈，并且还要拿到好成绩，同时又不能影响工作。真是时间紧，任务重，教师们只能利用业余时间加班加点。当时教师们都非常疲惫，但园长一心只想着完成上级任务，没有对教师表示关心，也没有说一些话鼓舞大家，更没有提出任何奖励的措施，结果大家在一次次的排练中失去了兴趣，牢骚越来越多，最后发展到不参加排练了。园长开始训斥教师，可是越训斥教师越不想参加，有的教师甚至还到上级处告状，上级只好派一名工会主席坐镇，才完成了这次任务。任务虽然完成了，但教师的心和园长拉开了距离，进而影响了幼儿园工作的开展，最后调换了园长，幼儿园才安定下来。

从这件事可以看出，教师没有干劲主要责任在领导。在时间紧、任务重的情况下，大家高度疲惫，需要关心和鼓舞，可是该园长只关心工作、不关心人，正是这种对人的漠视严重影响了教师的工作积极性，使排练任务险些失败。从该案例中可以得出结论，园领导必须强调人际关系和工作绩效的平衡，教师工作越辛苦，园领导越应该关心教师。

四、"不知有之"型领导最了不起

布莱克和莫顿的管理方格图理论影响很大，在改善领导方式方面能够给领导者很大启示，但是这个理论不能说明怎样激发员工的主体性和创造性。布莱克和莫顿的所谓最优秀领导者不过是老子的"亲而誉之"型，实际上老子早就发现了在领导者中还有一种类型更优秀，就是"不知有之"型，这种领导者能进一步把员工放在主体位置上，给他们建功立业所需要的时间、空间和决策的权力，从而更有效地激发他们的主体性和创造性。这种领导者在把握宏观、统筹全局、保证工作方向等的同时，对于下属的工作给予指导和关注，致力于为下属的自主发展和创造性工作创造条件，而不是包办代替。

（一）"不知有之"型领导者的领导特征

"不知有之"型的领导者是真正的幕后英雄，他不动声色却能对每个员工产生重要影响，具体来说，"不知有之"型的领导特征有以下三个：

1. 管方向

"不知有之"型领导者不大管具体的事情，但是管方向。管具体的事情，是职能部门相关干部的职责；管方向却是领导的事。如果领导做职能干部的事情，就会很少有时间思考方向的问题，因为做具体的事情会使园长成为事务主义者，而事务主义者是不可能有前瞻力的，那么一个幼儿园就不可能有正确的方向，工作一定会出现摇摆状态。所以，孔子说"君子不器"（《论语·为政》），意思是说领导者不应被具体的事务所束缚，领导的责任是行"道"。换言之，领导者必须有正确的思想，把握正确的方向，对员工实行方向的领导。

毛泽东就是一个优秀的领导人。有人总结出毛泽东一生有"三不谈"、"三不摸"的特点。"三不谈"是，一不谈金钱，二不谈身边琐事，三不谈男女方面的问题。"三不摸"是，一不摸枪，二不摸钱，三不摸马列原著。"三不谈"的豁达性格使毛泽东避免了被琐事分心，而专注于中国革命的大目标，被同学们誉为"身无分文，心忧天下"。"三不摸"更彰显了领袖的人格。"不摸枪"，毛泽东虽然说"枪杆子里面出政权"，强调武装革命，但是他一生不摸枪，他只是用他的军事思想武装他的元帅和将军们，体现出领袖的大智大勇；"不摸钱"，体现着毛泽东的大彻大悟，保证他的思维不受私利干扰，而使思想具有先进性；"不摸马列原著"，毛泽东的著作基本上没有引用一句马克思、恩格斯的原话，都是转引自他人的翻译。这使毛泽东得以从教条主义中解脱，不盲目地照搬马克思主义中不适合中国国情的那些教义，从而使中国共产党避免了僵化，为中国共产党奠定了走有中国特色的革命和社会主义道路的优良传统。如果说毛泽东的"三不谈"保证了他个人坚定正确的人生方向，那么"三不摸"则保证了中国革命和建设的正确方向。

毛泽东的事例启示我们，优秀领导者就是正确方向的把握者。园长作为幼儿园的领导人，要把主要精力放在办园方向的把握上。

管方向的具体手段有三个，即观念、制度和战略。

（1）通过观念领导。这意味着园长必须有正确的办园指导思想。苏联教育家苏霍姆林斯基说："校长对学校的领导首先是教育思想的领导，然后才是具体的行政工作的领导。"他每天过问行政事务不超过5分钟，剩下的时间都在听课，都在研究教学和从事教育实验。

那么，今天的园长们应该树立哪些观念呢？

①困难就是机遇的观念。无论是公办园还是民办园，在发展中都会面临很多困难，这时园长用积极的眼光还是消极的眼光看待困难，直接决定着园长有没有意志的力量战胜困难。从消极的眼光看，困难是绊脚石甚至是深渊，使我们越来越退缩；从积极的眼光看，困难是机遇——克服过去就是一马平川，也是垫脚石——登上去就是一个广阔的新天地！

②每个孩子都是好孩子的观念。园长要相信"人之初，性本善"，要相信每个孩子都是好孩子。幼儿在发展或者个性方面即使有问题，也不是他们的错，我们的责任就是为每个孩子创造支持性成长环境，并协同孩子描绘他美丽人生的第

一笔。

③爱而后育的观念。"没有爱就没有教育",园长要学会用两只眼睛看孩子：一只是妈妈的眼睛,一只是教育家的眼睛。用妈妈的眼睛看孩子,眼神是温柔的,会给孩子安全感;用教育家的眼睛看孩子,眼神是睿智的,会给孩子最适合他特点的教育。

④以服务为天的观念。园长要树立管理就是服务的思想,要服务好孩子,让孩子开心、快乐地在幼儿园学习;要服务好家长,让家长放心,全身心地投入到国家的经济建设中;要服务好教职工,让他们舒心地工作,为他们搭建成长的平台,主动帮助他们解决工作和生活中的困难。

⑤可持续发展的观念。园长要认识到幼儿园的发展是教师、孩子和幼儿园的同步发展：让教师在燃烧自己的同时,也发展自己;让孩子今天的发展成为明天发展的基础——为幼儿一生的发展奠基,为幼儿的人生幸福打好基础;让幼儿园走良性发展的路子。

⑥以创新求生存的观念。今天的幼儿园要生存,最好走新路,要以创新求特色,以特色求发展,因为老路已拥挤不堪。所以,领导宏观决策要创新,落实教育政策的方法要创新,指导教职工的方式要创新,管理人员的措施要创新,教职工的教育教学手段要创新。

⑦帮助每个教师建立自己是幼儿启蒙导师的观念。幼儿教师是幼儿成长环境的主要创设者,是在一个人发展的关键期——六岁前陪伴他成长的人,必将对幼儿一生发展产生重要影响,因而每位幼儿教师都应从外在形象、内在涵养、待人处事、工作态度、业务水平等方面严格要求自己,做好自我塑造工作,赢得社会的尊重和信任。幼儿教师不以导师为标准要求自己就是自暴自弃,就是对幼儿生命发展不负责任。

⑧安全是一切工作前提的观念。生命不存,何谈教育！面对处在生命脆弱期的孩子,幼儿园必须将安全放在重中之重：保证安全投入,加强安全教育,健全安全制度,落实安全措施,人人履行安全目标责任,把好每一个安全关,为孩子创设安全的生活和教育环境。

看过电影《三国演义》后,幼儿园大班的几个孩子举着旧拖把欢呼着在户外场地上玩起了"火烧赤壁",园长大吃一惊,心想这些孩子虽然在幼儿园里接触不到火,可是农村群众防火意识不够,如果这些孩子回家在院子里真的点起火来玩这种危险的游戏怎么办?于是,园长对全园幼儿进行了一次防火意识的调查,提出火有什么用途,让各班孩子回答。结果,孩子的回答是火能做饭、能照明、能取暖,却没有一个孩子说出火能烧到人和物,给人们带来灾难和损失!可见,幼儿对火的认识还很不够!幼儿园必须对孩子进行防火的教育,而且这种教育最好在教学和游戏活动中进行。于是,园长通过园务会,要求各班及时调整课时进度,增强幼儿对火的认识。

为了让幼儿全面了解火的作用,各班教师组织幼儿观看科教片,认识火能做饭、照明和取暖,为人们带来许多好处;还组织幼儿观看因用火不慎造成的火灾事故录像,使孩子懂得火在给人们生活带来方便的同时也会给人们造成灾难。在此基础上还教给孩子一些消防常识,比如"119"是火警电话号码,一旦发生火灾,只要打这个电话号码,消防队的叔叔们马上就会赶到现场救火。让孩子知道万一发现了火情,应迅速告诉大人或打电话,同时要求孩子做到不玩火。后来,园长又组织教师们开发了防电、防坏人、科学地使用工具以及交通安全的园本课程。结果,该园的安全工作年年受到上级表彰。

(2)通过制度领导。这意味着园长必须是制度的制定者之一。人管人容易让教职工产生压抑感;用大家认可的制度管理,会让教职工心情舒畅。所以,园长必须是园所科学的制度文化的建设者。将来,园长卸任了,要给接班人留下两份礼物:一份礼物是一支优秀的爱岗敬业、能攻坚克难的教职工队伍;另一份礼物是一个优秀的制度文化,能保证最有效率的园所生活秩序和工作秩序,保证措施的公平性,保证大家的心情舒畅,这样广大教职工就会像呵护眼睛一样呵护园所的制度,那么以后无论谁来当园长都要尊重既有的制度文化,不能随便抛开前任的好的做法而另起炉灶,这样就保证了园所工作的稳定性,使幼儿园得以沿着既定的正确方向发展,真正形成自己的特色。

(3)通过战略领导。诸如园所如何长远发展,应该具备什么样的教育特色等问题,是管理者必须具备的战略性思维,并要与全体教职员工达成共识。

2. 借用"自发力"

"不知有之"型的领导不是拿着鞭子吆喝着员工干，也不是捧着蜜糖哄着员工干，而是令员工们无须扬鞭自奋蹄。因此，它强调员工的自我激励、自我评价、自我约束、自我调控。这样就一定会出现《道德经》第十七章里说的一种好结果——"功成事遂，百姓皆曰：我自然"。当教师认为把工作干好是他们应得到的结果时，他们该多么自信啊，领导也就可以期待他们以后会把工作干得更好。如果幼儿教师把工作干好了，领导却暗示他们不要翘尾巴，是因为自己给他们创造了机会；那么教师对此最多存有侥幸心理而已，很难指望他们会持续地把工作干得更好。

3. 给员工"自主权"

老子在《道德经》第六十章里说："治大国若烹小鲜。"意思是说，治理大国像烹调小鱼一样。小鱼肉嫩，经不起铲子随意翻腾，所以聪明的家庭主妇只是把小鱼收拾好，配好作料，用文火慢慢煨。如果经常翻看生熟，很快一锅鱼就变成了烂鱼粥。它启示我们：管的最少的管理可能是最好的管理，不教是为了教，不管是为了管，"师傅领进门，修行在个人"。园长一旦通过正确的思想把教师引入正确的轨道，就要让教师沿着正确的轨道自己走下去。

（二）"不知有之"型园长的服务意识

老子之所以把"不知有之"型领导视作最高水平，是因为这种领导的服务意识是最强的。老子在《道德经》第十三章说："故贵以身为天下，若可寄天下；爱以身为天下，若可托天下。"意思是说，像看重自己的身体一样看重天下的人，像爱惜自己的身体一样爱惜天下的人，才可以把天下的重任寄托给他。在这里，老子强调的是领导者必须具有服务意识。

服务型的领导之所以"不知有之"，是因为他具有真正的服务品质，没有功利的目的。他激发了大家的主体性，让大家感觉不到威压，反而看到了自己的力量，充分地体会自信的感觉，愿意对工作负责，主动接受挑战，把创造性的工作看作自我实现的手段，视工作像休息娱乐一样自然，每个员工都成了自我加压、自告奋勇、自强不息的英雄，整个团队的英雄主义气概日益高涨，于是团队具备了无坚不摧、无难不克的力量。在这样的英雄团队里，很难看得出谁是真正的权威，可是却真正达到了《易经》所谓的"见群龙无首，吉"的境界，每个教师都消除了职业倦怠的可能性。

园长具备这种服务意识后，就会鼓励全体教职员工对幼儿园工作进行策略性思考，从而形成自下而上的自主工作秩序，会明白新计划、新举措应在例会时间共同商量探讨求得共识后再执行，会努力做好授权、放权工作，做好管理的透明度和可信度，增强教师们的认同感和归属感，会选拔有经验的教师或骨干人员参与园所管理，让教师以检查者和被检查者的身份参与幼儿园各项检查评比工作。

园长具备这种服务意识后，就会真正坚持依靠教师办园的原则，制度大家一起修订，方案大家一起设计，活动大家一起参与；就会营造出老年教师恋园、中年教师爱园、青年教师兴园的精神面貌！在这样的服务型园长领导下，工作早已成为享受，教师会生活得很美丽、很健康、很幸福，工作得很快乐！

五、怎样做服务型领导

做服务型领导，园长需要注意以下三个问题：

（一）向北斗星学习为政之道

子曰："为政以德，譬如北辰，居其所而众星共之。"（《论语·为政》）

孔子告诉园长们，好领导就像北斗星一样以服务为怀。在白天人们能够自己看清道路的时候，北斗星悄然隐去，没有人感觉到它的存在；可是夜晚漆黑一片人们迷失方向时，北斗星如约而至，给人们指引前程。好领导就是这样的人，当员工努力工作、顺利地完成任务、大胆创新的时候，感受不到谁在管理他们，只感受到和谐的氛围和广阔的舞台。可是当员工遇到挫折和困难而一筹莫展时，好领导总会及时出现在他们身边，帮助他们，启发他们，使他们看到方向。

北斗星启示我们：服务型领导者的策略是德治，而德治要求领导者从思想和战略上，明白团队的使命和任务并且坚定不移；从行为上身体力行，成为表率；

从思想修养上严以自律，思想明确，能给群众指引正确的方向。

（二）以人为本

服务型园长会在以人为本的基本精神指导下把教师当作幼儿园的主人，树立教师优先的观点。

1. 把教师当作幼儿园的主人

服务型园长会真正地把教师当作幼儿园的主人。为此，要努力做好三件事：

（1）正确地认识与教师的关系。从管理的角度看，园长与教师是管理与被管理的关系；可是从工作的角度看，园长与教师又是伙伴的关系。所以，园长要放下架子，把自己摆在与教师平等的地位。

（2）正确地认识教师的地位和权利。《太公兵法》说得好："天下非一人之天下，乃天下人之天下也。"同样，幼儿园是大家的幼儿园，不是园长一个人的幼儿园，教师和园长一样也是幼儿园的主人，只是工作岗位不同而已，因此园长不能把教师看作被雇佣者，想用就用，不想用就一脚踢开。园长必须尊重和保护教师的合法权益，不尊重教师的园长，同样得不到教师的尊重；而得不到尊重的园长就是所谓的"侮之"型的园长，是不可能取得管理方面的成功的。

（3）满足教职工的合理需要。教职工的合理需要可以概括为安、和、乐、利四方面。安就是对安全、安心、安居的需要；和就是对和谐的人际关系的需要；乐就是对工作中快乐的需要；利就是对合理利益的需要。园长一定要创造条件，满足教职工的这些需要。

某园有位李老师，为人正直、活泼大方，热爱幼教事业，业务精通，深得家长和小朋友的喜爱。同时，她敢于向领导转达群众的意见，积极为园里的工作献计献策，深得教职工的喜爱。可是，园长最近发现她对工作没精打采，沉默不语，不接受领导的工作安排，在活动面前也不积极参与、不发表见解了，见到园长就扭身离去，像是有意躲避似的。

园长找到李老师，首先对她的工作予以肯定，然后询问她是不是工作、生活中有什么困难和想法。李老师看出园长的诚意，便吐露真言。她说自己工作任劳任怨，工作成绩也不错，可是由于孩子小，请假稍多了些，就错过了评先表优的机会；由于自己性子直，有时献言献策虽是为工作着想，可有些领导却对她形成了偏见，并在一些事情上专门针对她。于是，她的情绪受到严重影响。

听了李老师的话，园长意识到了自己工作的疏忽：为职工考虑的少了，没能在教师工作、生活困难时送上关心与慰问。于是，园长耐心地和她分析幼儿园的制度，并承认幼儿园管理工作中的不足，向李老师表示歉意。李老师表示理解，情绪也好多了。

李老师闹情绪，显然是由于合理的需要未得到满足。李老师有"安"的需要：孩子小，需要照顾，照顾了才能安心工作；李老师有"利"的需要：工作态度好，成绩不错，希望评上先进；李老师有"和"的需要：李老师性子直，有些领导对她有偏见，使李老师求"和"的需要得不到满足。园长的工作之所以成功，显然是从这三个角度打消了李老师的顾虑。

2. 树立教师优先的观点

所谓教师优先，是指利益和荣誉向教师倾斜，因为教师是幼儿园工作的实际承担者。这就要求幼儿园园长努力做到以下四点：

（1）在思想上信任教师。这就要求园长大胆授权，委人以重任；提升晋级，优先考虑教师；相信教师中蕴藏着巨大的智慧，遇到难题，征求他们的意见；正确对待教师的"出格"言行，只要不违法、违纪、违背职业道德，就应当容忍而不是压制。

（2）在业务上尊重教师。这就要求园长在教育、保育、后勤、招生、家长工作、教研工作及改革各方面都要听取教师的意见，肯定教师工作中的创新精神，支持他们的教改实验，改善他们的工作条件，鼓励年轻教师在业务上冒尖，形成自己独特的教育、保育风格，帮助骨干教师成名、成"家"。

（3）在专业上培养教师。这就要求园长支持教师参加培训进修，提高学历与能力；努力把幼儿园建设成学习型组织，活跃园里的科研气氛。

（4）在生活上关怀教师。这就要求园长把教职工的生活组织好，尽量减轻一些教师过重的生活负担，解除后顾之忧。

(三) 关心青年教师的成长

当前,由于学前教育的迅速发展,公办园迅速扩张,民办园如雨后春笋般遍地开花,促使大量年轻的幼儿教师走上学前教育岗位,导致各地幼儿园基本上都以年轻教师为主。年轻教师虽然朝气蓬勃,但是工作经验不足,成长压力很大,在这种情况下,园长尤其要做好帮助年轻教师成长的工作,树立为年轻教师成长服务的意识。

我给你当小朋友

小李幼儿师范学校毕业后来到一所师资力量雄厚,在该市有着一流声誉的幼儿园。到园不久,园长就组织了青年教师教学观摩活动,小李虽然做了充分的准备,但还是忐忑不安,心理压力很大。就在要上观摩课的前一天,年近六十的老园长来到小李面前,请小李老师把观摩课预讲给她听。小李老师为难地说:"没有小朋友,怎么上课呀?"老园长说:"我给你当小朋友。"于是,老园长扮作小朋友,预听了小李的观摩课,听后提出了很多修改意见,并鼓励她要充满信心,轻装上阵。第二天老园长来到观摩课现场,坐在一个适中的位置一直颔首微笑着听课。小李将此景看在眼里,心中的紧张和拘泥一扫而空,从容地讲起课来。观摩课取得了成功,受到领导和教师的好评。从此以后,小李老师对教学充满信心并敢于在各项工作中不断创新。

这位老园长服务于年轻教师成长的精神和做法非常值得学习。这个案例启示我们,园长在年轻教师的成长过程中应该起到帮扶、鼓舞作用。要平易近人,消除青年教师的紧张心理;要创造条件,激发教师的自我价值感;要帮助教师走好第一步,如亮好第一次相、组织好第一次游戏、处理好第一次偶发事件、组织好第一次文艺演出、做好第一次家长工作等。

第3章 领导者的事务管理
——有所为有所不为

作为幼儿园园长，面对着幼儿园繁杂的事务管理必须有事务管理的艺术。事务管理的领导艺术的指导精神是有所为有所不为，即园长只需把该由自己做好的事情做好，把该由下属做好的事情放手让下属大胆地去做。

一、处理好无为和有为的关系

在管理中，园长应当处理好无为和有为的关系。无为和有为是什么关系呢？老子说："道常无为，而无不为。侯王若能守之，万物将自化。"（《道德经》第三十七章）意思是说无为并非什么也不做，而是领导者通过有所不为让职工有为，从而达到调动职工积极性、实现管理自动化的目的。由此看来，无为是一种高超的领导艺术，是"不管之管"。在幼儿园里，属于教职工责任范围的事情，园长"不管"，教职工才能够充分发挥主观能动性，强化责任感，焕发劳动热情。"不管"实际上有助于强化教职工的"自我管理"意识——真正持久有效的管理往往是通过强化自我管理实现的。换句话说，管理者"无为"，就容易给员工创造"有为"的广阔空间，因此"无为"和"有为"联系紧密，"无为"就是管理者"有所不为"，"有为"就是让教职工充分地发挥积极性和创造性。只有教师都能做到积极有为，组织目标才能真正得以实现。因此"无为无不为"是高明的领导艺术。

系统科学告诉我们，任何系统都是一种自组织系统，即都具有自我调节能力——自组织功能。比如人体有时会感到不舒服，不用打针、吃药，过几天就好了，原因就在于人体是一个自组织系统，具有自组织功能，频繁的打针、吃药会破坏这种自组织功能。因此，总是打针、吃药的人身体素质只会越来越差，因为药物的不断侵入足以破坏其生命系统的自组织功能，以后只能依赖药物。同样，管理也是面对着自组织系统进行工作，好的管理是不断地强化系统的自组织功能，因此管得不多。

在处理无为和有为的关系问题上，诸葛亮就是一个失败的典型。

诸葛亮是一个非常优秀的人物，他未出茅庐，已知天下三分，具有卓越的前瞻力；他鞠躬尽瘁，死而后已，具有高尚的思想修养；他为人清正廉洁，死后"内无余帛，外无赢财"。从古至今，很少有干部能做到他这一点。但是他做领导并不成功。

诸葛亮事必躬亲，"罚二十以上皆亲览"。从《三国演义》中，可以看出诸葛亮是非常辛苦的，"亲理细事，汗流终日"。具体到策划每一次战斗，包括阵中骂敌：气死曹真，骂死王朗！一方面说明他口才好，另一方面也说明诸葛亮做的事实在太多了！

所以诸葛亮首先把自己累垮了，正当英年的他早早地就坐在四轮车上。四轮车相当于今天的轮椅，坐在轮椅上指挥战斗，怎能不影响士气呢？

诸葛亮不仅累死了自己，还严重影响到团队建设。诸葛亮死后，"蜀中无大将，廖化作先锋。"何以至此？

看诸葛亮怎样使用赵云吧，锦囊妙计法！赵云出差，诸葛亮会给他三个锦囊，嘱咐赵云到关键时刻打开，说"山人自有妙计"。赵云有没有根据情况的突发性、复杂性，随机应变的权力呢？没有！赵云不过是一个提线木偶，他的行为程序早就被诸葛亮这个程序设计员预先设计好了。对待赵云这样优秀的将领，尚且如此，更何况对待远不如赵云的那些干部呢？所以，诸葛亮的部下基本上没有自主权，没有自主权他们在工作中的积极性就会受到严重影响；没有独当一面的机会，也很难得到锻炼能力的机会。可以说，正是因为诸葛亮唱独角戏，导致蜀国军队士气低落和缺乏能力，最后万马齐喑。

诸葛亮的教训是沉痛的，启示园长，领导的责任就是培养人才，调动别人的积极性。这样就不能自恋,把所有的责任都扛起来。要学会授权,疑人不用,用人不疑。不肯授权,事必躬亲,至少有两大危害,一是没有时间做思想工作,造成园里人心涣散!二是人才梯队建立不起来,严重削弱幼儿园发展的后劲。

吸取诸葛亮的教训,园长必须学会有所不为,走出自恋的误区,不要学古诗中蜜蜂式的领导者。

唐代诗人罗隐在《蜂》中感叹道:

无论平地与山尖,无限风光尽被占。

采得百花成蜜后,为谁辛苦为谁甜。

因此,园长须知:领导者不能做本该由大家做的事;领导者事必躬亲、无所不为是不能成功的,即使聪明如诸葛亮,也会失败。

二、向狮子学习专注于自己的目标

园长之所以要"有所不为"是因为只有自己"有所不为"而后可以"有为"。因为人的精力、智力、体力是有限的,在有限的情况下,不可能把所有的事情都做好,那么就应该有所取舍,专心致志地把最需要做好的重要事务做好。

什么是重要的事务呢?与目标相关的事务就是重要的事务。抓住重要的事务就是在实施目标,而专注于目标同样意味着领导者把握了事务管理的基本精神。

为此,园长应该向狮子学习。

在电视《动物世界》栏目里经常出现狮子追捕羚羊的场面,狮子怎样追捕羚羊呢?仔细看,能看出很多门道来。

狮子紧紧地盯着远方那只未成年的小羚羊,狮子为什么不追那只最雄壮的羚羊呢?狮子给自己确定的目标是切合实际的。狮子在追捕那只未成年的小羚羊的过程中,会跑过近在咫尺的很多羚羊,有的羚羊离狮子那么近,仿佛狮子一伸爪就能触到它,可是狮子对离自己最近的羚羊看都不看一眼。狮子紧紧地盯着稍远处那只未成年的小羚羊,那才是它的目标,直到把那只小羚羊累得筋疲力尽,然后把它扑倒吃掉。

如果狮子看到哪只羚羊离自己最近就抓哪只羚羊，那么还能不能抓住一只羚羊呢？羚羊也不是白给的！这样狮子会被活活地累死。狮子的行为启示园长，作为领导者，必须树立目标意识，并有围绕着实现目标从一而终的精神。因为人的智力、体力和精力都是有限的；在有限的情况下，我们根本不可能做很多件事；那么就让我们专心致志地做好一件事吧！

可见，专一不二是做好一切事情的秘诀。老子在《道德经》第三十九章中说："昔之得一者，天得一以清，地得一以宁，神得一以灵，谷得一以盈，万物得一以生，侯王得一以为天下贞。"天得到专一不二的一就是清的；地得到专一不二的一就是安宁的；神得到专一不二的一就是有灵气的；山谷得到专一不二的一就充盈万物；万物得到专一不二的一就生机勃勃；侯王得到专一不二的一就会稳守天下。

老子启示我们，人生没点专注于目标的精神，一件事都干不好。所以，陶行知先生写诗鼓励师生说：

    人生天地间，各自有禀赋。
    为一大事来，做一大事去。

他告诉我们，人生光阴有限，有限光阴只能做重要的事情，但是要把它做好。

显然，重要的事务就是对于实现目标有价值的事务。对于有目标价值的事务，园长必须有所为，而对于无目标价值的事务，必须学会有所不为。

有目标价值的事务，又有等级之分，因此园长的事务管理应从学会弹钢琴开始，即既要下大力气抓好中心工作，同时又要围绕中心工作兼顾其他工作。

幼儿园"麻雀虽小，五脏俱全"，园长一般都任务繁重。在这种情况下，绝不能像诸葛亮那样事必躬亲，而要分清主次轻重，先其所当先，后其所当后，分其所当分。首先，对全园工作要有一个方向，能够体现组织合力的计划，用方向目标调动教职工的积极性，用计划来组织实施、控制进程。园长必须明确自己的主要职责，做好必须做好的事情。

哪些事情是园长必须做好的事情呢？一般是五类事情：一是幼儿园的安全问

题，要毫不含糊；二是办园方向问题，园长要坚持以正确的幼教思想领导，利用好各种资源，服务好家长，服务好幼儿；三是制度建设问题，各项制度要健全，措施要落实；四是用人问题，要研究什么人适合做什么事情，把人放在合适的位置，充分发挥每个人的作用，指导各部门做好人事安排，检查大家的工作，正确评价教职工的工作，从而调动每个人的积极性；五是教育方针政策的贯彻问题，确保国家和地方政府的幼教政策得到贯彻执行，严格执行上级的方针政策和收费标准。

这五类事情归根结底都可以落实到抓教育质量及职工素质的提高上。只有高素质的教师才能培养出高素质的人才，为此，园长应通过加强师资培训工作不断地提高保教工作质量，使幼儿园办出特色，扩大生源，努力增强竞争实力，以质量求生存、求发展，力争以一流的环境、一流的师资、一流的质量、一流的服务去赢得家长的满意、同行的肯定和社会的认可。

在此前提下，园长也可利用幼儿园现有的人力、物力资源条件，在不影响保教质量的前提下，开展多种形式的经营活动。

某省实验幼儿园地处繁华地段，占地面积有六十多亩，光临街可做门面房的长度就有六百多米。于是，园长授权总务部门专搞门面房开发，园里还利用省教委移交的招待所为基础建起快捷酒店。每年的门面和快捷酒店收入利润甚丰，改善了幼儿园的办园条件，提高了教职工的福利待遇。

园长的主要精力必须放在抓保教工作上，经营之类的工作应委派有经营专长的人干。园长作为幼儿园专业化领导者、管理者，必须是幼教专家，要姓教而非姓钱。幼儿园不把中心工作放在保教上，而是放在门面和酒店经营上，这是为眼前利益牺牲长远利益的杀鸡取卵、舍本逐末的做法。

总之，园长应该做领导的事，要实行层次管理。有的园长，当员工请假时，不是找人妥善安排代工，而是想领导应该吃苦在前，于是一会儿当炊事员，一会儿当教养员，忙得不亦乐乎，这样园长大部分时间充当了救火员的角色，而没有时间做思想工作，造成人心涣散。领导处处带头、事事抢先无可非议，但样样包办代替，对园务工作必然带来影响。领导应该做的工作是决策、组织、指导、协调、鼓励,其根本在于提高教师的积极性,使其愿意做、会做并且积极去做。因此,园长要学会导演,努力使教职工成为出色的演员,各干其事、各负其责,而不能自己既当导演又当主角。

三、做好授权工作

领导者应该明白,领导者是用人者,而不是自用者。所以,优秀的领导都会授权。

汉朝开国皇帝刘邦有一回举行庆功酒宴,君臣喝酒喝到高兴时,刘邦对大臣提出一个问题:"想当年我刘邦何等弱小,而西楚霸王项羽何等强大,可是他居然被我所灭,请大家总结我能够战胜项羽的原因。"

一开始大臣们只是歌功颂德。

刘邦说:"你们不要拍我马屁了,其实,我这个人是有自知之明的,我能够有今天的成功,其实靠的全都是在座的各位啊。"

刘邦还重点评价了三个人物的贡献,说:"夫运筹帷幄之中,决胜于千里之外,吾不如子房;镇国家,抚百姓,给馈饷,不绝粮道,吾不如萧何;连百万之众,战必胜,攻必取,吾不如韩信。三者,皆人杰,吾能用之,此吾所以取天下者也。项羽有一范增而不用,此所以为我所擒也。"

刘邦的话是很有水平的,他知道领导者不一定在业务方面样样精通,但是必须有知人善任的能力。它启示园长,要用好三种人:张良式的人物,萧何式的人物和韩信式的人物。张良是最好的智囊,幼儿园园长需要这样的人物给自己出谋划策,要经常向这样的人征求"金点子";萧何最擅长做后勤工作,园长需要有这样的好后勤干部,把后勤工作打理得井井有条,给园里创造一个良好的工作环境和秩序,也把大家的生活组织好,让大家没有后顾之忧地开展工作;韩信是最好的前线指挥员,百战百胜,幼儿园就需要像韩信这样的精于业务的优秀干部,从而能够把幼儿园的中心工作——保教工作做到最好。用好人,就可以实现管理自动化；不能用人，自用其智，就会像项羽那样众叛亲离。

项羽好像在才能方面，样样都优于刘邦。他武艺高强，熟读兵书，但是不肯授权用人，用人只用亲戚，因此，真正优秀的人才纷纷跳槽投奔了刘邦，壮大了刘邦的人才队伍。

刘邦跟项羽比，好像什么都不行，但是他可以把所有人的能力都用上，他让每个人都能发挥作用，让每个人都感受到存在的价值。刘邦的智商远不及项羽，但是刘邦的情商比项羽高得多。情商又称情绪智力，是衡量一个人情绪、情感、意志品质的商数。高情商有利于人们控制情绪、淡化个性、增强韧性、提高亲和力。领导者主要是做人的工作，因此，领导者必须有非常高的情商。领导者并不需要特别高的智商，因为智商是衡量一个人的观察记忆、分析判断、思维想象以及解决实际问题的能力等方面的商数。体现出智商差异的这些能力是干部们必须具备的，而领导者只要善用智商高的人就行了。因此，领导者并不一定什么都要知道，领导者什么都知道，反而影响调动别人的才智，部下反而形成了依赖性和惰性。但是，领导者需要特别高的情商，要有宽广的胸怀给优秀人物以用武之地，以情感和人格的力量维系组织的凝聚力，创造公平的工作氛围，营造心情舒畅的人际环境。

情商高的领导才能做好授权工作，最后实现与下属的双赢。受此启示，作为园长，思路要清晰，知道工作中什么是最重要的，哪方面工作用什么样的人，知道该出手时就出手，该谦虚时隐藏利刃，用人不疑、疑人不用。

四、把握例外原则

园长做好幼儿园的事务管理，关键是把握例外原则。

（一）什么是例外原则

园长每天面临很多事务，但大致可以分为两类：一类是例内的事务，另一类是例外的事务。例内的事务，即是有先例可循的事务。亦即这种情况过去经常发生，已经有了现成的经验，那么过去怎么做的现在还怎么做就行了；或者这类事务，园里的岗位责任明确规定由谁处理，那么就让谁处理。作为园长尽量少做例内的事务，园长只做别人处理不了的事务，即例外事务。例外事务通常属于新情况、新问题，大家一时搞不清楚应该由谁负责，或者园里的岗位责任手册还没有明确规定由谁负责。因此，所谓例外原则，是指园长只处理例外的事务；而例内的事务都应交给下级工作人员处理。

但是例外的事务也不能太多，如果例外事务太多，园长仍然忙不过来，所以还要减少例外事务的范围。怎样减少例外事务呢？就是把例外事务转变成例内事务。把例外事务转变成例内事务，一是健全岗位责任制，让下级明确自己的责任，忠于自己的责任，不把自己的事情推卸给别人，甚至上交给领导。二是不断地培养、提高下属的工作能力，在他们能力不强的时候这些事务由园长处理，但是他们能力提高了，就应该马上交给他们处理，这意味着这些事务已由例外事务变成了例内事务了。

王园长任园长的第一个星期，正是家长给孩子报名的阶段。王园长发现，教职工们自主性不强，芝麻大的事儿也要请示园长。通过了解，王园长才知道，前任园长比较强势，大事小事都要过问，养成了教师们凡事都请示、汇报的习惯。王园长心想：教师如果什么事都请示、汇报后才敢干，在工作中怎么会有闯劲和创造性呢？

于是，王园长在例会上专门强调："姐妹们，幼儿园能聘用你们，说明信任你们。你们只管大胆地干吧，我相信你们能干好，不必事事问我！根据咱园里的岗位责任，能做主的你们就自己做主，解决不了的再来找我，好吗？"王园长的讲话收到了效果。过了两个月，王园长要参加园长任职资格培训。在培训期间，王园长没有请任何人帮忙去园里照看，只跟老师轻描淡写地说："我要出去一个月，园里和孩子就交给你们了！"结果在一个月的时间里，王园长没有接到一个教师打来的求助电话！园里的工作跟王园长培训前一样有序地进行着。

（二）实行"猴子管理法"

把握例外原则，一个非常重要的要领是实行"猴子管理法"。

幼儿园里每个教职工都有自己的责任，如果把责任比作猴子，那么每个人的肩上都有一只猴子，谁的猴子谁看好。但是在一个缺乏健全管理机制的幼儿园里，猴子们经常乱窜，甚至下属的猴子经常窜到园长的肩上。

比如，在幼儿园里经常出现这样的事情。某教师来找园长："园长，您昨天布置我们做的事，我们现在出了点问题，您看这件事情怎么解决？"

通过研究园长的回答方式，我们可以看出园长领导艺术的水平。有两种糟糕的回答方式：

第一种是，园长对教师说："我想一想，一会儿我再告诉你。"

第二种是，园长直接跟教师讲，这件事应当如何如何处理。

这两种回答方式可能导致两种情况发生：

针对第一种回答方式，教师可能会在过了一会儿后，找到园长，问："领导，这个问题您考虑得怎么样了？"注意！本来这个问题是需要他解决的，是应当由园长去检查他完成得怎么样了，可是现在他却来问园长："您考虑得怎么样了？"那么，谁才是领导呢？

针对第二种回答方式，如果教师没有处理好这件事，园长责备他，他会很委屈地说："园长，不是您告诉我这样去做的吗？"

可见，园长一旦采用这两种回答方式，教师肩上的猴子就噌的一下跳到了园长的肩上。如果一天园长遭遇几件这样的事，那么满肩就都是猴子了。然后，园长也就不再可能有上下班时间之分，不再有周末，不再有假日。一旦所有下属的猴子跳到自己的肩上，自己就要加班加点工作，累得要死！

可悲的是，有的园长还沉浸在一种虚荣之中：下属凡事请示我，他们多尊敬我呀！

可是，这类园长却没有思考：为什么下级喜欢凡事都请示自己？因为对于下属来说这是"回避风险，逃避责任"的最好办法。可问题是，园长不可能在下级请示问题的时候不回答呀？解决这个问题最重要的办法就是实行猴子管理法。

"猴子管理法"最重要的精神就是，始终让猴子在下属的肩上；凡是计划的事情就一定要有结果，哪怕是阶段性的结果；责任变动时要让放猴子的人清楚，猴子已经跳到另一个人身上了。所谓责权对等，无非是讲猴子原来在谁的身上，它就应该在谁的身上，不允许它在组织内跳来跳去。猴子乱窜，领导首先应当负责，因为下属提问是正常的，猴子跳到了上司的肩上，是因为上司不懂责任的归宿。猴子各就各位意味着员工勇于承担责任，猴子上蹿下跳意味着员工相互推卸责任。

所以，园长管人的艺术是从锁定猴子开始的，在这一点上，可以借鉴海尔公司的管理经验。

海尔电冰箱厂有一个五层楼的材料库，这座五层楼一共有2945块玻璃，每块玻璃上都贴着一张小条！上面印着两个编码，第一个编码上写着负责擦这个窗户的责任人，第二个编码上写着检查这个窗户的责任人。海尔在考核准则上规定：如果玻璃脏了，责任不是负责擦的人，而是负责检查的人！如果玻璃脏了，责任这只猴子锁定于检查的人身上，那么，擦玻璃的行动责任，就会被锁定在擦窗户的这个员工身上，这样就绝对不会发生猴子上蹿下跳的情况。海尔全面质量管理法的核心是，对工作责任进行严密的分解，分解强调"三个一"，即分解量化到每一个人、每一天、每一项工作。大到机器设备，小到一块玻璃，都清楚标明事件的责任人与事件检查的监督人，有详细的工作内容及考核标准，如此形成环环相扣的责任链，做到了"奖有理、罚有据"。

这种管理的好处是，把责任锁定，即使是一个简单的擦玻璃的工作，也要明确锁定两个责任人，各有各的明确责任，领导即使不再考虑职工工作态度问题，工作也能维持在高水平上。海尔冰箱总共有156道工序，海尔把156道工序分为545项责任，然后把这545项责任落实到每个人的身上。凡事都要做到"责任到人"、"人人都管事，事事有人管"，这就是海尔能够成为中国企业榜样的重要原因。

某企业办幼儿园园长在园长培训后改变了以往事事都要管的做法，让教职工承担自己的责任。比如保教主任汇报工作时，园长会先问："你们打算怎么做？"

对于好的想法，给予肯定；对于有问题的，加以引导，并通过校信通等各种形式鼓励教师大胆地做事和思考问题。结果，推卸责任的教师明显少了。

（三）做事前先问三个能不能

从例外原则和"猴子管理法"出发，园长就只做园长的事，园长应负责的事包括：决策、用人、指导、协调和激励。但是这并不意味着这些事情发生了园长就应该马上去做，在做之前仍然应先问三个能不能。

第一问，能不能取消它？如果这事无关紧要，能取消它就取消它。在园里，领导级别越高，属于自己的时间越少，因此，园长要学会说"不"，如应酬问题。很多应酬与园所发展无关，却占用园长大量的工作时间，因此，能取消就取消，取消不了，找人代替自己参加。对于一些商业演出的邀请，更应高度警觉，能不参加就不参加。因为这样会影响孩子的身心健康，引起家长的不满，损害幼儿园的形象。

北京某幼儿园组织孩子在平安夜去俱乐部演出，招致大量家长不满。这些家长一起前往幼儿园讨说法，还将此事反映给媒体，搞得园长很是尴尬。园长不断地向公众解释："幼儿园并没有拿钱，此次演出完全是免费的。这次活动的初衷是扩大幼儿园的知名度，给孩子们提供一个表演的舞台。既然这类演出容易引起误会和不必要的麻烦，以后此类演出幼儿园一概不参加。"

如果不能取消，要做第二问，能不能把它与其他的事情合并处理？如果这件事与其他的事情有相关性，就可以把几件有相关性的事情合并成一件事处理。这样，就大大提高了做事的效率。

比如，有时会议多，干脆把几个会议合并成一个会议开。

如果此事也不能与其他的事情合并处理，再做第三问，能不能用更简便的方法处理？比如能通过电话解决的就不要召开会议。

五、搞好权力的平衡

园长要想做到"有所为有所不为",还得搞好权力的平衡。幼儿园的权力主要有两种,一种是行政权力,一种是学术权力。

园长手中握有行政权力,行政权力来自于行政组织体系,具有强制性。骨干教师手中拥有学术权力,学术权力来自对知识的优势。

在幼儿园中,有些问题需要用行政权力来解决,如工作的分派、教职工的奖惩、活动的指挥等;但是有些问题得用学术权力解决,如教材教法的讨论、游戏活动的设计、教研活动的组织……这些问题怎么处理,应该谁对听谁的,而不是谁行政权力大就听谁的。

比如在怎么组织教研活动问题上,优秀的园长大都会组织教师民主讨论,虚心听取专家型教师的意见。在这种场合,园长可以向大家强调谁的意见都可以被反驳、质疑,包括园长在内,让大家知道只有在争论后统一思想、统一认识,教研活动才有价值。

第4章 学习王者之范
——以德行仁者王

在中国古代,最优秀的人物被称作圣人,他们都是对群众具有最大影响力、对国家社会做出巨大贡献的人,如果这种人又具有最高权力,就被称作圣王,圣王是行"王道"的人。战国时期著名思想家荀子认为,与王道相对应,还有"霸道"和"亡道"。荀子说:"义立而王,信立而霸,权谋立而亡。"(《荀子·王霸》)王道强调通过行仁政征服人心而统一天下,霸道强调通过取信于百姓以壮大武力而统一天下,而"亡道"仅靠欺诈之术维持局面而实则早晚必亡。

可见,管理有三种境界:王道、霸道、亡道。

对这三种境界,荀子解释道:

成汤和周武王皆以百里之地一统天下,未尝行一不义之事,杀一无罪之人,行的是"礼、义、仁",此乃王道;春秋五霸,皆处僻陋之国,虽然谈不上仁爱,然而讲公理,修法治,言必行,行必果,威动天下,此乃霸道;齐闵王、孟尝君,唯利是图,不修仁义,践踏诚信、法治原则,内欺百姓以求小利,外欺诸侯以求大利,贪得无厌,虽强极一时,终被弱国联合起来打得一败涂地。这是一味权谋欺诈的结果,此乃亡道。

可见,一流的领导者尊崇仁义,行王道,是王者;二流的领导者尊崇法治,令行禁止,行霸道,是霸者;三流的领导者在仁义文化和法治文化方面都无建树,是仅能维持者;四流的领导者践踏仁义法治,完全从私利和情欲出发,是注定失败者。荀子指出,王者让全民共同富裕,霸者让人才富裕,仅能维持者让当官的人富裕,亡者只想着自己生前享福不管其身后洪水滔天。王者调动天下人的积极性，霸者调动人才的积极性，仅能维持者调动干部的积极性，亡者只有自己的积极性。

古代的这种领导哲学能够给园长提供很多有益的启示。比如，幼儿园一定不能靠欺骗家长谋取非法之利，不能靠刻薄对待教师省下不该省之钱，要不断地拓宽自己的胸襟，做真正的"王者"。否则，就会像荀子说的那样，领导富百姓穷，"上溢而下漏，入不可以守，出不可以战，倾覆灭亡可立而待也。"(《荀子·王制》)。

那么，今天怎样学习王者之范呢？

一、提升政治素质

园长不仅要有实干精神，还要有一定的政治觉悟、方针政策水平、良好的道德修养和思想作风。

(一) 把握幼儿园管理的正确方向

作为王者，是能够把握历史发展趋势的人，具有极强的前瞻力，不仅清楚往哪走，更清楚怎么走，因此能够用正确的思想给群众以正确指导，引导大家沿着正确的路线前进。因此，园长要做王者，就要学会用辩证唯物主义的立场、观点、方法去观察问题和处理问题，坚持实事求是、一切从实际出发的思想路线，培养前瞻力，树立正确的幼教理念。园长要自觉地、全面地贯彻党的幼教方针、政策和幼教法规，并实行有效的领导；要组织教职工学习幼教理论，掌握正确的教育思想，结合园内工作，进行教育方向的领导；对上级的各项有关决定，要认真结合幼儿园实际贯彻执行，做遵纪守法的模范；要对幼儿园的发展蓝图有正确的规划，对幼儿园可能达到的水平有充分的想象力，能够领导幼儿教师共同规划幼儿园的美好愿景。

某园是历史悠久的公办园，成立于1956年。它的优势在于能够在政策、资源和人员配置上得到教育行政主管部门的支持，但同时也存在教师年龄结构老化、教育观念滞后、工作积极性不高、缺乏责任意识和危机感、学习氛围不浓等问题，这些问题制约了该园的进一步发展。为了扭转这一局面，新园长上任后，经过半个学期的深入考察，从增强创新思维、服务意识、学习意识、危机意识、标准意识和形象意识入手，组织教职工们学习和讨论。在学习和讨论过程中，园长经常站在全局的高度面向全园教师客观分析幼儿园面临的机遇和挑战，教职工们的斗志被激发出来，艰苦奋战一年后，幼儿园被评为一级一类示范园。

（二）强化事业心

园长的事业心应表现在献身于幼教事业的信念上，将自己的理想和抱负都倾注在幼教事业上，热爱幼儿，热爱教师，对工作负责。中外有成就的教育家都是热爱孩子、热爱教师、热爱所从事的教育事业，把全部精力奉献出来的人，如苏霍姆林斯基、陶行知、陈鹤琴等。只有热爱事业，工作才有动力。因此，热爱事业是当好园长不可缺少的重要素质，是带好一班人的无形力量。园长要努力做幼教事业的开拓者，推动事业向前发展，这就要求他热爱学习，做终身学习者，要对新鲜事物很敏感，不保守，不满足现状，注意分析新情况，探索新问题，在教育改革中动脑筋、提建议，经常提出新的目标，勇于开创新局面，使幼儿园的工作朝气蓬勃，不断登上新的台阶，做出新成绩。

某乡镇中心幼儿园园长坚持正确的办园理念，保教活动以游戏为主，这引发了家长的不满，认为孩子在幼儿园里光玩不学东西，有些家长甚至提出转园。怎么办？园长思前想后，决定不迎合家长的错误思想，要为孩子一生的健康成长负责！说起来容易做起来难，农村家长的种种不理解和不配合成了幼儿园要攻克的首要难题。为此，园长想到给家长开免费的教育座谈会。刚开始，是从外面请专家来讲，可是园长慢慢地发现，专家们讲得东西太深奥了，家长根本听不懂，也听不进去！于是，园长就自己学。她从网上搜索家庭教育讲座的视频，一句话一句话地写在笔记本上，再结合着幼儿园的情况和孩子们通过游戏和活动表现出来的变化，给家长做讲座。做了一次讲座后，效果还真不错！

从那以后，园长没事就去书店买书，不断地学习，不断地充实自己。之后，园长通过一次又一次精彩的家长会和组织教师做教育活动，极大地改变了家长们的看法，家长明白了光识几个字、会算几道数学题是不能培养出幸福的孩子的。家长观点的转变，让幼儿园在正确引领幼儿发展的历史上留下浓墨重彩的一笔。

以后，在园长的带动下，老师们也开始不断学习，给自己加压，很多老师都能给家长做讲座，并受到家长好评，该园很快就走上了家园同步的正常轨道。

（三）善于自控

园长要管理好别人，就要有很强的自控能力。要求别人做到的，园长自己首先要做到；要求别人不做的，园长自己坚决不做。园长要善于在观察自己工作的基础上，有意识地调节自己的言行、情感和意志。园长在处理不同的人际关系和比较复杂的事务时，常常会有矛盾出现，甚至会受到责难、讽刺或辱骂等，这时园长要有自我控制能力，要表现出遇到挫折不灰心丧气、心胸开阔、顾全大局的气度，要表现出在任何情况下都能够保持头脑冷静、耐心、沉着、乐观的品质。

幼儿园午睡时间，小二班阳阳的爸爸突然在幼儿园门口大吵大闹。门卫赶紧跟园长联系，说明情况：阳阳中午吐了，老师打电话给他妈妈，他妈妈说可能胃不太好就接走了，可接回家后孩子又吐了。这时阳阳爸爸刚好从外面喝酒回来，看到孩子吐了，就问："是不是老师让你吃撑了？"孩子说是，于是喝醉酒的阳阳爸爸就跑到幼儿园门口大吵大闹。园长知道了大致情况后，很冷静地走过去，对阳阳爸爸说："阳阳爸爸，你有什么事情先到办公室来跟我说一下，我再调查一下情况。"阳阳爸爸根本冷静不下来，进了幼儿园大门拿起个木棍乱砸，还把宣传栏给敲烂了，这时门卫已经打110报了警，园长则冒着生命危险把这个醉酒的家长拉到办公室，安抚说："阳阳爸爸，你有什么事请跟我说一下，先别激动。如果是我们老师的错，我们向你道歉。"这时阳阳爸爸的情绪稍微平静了些。园长说："阳阳爸爸，我敢保证老师没有伤害阳阳，致使呕吐，不行咱们看监控。"这时园里的信息老师打开了当天的监控，监控视频里能看到阳阳小朋友吃午饭的全部过程。吃饭的过程中，老师时不时地跟阳阳交流、喂他吃饭，不过阳阳不太想吃，于是老师抱着阳阳跟他说话，他总摇头，然后就看到他吐了一口，老师紧接着给他擦嘴、喂水，没有任何伤害阳阳的镜头出现。

看完监控，阳阳爸爸的表情很不自然。看监控的同时，110的工作人员也来到了，警察同志告诉阳阳爸爸，以后遇事要冷静，不要过于激动，还让他把砸烂的宣传栏照价赔偿了，并当着警察的面向园长和小二班全体教师道了歉。第二天，阳阳小朋友早早来园了。

园长善于自控不仅表现在工作中冷静理智，还表现在有顽强的意志，有克服困难、勤勤恳恳工作的精神，能克服自己的惰性和私欲，为教职工做出表率；能处处事事从工作出发，不计较个人得失，不在福利待遇面前伸手，不搞特殊化，以取得员工的信任。

（四）善于自知

老子说："知人者智，自知者明。"园长首先要有自知之明，表现在认清自己的职务和所担负的责任，还表现在要对自己的思想、知识经验、管理能力有实事求是的客观认识。园长对自己要有正确的评价，能一分为二地认识自己。明确自己该发扬什么和该克服什么，扬长避短，有效地做好领导工作；对教师要做到能看到别人的长处，以人之长补己之短。在待人处事中，园长要养成谦虚的美德，能容人，不骄傲自大，搞好领导班子的团结，融洽同志间的关系，不脱离群众。园长的思想修养越高，教师们就越有凝聚力、向心力。园长的自知之明，还表现在工作上能正确对待成绩与荣誉，能从成绩中找差距，不断前进；对工作中的过失，能勇于承担责任，不把责任推到下属身上，并善于开展批评与自我批评，能倾听下属的各种不同意见；不文过饰非，而是严以律己、宽以待人。作为园长，绝对不能做"有了成绩是领导有方，出了问题是群众无能"的领导者，要承认自己的局限性，相信教师巨大的智慧，要虚心向教师学习，做教师智慧的整合者，以此使自己的幼儿园管理水平不断跃上更高的台阶。

某幼儿园发展经历了50年的风雨历程，有经验的教师占到教师团队的50%，而新教师也在逐年增加，该如何促进这两支队伍同步、相融发展呢？园长决定先问计于全体教职工。于是，她就设计了一份"金点子"表格，让每位教师通过填表表达自己的观点及对幼儿园发展的想法。

表格收上来后，园长认真整理、归纳大家的想法，特别针对共性问题，拿出来供教职工专题讨论。最后，归纳出三个共性问题：一是园里全天上班时间太长，能否调整？二是幼儿意外事故处理方式能否调整？三是幼儿课程的整合能否给教师自创空间？针对这三个问题，幼儿园提出诸多方案，然后把每个问题的方案都打印在纸条上，发给教师，让教师选择最佳方案。最后，三个问题都选出了支持率最多的方案，然后对三个方案进行一个月的试行。在试行过程中，园长时刻关注教师的反馈情况，及时调整对策，不断改进方案。

该园长的做法启示我们，园里的很多具体问题都可以向教职工征集意见，通过调查、鼓励、分类的方式对意见进行征集和分类管理，然后以科学严谨的态度把意见贯彻落实，这样能极大地调动教职工的积极性，从而有效地解决幼儿园的实际问题，推动幼儿园工作的发展。

二、提升文化素质

文化素质是园长做好管理工作的一个重要条件，园长的文化素质要能符合干部知识化、专业化的要求。

（一）要有一定的文学素养

园长在管理工作中，必须学会制定科学的幼儿园工作目标、工作计划，并能写出工作总结、专题总结，甚至论文。这就要求园长具有一定的写作水平，能写出文通字顺、流畅简洁、重点突出、有理论有实际，且能说明问题的书面材料。有些园长确有管理水平，把幼儿园办得风生水起，有很多经验；但是提笔千斤重，不善于通过写作介绍自己的理念和工作方法，结果严重影响到与其他园所的交流和经验的推广；也难以提升幼儿园的知名度，限制了幼儿园的进一步发展。因此，园长提升写作能力是很重要的。

关于工作计划的写法，没有一定之规，但基本内容应该包括以下几个方面：
- 幼儿园基本情况分析。
- 本阶段总的工作任务。
- 各方面的具体要求和措施。
- 工作日程安排或逐月重大工作项目安排。

管理工作中应用较多的行政工作计划或园务工作计划一般包括三到五年的发展规划，年度和学期工作计划，每月工作计划等。计划的内容需要包括以上四个方面，但是写法可以有所不同，要根据本园实际情况，确定工作任务，写出具有明确针对性、切实可行的工作计划来。好的工作计划应体现出以下要求：方向正确，切实可行；全面完整，重点突出；分工落实，责任到人；要求明确，便于检查；留有余地，预案前定。

园长还要善于写总结，写工作总结要注意六个问题：
- 总结要靠平时积累资料。
- 总结要与计划相对应。
- 总结要突出中心。
- 总结既要立足于现实，又要着眼于未来。
- 总结忌"吹"。
- 总结忌"拖"。

（二）要有广泛的科学知识

幼儿园的工作内容非常丰富，涉及的相关知识非常多，无论是卫生保健、教育活动、行政管理都离不开文化科学知识。因此，园长必须是热爱学习的人，再忙，也要给自己留出学习的时间；还要善于学习，拓宽自己的阅读面。事实证明，园长爱学习，更能调动教师学习的积极性，教师有学习的积极性，才能激发幼儿学习的积极性。因此，园长的学习力是其领导力的重要组成部分。

某园虽说是一所已有50年历史的老园，但因为近年来老职工的退休、新教师的大批引进，在使幼儿园有生机活力的同时，也显现出师资力量薄弱、经验缺乏的现状。如何提高教师素质与团队凝聚力成为新园长工作的重中之重。后来，新园长决定从"建设学习型团队"抓起。首先，她对教师们的现有学历进行了统计，并让每位教师制定自己的学习发展规划，为自己绘制成长蓝图。其次，聘请幼教专家针对教师提出的各种困惑和难题解答指导，同时，不断安排教师参加各级各类的学习观摩，丰富老师的知识经验，并且经常搞一些文化交流活动，如读书报告会、电影会、读书沙龙等，大家忙于学习活动的同时，团队凝聚力也增强了。

（三）要有扎实的专业知识和业务专长

专业知识和业务专长是园长做好工作的重要支柱。虽然园长的专业知识和业务专长不需要高过所有的教师，但是应当高于教师的平均水平。因为园长有指导青年教师的责任，也有为优秀教师推广经验的责任，如果园长的专业知识和业务专长还不如青年教师，那么怎样指导青年教师工作呢？怎能看出优秀教师水平高从而推广优秀教师的经验呢？又怎样领导园里的业务学习和课程建设呢？因此，没有学过学前教育专业知识的园长，必须在工作中努力学习幼教专业的基础理论，最好是掌握幼教专业的某种技能，能以自己的理论知识和技能指导幼儿园里的各项工作或分管的工作。而学前教育专业毕业的园长，要重视知识的更新，通过不断学习新的知识和经验来充实自己，使自己在领导管理工作中，能想在教师之前，带领大家共同开创新的局面。

小鲁幼教专业毕业后到农村执教，因为农村幼儿园专业教师很少，所以一到幼儿园就被任命为业务园长，领导和同事也都对她寄予了很大期望。但她非常清楚，自己虽然学的是幼教专业，但教学和管理的实践经验都非常匮乏，必须不断地学习，形成自己的业务专长。她虚心向业务熟练的幼儿教师求教，借鉴他们的教学经验；坚持到市直幼儿园调查研究，学习教学管理方面的知识；在其他幼儿园举办活动时，及时带领老师们前往参观学习；经常聆听专家讲座，阅读幼教管理方面的书籍，拓宽自己的视野，不断地提高办园理念。经过种种努力，她的业务水平有了很大的提高，工作成绩得到了大家的一致认可。老园长退休后，小鲁顺利就任了园长一职，她所在的幼儿园多次荣获"质量先进园"、"文明园"等荣誉称号。

（四）要具备科研能力

园长之所以需要有科研能力，是因为没有科研，幼儿园的工作就只能停留在经验层面，而很难取得突破。通过科研，能加深教师对幼儿园工作本质的理解，提升他们的工作兴趣，帮助他们克服职业倦怠。苏霍姆林斯基说："你想让教师的劳动能够给教师带来乐趣，使天天上课不至于变成一种单调乏味的义务，那你就应引导每一位教师走上从事研究的这条幸福的道路上来。"科研的目的是用来肯定工作的创新和改革的成果，推动事业向前发展。那么，怎样选择研究课题呢？

园长首先要明确幼儿园中的科研是行动研究，而非纯理论研究，应该在幼儿园还没有解决的困难中选择研究课题，换句话说，要善于把幼儿园中的困难问题上升为科研课题，要克服对科研的神秘感，把工作中的问题上升到科研课题的高度。这样科研过程实际上就是解决悬而未决的困难问题的过程，而科研结题就是幼儿园疑难问题的最终解决。这样，园长就由问题的被动应对者转变成主动解决问题的人。在科研工作中，园长要掌握科研数据，积累需要的记录资料，学会科研统计，并能在科研结束后，根据实际效果，写出科研总结或论文。

某新建园基本上都是年轻教师，他们不善于与家长打交道，常常抱怨家长们太挑剔。园长就把这些年轻教师集中起来，告诉他们说："现在咱们园里最大的难题就是家长工作，我们为什么不把家长工作作为我们的攻关课题呢？你们研究这个课题吧，今天课题就算是正式立项了。我已经给你们订购了二十多种幼儿园家长工作的书籍，你们可以作为理论参考；你们还可以在网上搜集大量的家长工作的经验材料；但是最关键的是要研究你们班里家长的特点，他们有什么要求、有什么文化特点、有什么性格、有什么家庭状况，不同的家长应该怎么做工作……你们调查研究吧，什么时候你们把家长工作做好了，就是课题研究完成了，到时我给你们颁发科研优秀奖！"很多年轻教师听了园长的讲话，眼睛亮了起来。他们开始以研究的态度对待家长工作,不再觉得家长讨厌难缠了,他们在一起的主要话题也变成了怎么做家长工作。

不到一年时间,有4位年轻老师在幼教杂志上发表了关于家长工作的论文。与此同时,家长和教师的矛盾也明显减少,一年时间里没有发生一起家长到园长办公室"投诉"年轻教师的事件。

三、提升科学调度能力

现在很多幼儿园园长常常感到非常忙碌,"两眼一睁,忙到熄灯",躺在床上想一想一天干了些什么,脑子里空荡荡的。在园里,他们是大忙人,哪里有问题就到哪里去,事无巨细,非得亲自抓不可。别人劝他们注意身体和工作方法,而他们却认为,身为园长,哪能不忙呢?园里工作无小事嘛!可是还有很多教师不满意,说园长常常"捡了芝麻,丢了西瓜"。

这样的园长十有八九都是维持型的园长,园里工作不会有多大起色,因为他们忙于事务,根本没有时间和精力去引导大家创新,整个幼儿园就园长一人有积极性,广大教职工都处在被动的工作状态。问题的症结在于园长缺乏处理日常事务的艺术,不会科学调度。园长要抓好主要工作,兼顾好次要工作,协调好各类人员之间的关系和各类工作之间的关系。为此,要注意以下问题:

1. 明确自己和下属的职责

对于自己职责范围内的事情,园长一定要抓好;对于下属职责范围的事情,园长要决不插手,充分信任下级,给他们足够的办事自主权。做到这一点,园长一定要有职责意识,既搞清自己的职责是什么,又要搞清下属的职责是什么。

2. 果断丢掉"芝麻"

园里的琐事层出不穷,但是并不是样样都需要园长去做,因为这些事情绝大多数都是下属职权范围内的事情或者是下属可以自行解决的,如果园长做得多了,不仅把自己变成了忙忙碌碌的事务主义者,还会打击下属的工作积极性,因为他们会认为园长对他们不够信任。《圣经》里有一个关于摩西带领犹太人"走出埃及"的故事：

犹太人本来居住在埃及境内，由于忍受不了法老的剥削压迫，在首领摩西的率领下想逃出埃及寻觅新的家园。在逃亡路上，几万犹太人携儿带女地乱成一团，而且不管什么问题都找摩西处理，摩西使出浑身解数也处理不完这么多的事情，狼狈不堪，整个队伍每天只走十来里路。此时摩西的老丈人给他出了个主意："你应当把有才能的人挑选出来，让他们充当千夫长、百夫长、五十夫长、十夫长，让他们对每一件小事做出判断，但每一件大事都必须向你报告。"

因此，园长不要把做小事认为是工作深入或肯于实干，而要把忙于小事的时间，用于重要工作或推动下属人员把工作做得更好。当你为丢掉一些事情不管而心存顾虑时，不妨给自己提出以下几个问题：我的工作目标是什么？这些事情与工作目标的关系是怎样的？与其他工作相比，优先程度怎样？这些事情会不会影响处理更重要的事务？问过上面几个问题后，如果发现自己面对的是一个非优先的工作，对实现工作目标影响不大，而且还与优先程度高的工作在时间上相抵触，就可以丢掉它不管，或者拖一拖再办。

3. 先"理"再"管"

一个幼儿园就是一个小社会，园长除了抓保教工作外，还承担着全园教职工"吃喝拉撒睡、生老病死退"等全部重负，要说不忙也是不可能的。怎样做到忙而有序呢？答案是先"理"再"管"。"理"包括三层意思：一是要理清教育思想，二是要理顺管理章程，三是要理正工作路子。从思维方式的角度看，这个"理"的过程，就是对幼儿园管理工作进行多维思考与一维选择有机结合的过程。幼儿园工作虽然纷繁复杂，但是有轻重缓急之分。在安排工作顺序时，园长首先应考虑事情的轻重，然后再考虑事情的缓急，并根据这一顺序来统筹支配自己的时间和精力。园长可以把要办的事情分为A、B、C三类。A类为最重、最紧迫的事情，B类次之，C类可以从缓。园长要集中精力先把A类事情处理好，同时兼顾B类事情。只要A、B两类事情处理好，就可以完成80%的领导职责，从而成竹在胸了。如果还有时间和精力，再处理C类事情。这样，园长就可以把有限的时间和精力投入到最重要的事情上。

4. 学会正确委派工作

有的时候,园长对自己主管的事情实在忙不过来,就应把一部分工作委派给合适的下属,为此园长必须审慎地对下属进行评估,确定他们对工作的理解程度以及适合做什么样的工作,然后把工作委派给最称职的人。委派重要工作最好采取当面委派的方式,这样便于让下属明白工作的重要性,便于回答下属提出的问题并及时获得信息反馈。委派时间应定在前一天的下午,这样便于下属对工作做好准备。

某园是一所新建的公立幼儿园,上级给园里分来的几位教师全部是转岗教师,园长本人也不是学幼教专业出身的。刚开园可把园长忙坏了,收学费、购置教具、购买办公用品、布置任务、安排教学内容,甚至买菜做饭,园长都得亲力亲为。两个月下来,园长感觉到身心疲惫。于是,她决定放手,把任务分别布置给下属。她找了一名会计,负责收学费、购置物品;让一位教师主抓教学,鼓励她到县城办得好的幼儿园学习;又找来一位教师,抓后勤、卫生。一开始,园长还给予指点和帮助,慢慢地,园长开始给予他们适当的权力,并不时激励他们。现在,幼儿园各方面都有人管了,园长也轻松多了。

5. 做好指导工作

虽然说园长不必过多地去做具体的工作,但是园长有责任指导教职工的工作。为此,园长必须掌握园内各项工作的计划、执行、监督、检查的情况,及时根据工作情况与问题,在与有关部门、有关班组或个人探讨、研究基础上,提出指导性意见,帮助教职工改进工作方法、提高效率。

四、灵活地把握刚柔手段

在管理中,有刚性和柔性两种管理手段。《太公兵法》说:"柔有所设,刚有所施,弱有所用,强有所加,兼此四者,而制其宜。"强调柔、刚、弱、强各有其用，应根据情况灵活选用。其中刚、柔两种手段对园长领导艺术启示尤大。

（一）什么是刚性手段和柔性手段

刚性手段主要通过行政方法和严格执行规章制度体现。园长要负责制定具有强制性的规章制度，确立相应的检查落实措施，做到园中凡事有章可循、有法可依，在此基础上实施奖励与处罚。

为此，园长在给教职工提工作要求时，要态度严肃；在执行中，要步骤严密；在教职工违背要求时，要批评教育；在采取措施时，要干脆利落；在纠正错误时，要坚决有效。

现实中有些园长碍于面子，有令不行，有禁不止，甚至朝令夕改，结果园风松垮下去，这样即使园长以后再提出严肃要求，也毫无效力。所以，刚性管理具有硬尺度和强制约的特点。

柔性手段主要通过说服教育、宽容理解、诚心接纳、情感通融体现出来，包括尊重信任、欣赏鼓励、同情宽容、说服沟通、感化陶冶、启发诱导等，有春风化雨、点滴入土之效。柔性手段之合理，在于通过尊重教职工人格、满足他们的合理需要更容易激发他们的积极性和创造性。

（二）刚柔两种手段要同时存在

如果园长一味地用刚，过分严厉，则会出现命令要求多、商量参与少，约束限制多、征询意见少，批评指责多、表扬鼓励少的局面，这样，很容易使自己和教职工出现隔阂，让教职工感觉园里缺乏人性化关怀，自己仿佛在为园长打工，结果扼杀了教职工的工作热情和积极主动性。同样，园长一味地使用柔性手段也是不行的，这意味着会丧失原则性，甚至是非不明、真假不辨、过分迁就、以情代法，这种管理注定失败。实践证明，刚柔相济、宽严有度才是管理成功的根本。

当职工有了进步时，园长应当给予表扬、鼓励；相反，如果教职工不认真执行规定，或者在执行时因为责任心不强而出现失误时，应当受到惩处。假如有些人无视制度，明知故犯，尤其是犯一些原则性的错误，园长就要用刚性手段处理；而有些人无意中出现行为过失，且又十分自责，那么应该用柔性手段处理。总之，该刚则刚，该柔则柔。

（三）以柔性手段为主，贯穿始终

在各项管理工作中，园长都应努力创造自然、宽松、民主、平等、融洽、和谐的氛围，注重积极引导、巧妙疏导、有效沟通、情感通融、觉悟启迪，使教职工自愿地服从管理。有时，在特殊情况下，园长可能需要强化刚性手段，严格按制度处理，实施处罚，但是处罚不是目的，而是手段，只有当被处罚者理解了处罚的意义才能真正收到处罚效果，因此处罚必须与思想教育结合起来。所以，处罚的动机中就体现着柔性的要求。实际上，在管理的各个环节，都应体现柔性手段。比如，对待青年教职工在工作中的进步，哪怕是微小的进步，园长都应持欣赏赞许的态度，并给予表扬和鼓励。相反，对于教职工有意犯的错误，就应该立即处罚，但是处罚不一定疾言厉色，可以神情严肃，表示不满；有意叹息，表示惋惜；揭其弊害，分析错误，促膝谈心，提出要求等……使刚中见柔，惩中有情。

（四）掌握分寸，因事、因人而异

在管理工作中，园长应做到刚要合理、柔要得体，既不能小题大做，也不能大事化小，小事化无。对于教职工之间一些无原则的矛盾和纷争，比如口舌之争，园长不妨采取冷处理和息事宁人的方法；但对于某些人的越轨行为和原则性错误，比如体罚幼儿，则不能视而不见，听而不闻。可见，处理力度应当重则重、当轻则轻，完全视形势需要。过刚，管理力度太大，教职工会感到压抑；过柔，管理力度不够，教职工会感到园长缺乏魄力。同时，是选择刚性还是柔性手段，还要因人而异。因为广大教职工个性不同，承受力差别大，所以处理同样的错误，对甲可能用"刚性"手段好，对乙则可能用"柔性"手段好。就是面对同一个教职工，在此时用"刚性"手段好，彼时则可能用"柔性"手段好。总之，面对不同的教职工，或面对同一教职工所处的不同情境，园长要灵活、恰当地选择刚柔手段。但是，无论采用哪种手段，都应以动其情为目的，以促其上进、改过。

（五）刚柔之间应有参差变化，切忌僵化无弹性

园长在使用刚柔两种手段时还要避免单调，否则会使被管理者产生感觉性麻痹，影响其效果。如果"刚""柔"迭相为用，会给人新鲜的刺激。所以有时园长可以先刚后柔，有时则需先柔后刚。

1. 先刚后柔

先刚后柔，即所谓"丑话说在前头"，以后却给人宽和仁厚的感觉。先刚后柔一般是在幼儿园还没有建立良好的园风，在整顿工作作风时使用。《菜根谭》中说："恩宜自淡而浓，先浓后淡者，人忘其惠；威宜自严而宽，先宽后严者，人怨其酷。"它启示园长要树立权威，从一开始就要坚持原则，对教职工从严要求，等到大家把制度内化为自觉行为，责任文化初步形成时，就可以宽松一些，因为管是为了不管。如果一开始就放松要求，对错误行为姑息迁就，等到问题严重时再严厉处理，教职工往往难以接受，埋怨园长刻薄寡恩。另外，园长对教职工施惠宜由少而多、循序渐进、适可而止，如果一开始园长就施惠无度，必然吊大教职工的胃口，当以后难以为继时，当教职工感觉园长施惠越来越少时，就会把园长先前给予的恩惠忘得一干二净，对园长的满意度不断下降。

2. 先柔后刚

先柔后刚，即所谓"先礼后兵"，一般是在批评教师或者处理即时性的与外界的矛盾纠纷时使用。它要求园长要先晓之以理、动之以情，而后抓住重点，关键时刻给予一击，切中要害。先柔后刚的精妙在于，处理矛盾事件时，先抬高别人，再表达自己！就好像外科医生做手术，先上好麻药再动刀子！比如，在批评教师时，园长就要把握人渴望赞扬、厌恶指责的心理，先肯定教师做得对的地方，而后在他心情愉快时再指出他的缺点，这样教师就非常容易接受。

小明今年刚上幼儿园，还不适应幼儿园的生活。早上妈妈把小明送到幼儿园，因为怕他哭闹，所以在他手里放了一些零食。管理小班的吕老师这天心情不太好，打完饭后让孩子们吃饭，小明哭得厉害，吕老师就很不耐烦地把零食要过来扔到一边，态度粗暴地对小明说："你不吃饭，就不把零食给你！"小明哭得更厉害了，甚至呕吐起来。待在门外偷看的妈妈非常生气，冲进教室把小明抱走，

找到园长坚决要求调班。

　　园长先稳住小明妈妈的情绪，表示一定会认真处理此事，而后找吕老师谈话。她先肯定吕老师的工作成绩："小吕，你到园里工作也有好几年了，一直都很认真负责，对孩子们很有耐心，同事和家长对你评价也很高。那次有个家长还专门到我这儿表扬你呢，这事我记得可清楚了。"听到园长的肯定，心里本来就觉得有些惭愧的吕老师不好意思了。园长接着说："今天你是因为一些事情不开心影响了情绪吧？但情绪再不好也不能影响工作呀！"听到园长推心置腹的谈话，吕老师爽快地承认了自己的错误。园长安慰她："人无完人，认识错误并且加以改正，人才能不断地成长。"在园长的协调下，吕老师向家长道歉，家长也原谅了吕老师的偶然情绪失控，事情得到圆满解决。

　　综上所述，管理是一门高超的艺术，应讲究刚柔相济。

五、做好沟通工作

　　最优秀的王者也叫圣者，"圣"字繁体写作"聖"。这个繁体字首先是上下结构，下面是"王"，表明他有巨大的影响力，有王者之范；上面又是左右结构，左边是"耳"字，右边是"口"字。左边的"耳"是听的器官，表明优秀领导者有倾听各种声音的能力；右边的"口"是说的器官，表明优秀领导者有说服别人的能力。可见，"聖"字上半部实际上启示园长用好耳朵和嘴巴，不断地提升沟通的能力。沟通是指人与人之间，通过交换资料、观点、意见或交流感情，达到相互了解、取得共识的目的，保持思想的相容与行动的协调。

　　园长无论是有效地制定幼儿园的目标和计划或是顺利地将之实施，都需要和全园职工进行有效的沟通，征求大家的意见，整合大家的智慧，把握大家的反应，疏导大家的情绪。这是直观地把握目标和计划的可行性的最好的形式，有助于领导者看到问题的各个侧面和细节；从而在调整的基础上使目标、工作计划更符合实际；也使实施目标计划的方法更加科学；同时使大家的思想和情感趋向一致。

沟通的方法主要有以下几种：

1. 部门之间的沟通

它是指园内同级部门之间、园内各组织之间进行的沟通。为此，园长要带领开好各种会议，如领导班子碰头会、园务会、党政工团联席会等，共同就园内主要工作交换情况，统一思想。

2. 园内的下行沟通

它是指在园内各级行政组织结构之间进行的，如班组或部门负责人，直接对全体人员传达工作计划、上级的指示、意见、阶段工作要求等。下行沟通要求园长必须了解教职工的意见，以便统一大家的行动。下行沟通是给全园教职工提供参与幼儿园管理工作的机会，增强全体教职工对工作的责任感。

3. 上行沟通

园长要定期与上级领导部门或有关人员进行沟通，汇报幼儿园的工作，反映问题，提出要求，使上级领导了解幼儿园的工作及幼儿园各方面的建设。上行沟通的目的主要是争取上级的支持。园长对上行沟通工作不可忽视，尤其对于那些工作忙且不甚了解幼儿园工作的主管部门和领导，要请他们参加园里的大型活动，如儿童节和教师节庆祝活动、幼儿园运动会、新年联欢会、家长会等，让他们亲自听取大家的反映，这有助于领导和主管部门深入了解幼儿园实际，使幼儿园的工作能被放在主管部门的议事日程上进行研究，扩大幼儿园的影响。园长需要知道，上级领导也是幼儿园的重要公众，可以把他们当作资源开发。

有效的沟通工作是建立在调查研究基础上的，因此园长要有调研意识，每天都要在园里走一走、转一转、看一看、坐一坐、谈一谈、听一听，接触各类人员，掌握他们的思想动态和工作情况，选准沟通的主题。

六、学会倾听

显然，听是沟通的重要手段，听是输入信息的过程，必须保证输入信息的准确性和全面性，因此，听时应该保持全神贯注。有些园长一边听下属说话一边批阅文件，或者寻找东西，或者边看报纸边听人家讲话，更有甚者闭目后仰似听非听，或神情木然地呆坐呆听，或乱写乱画、左顾右盼，精力不集中，精神不耐烦。这种听必然导致信息输入的失败。所以，失败的园长总是和教职工想不到一块去，因为他不知道教职工想什么、他们的愿望是否合理。这类园长根本不想听，只是想说而已；可是不好好听，说也会无的放矢；所以有些园长说话总给人生硬的印象。

信息输入靠听，信息加工靠思考。信息输入是信息加工的前提，同理，听是思考的前提。"巧妇难为无米之炊"，没有从"听"中了解到的情况信息，园长也做不出正确的思考和判断。所以，自古以来领导行政也叫听政，强调兼听则明、偏听则暗，而不听则败。

南斯拉夫有这样一则民间故事：

有一位国王的耳朵长得像驴子的耳朵一样，国王因羞于见人，经常戴着帽子掩遮耳朵，维护自己的尊严。结果，他也逐渐成为一个闭目塞听的愚蠢的人，其政权很快被推翻。

那么，怎样从闭目塞听的危险中走出来呢？《管子·九守》中说："以天下之耳听，则无不闻也。"可见，古代优秀政治家特别重视倾听群众的呼声，认为多倾听群众的意见，有助于改进工作，提高领导水平。《左传·襄公三十一年》记载，郑国人喜欢在乡校里议论政事的得失，使郑国很多大臣难堪。然明对子产说："拆毁这些乡校，如何？"子产坚决反对，他说："国人早晚没事的时候到那里消遣，议论国家政事的好坏。他们认为好的，我就去实行。他们憎恶的，我就改掉。从国人的议论里，执政者可以得到很多教益，为什么要毁掉它呢？我听说应当用忠于为善来减少国人怨恨，没有听说过用摆弄权威来防止怨恨。摆弄权威虽然可以很快制止怨恨，但这样就像防堵洪水一样，一旦洪水破堤，所造成的伤害谁也不能挽救。不如把河水稍微放掉一点加以疏导，不如让我经常听到国人的议论，作为我为政的药石，所以乡校不能毁。"

在幼儿园，园长真诚地听取教职工的呼声就更加重要了。倾听教职工，可以使教职工渴望尊重的心理需求得到满足，感到自己是园里的主人，荣誉感、责任感油然而生；可以及时准确地把握教职工的思想脉搏，明了他们情绪的热点，从而有利于做好思想工作；有助于集中教职工的智慧，正确决策；让教职工多发表见解，有助于监督干部，端正风气。倾听还是理解的起点，通过倾听，园长可以缩短与教职工的心理距离，实现心理相容，夯实群众基础。所以，园长们要练好倾听的基本功，做到善闻而耳聪、集思而广益。

当然，对于管理人员来讲，认真全面地倾听群众的呼声并不是一件容易的事情，必须用正确的方法予以保障。

（一）健全各种民主制度

园长要想了解舆情民意，必须健全如下民主制度：健全教代会制度，民主审议幼儿园大事，畅通参政渠道；健全党政工团联席会议制度，民主商议园里大事，畅通议政渠道；健全生活会制度，民主评议园里大事，形成制约机制。

在健全民主制度的基础上接受群众的监督和评议，可以采取以下几种形式：

（1）全员参与评议，让广大教职员工从德、能、勤、绩四个方面给幼儿园各级领导干部打分，衡量是否合格，并将考察结果存档，以备今后进行纵向比较。

（2）充分发挥工会干部在园长与群众之间的桥梁纽带作用，让他们走访教职工，听取群众对园长的反映，然后综合情况与园长交换意见。

（3）召开部分教职工代表座谈会，面对面评议园里工作。

（二）设置"民主窗口"

园长可以采取多种方法设置"民主窗口"。比如，可以设立"园长信箱"，鼓励教职工把自己的建议或批评，以署名或者不署名的方式投进去，园长定期开箱，逐项处理。无论是真诚的建议还是尖锐的批评，园长都应及时给予反馈。对于署名的信件，园长可以直接对本人反馈；对于不署名的信件，园长可将反馈结果张贴在公告栏上。还可以设立"园长接待日"，在这一天，没有特殊情况园长不能离园，应坐在接待室里，认真倾听教职员工的心声，及时为他们排忧解难，与教职工面对面地交流。

（三）把握倾听教职工谈话的艺术

倾听教职工谈话，园长应遵循耐心、专心、诚心三个原则。

1. 耐心

在谈话过程中，教师有时会因为情绪激动而说一些难听的话，而这些话代表他们的真实想法，这正是了解他们的最佳契机。因此，耐心听他们讲话是进行思想工作的有效形式，有助于了解情况，帮助教师释放不良情绪，避免出现过激行为。古人说得好："防民之口甚于防川。"教师有意见，要给他表达的机会，否则他的心里满是负面情绪，然后极有可能带着情绪给幼儿上课，那么对孩子来讲无异于伤害。国外很多企业都有宣泄室，让员工们宣泄不满，就是保证让员工以正常的心态工作。

2. 专心

具体地说，在倾听时，园长要表现出兴趣，全神贯注，不要从事与谈话无关的活动；不要轻易打断对方的谈话，如遇急事需中断谈话，要向对方说明情况，并约好下次交谈的时间；不要争辩或过快地做出判断，更不要轻易地否定对方的意见。对于一些合理化建议，要边听边概括，把握重点；对于一些精彩的话语，要适当记录，以显示对对方的尊重与鼓励。要以平等的态度对待每一个谈话者，不能抱有成见，因人废言；不能感情用事，对于对方说话的内容，即使不同意，或者持有怀疑、反感或不满的态度，也必须控制自己，始终保持冷静，让对方畅所欲言。如果希望对某一点内容多了解一些，可以将对方的意见改成疑问句简单地重复一遍，这将鼓励对方做进一步的说明；要仔细观察对方说话的神态，琢磨对方没有说出的意思，注意非语言暗示，留适当的时间用于辩论。

3. 诚心

如果教职工提出疑问，希望园长给予解释，园长一定要诚恳地就实质性问题做出简明扼要的回答。如果教职工反映的问题，园长并不是很清楚，那么一定告诉他，需要调查一下再答复，未加调查之前，不应表态和做出承诺，以免造成被动局面。如果教职工反映的问题属于重大原则问题或者是应由下属主管部门处理的问题，应实事求是地告诉他，这个问题作为园长自己也不能单独处理，需经领导班子开会研究或责成下属部门研究后再予以答复。实践证明，只要园长态度真诚，教职工是能够满意的。

第5章 摆平人际关系
——君子和而不同

现代管理特别强调工作成效与人际关系之间的平衡，认为过多的偏重工作成效而损害人际关系将会危害组织长期的经营绩效；为了人际关系而牺牲工作成效，则必然偏离管理目标，同样导致管理的失败。因此，领导者必须保证工作成效与人际关系之间维持平衡的关系。

一、明确幼儿园人际关系管理的重要性

相比男性较多地注重工作任务，女性更倾向于关注团队中的人际关系和谐程度。因此，幼儿园园长必须重视园内人际关系的处理。

幼儿园中的人际关系具有多边性，大体包括教师与幼儿、教师与教师、教职工与领导、班级与班级、年级与年级、党政团班子之间、幼儿园与家庭、幼儿园与社会……人际关系处理得好，就为幼儿成长和幼儿园发展创造了良好环境，调动了每个个体和部门的工作积极性、主动性和创造性，而形成相互支持、相互补充的合力，从而最大限度地减少资源的浪费，促进园所发展目标的实现。反过来，人际关系处理得不好，园长与教职工关系紧张，教职工之间心理隔阂，就很难形成团结向上的集体氛围，幼儿教师也就很难把心思放在保教工作上，幼儿园组织的效能也不可能得到充分发挥，幼儿园为家长服务、为幼儿成长服务的双重任务就难以落实，同时也就意味着园长和教职工自身素质的提高和业务发展受到

严重影响。那些优秀的幼儿园，无一例外首先具有和谐的人际关系，同伴互助的气氛浓郁，老教师率先垂范、新教师高歌猛进，甚至后勤行政人员乃至教职工子女都能获得较优越的成长与发展条件。

因此，园长在任期内一个重要的目标是创造政通人和的人际关系环境。

但是，工作做得再好，园里的人际冲突仍然是不可避免的，因此，人际关系的管理工作要经常化。根据性质，幼儿园里的冲突可以分为有积极意义的人际冲突和有消极意义的人际冲突。比如在园里常有正确观点和错误观点的冲突，也有先进和落后、创新和保守的冲突，这些都是有积极意义的人际冲突，不必回避和调和，要努力把这种冲突引导到积极的方面去。在园里，有时也会有为私利和狭隘部门利益的竞争引起的冲突，或由猜疑、嫉妒、压制别人、信息沟通不良等而引起的冲突，这是消极意义的冲突，要防止这种冲突对园里和谐人际关系产生破坏作用。

对园里的各种冲突，园领导都要做积极的疏导工作，要深入了解冲突的性质、冷静分析对策，采取细致的工作方法，避免形成被动的局面。

二、了解人际关系理论

现代管理特别重视人际关系的优化。20世纪初，著名的心理学家梅奥通过在霍桑工厂的实验提出了人际关系理论，能够为园长搞好幼儿园人际关系的管理提供许多有益的启示：

1. 人不仅是"经济人"，更是"社会人"

因为人们的行为并不单纯出自追求金钱的动机，还有社会方面的、心理方面的需要，即追求人与人之间的友情、安全感、归属感和受人尊敬等，而后者更为重要。因此，调动教师的积极性不能单纯地从改进技术手段和物质条件着眼，而必须首先从社会心理方面考虑怎样合理地组织与管理教师。

2. 团体中存在着非正式组织

非正式组织中有大家共同遵循的观念、价值标准、行为规范、情感和倾向，并有自己的核心人物和领袖，左右着团体中每个成员的行为。非正式组织与正式组织的重大差别在于正式组织中，以效率逻辑为其行为规范；而在非正式组织中，则以感情逻辑为其行为规范。如果管理人员只是根据效率逻辑来管理，而忽略工人的感情逻辑，必然会引起冲突，影响企业生产率的提高和目标的实现。因此，管理当局必须重视非正式组织的作用，注意在正式组织的效率逻辑与非正式组织的感情逻辑之间保持平衡，以便管理人员与工人之间能够充分协作。在幼儿园里，非正式组织往往是由于教职工们趣味相投经常接触形成的，成员之间认识相近、情感相融、相互帮衬，其中往往有一个核心人物，对其他成员产生很大的影响。幼儿园中的非正式组织会给其成员提供一个"说话"的地方，有助于纾解他们工作中的压力。但是园长必须对非正式组织的方向予以正确的引导。幼儿园中的非正式组织如果与幼儿园正式组织的目标方向相同，将会极大地促进幼儿园工作的开展。比如由对教研活动感兴趣而经常在一起交流问题并形成亲密关系的几位教师形成的小群体就属于这一类，对于这样的非正式组织，应支持其发展；反之，非正式组织的目标如果与幼儿园正式组织的目标相反，则会形成破坏的势力，比如为了自私自利的目的经常结合在一起的"小团伙"或"小帮派"，园长一定要加以警惕，利用正式组织的力量做好其成员的说服教育工作，尤其是做好其核心人物的思想教育工作。

某新成立的幼儿园由于只有园长、副园长两名领导，决定通过公平竞选确定保教主任。结果出乎意料，年纪最小的教师全票通过了竞选。园长和副园长非常不解，认为其中肯定有原因。结果一查，果然是这个教师和她的搭班教师采取了拉票的手段，并且还在背后诋毁另外两个参与竞选教师，让其他教师都主动疏远她们。园长和副园长明白了幼儿园教师队伍存在问题，表面看起来大家很团结，但其实并不成熟，大多数教师意气用事。

第二天上午，园长和副园长通过开会和逐个谈话，对教职工进行了耐心细致的思想教育，让教师认识到自己的错误，并做了检讨。最后，园长宣布，这次选举的结果作废，要求教师在下半年重新选举。通过处理拉票事件，幼儿园更有向心力了。

3. 新的领导能力在于提高职工的满意度

在决定劳动生产率的诸因素中，首位的因素是职工的满意度，而生产条件、工资报酬只是第二位的。职工的满意度越高，士气就越高涨，效率也就越高。高的满意度来源于职工个人需求的有效满足，不仅包括物质需求，还包括精神需求。作为管理者，应更多地注意职工多方面需要的满足，建立和谐的人际关系，这样更能提高工作效率。

人际关系理论启示园长：重视并改善教师人际关系，满足教师的各种社会需求与心理需求，提高教师的士气；把非正式组织看作幼儿园的重要组成部分，通过沟通来协调正式组织和非正式组织的冲突与目标；改善幼儿园中的上下级关系，共同决策；重视教学民主，充分相信教师，对教师的教学不做过多的干预；让教师对幼儿园管理者有民主监督的权利。

为此，园长要正确认识与教职工的关系。园长与教职工不仅是领导与被领导的关系，也是一种人际关系；园长不是高居教职工之上的主人，而是他们的服务员，应当为他们创造充满爱心的环境、创造成功的机会，不能采取高压手段，以照章办事为理由，做出挫伤教职工积极性的决策。园长应与教职工多沟通，加深了解，增进感情，缩短与教职工的心理距离。园长要能与非正式组织打交道，使正式组织与非正式组织之间保持平衡，通过满足职工的合理要求而激励其士气。园长要倡导、营造一个自由安全的心理空间、快乐相融的人文集体；培育教师的团队协作精神，培养教师与他人沟通合作的能力；提高工作效率，共建愉快的工作氛围。

为何教师爱说三道四

俗话说："三个女人一台戏"，这话说的不是没有道理。幼儿园里几乎都是女性教师，大家叽叽喳喳说个不停，不是张家长就是李家短。谁要跟园领导说上几句话，你瞧吧，仨儿俩一堆，议论不休。你要是比别人多干一点，指桑骂槐、讽刺挖苦一股脑儿袭来："你真积极呀！得好好表现表现啦！""就你能！"园长让××老师利用业余时间教幼儿画画，就有个别女老师挑拨另一人说："你绘画技能也不错，为什么领导不让你做？"

从梅奥的人际关系理论出发，很容易理解上述现象。这些教师之所以爱说风凉话，是因为没有得到应有的尊重，领导与他们距离过远，使他们处于观望者的被动地位，积极性受到影响，于是采取说风凉话的方式表示不满。如果他们也有表现才华的机会，就可能完全不一样了。

案例中的园长后来经过观察了解，发现了该园教师们的很多特长，于是请能歌善舞的教师办起了舞蹈班，让喜欢美术的教师办起了美术班，这样他们不仅为幼儿园培养了一批小舞蹈家、小画家，使孩子们掌握了一技之长，还自我加压提高了业务技能。从此，园里吵嘴嚼舌的人少了，认真干工作的人多了。

如何对待"问题教师"

王园长刚到一所幼儿园，就有人对她讲："××老师是个刺儿头，从不听领导的话，要防着点"，"××老师爱在职工中鼓动与领导闹对立，不可重用"，"××老师打扮妖艳，只做表面活，与领导意见不一致时就要大闹"。这些反映真让王园长挂心了一阵子。她冷静地想，这3位教师既然敢与领导意见不一致，一定有自己的想法，不能戴着有色眼镜看她们，而是要利用她们敢说的优点让她们参与幼儿园的管理。

于是在日常工作中，王园长主动接触这3位教师。慢慢地，她才发觉这3位教师业务能力都比较强，只是嘴巴不饶人，人际关系一般。人无完人，谁没缺点？在实行聘任上岗中，王园长支持她们分别担任班长和教务主任，这样接触多了，这3位教师慢慢地体会到管理者的难处，私自发牢骚的次数越来越少，反而开始替领导分担工作，主动说服爱发牢骚、讲怪话的职工。

案例中，王园长初到幼儿园，在不了解情况时，不偏听偏信，而是认真观察，冷静思考，从而发现了3位"问题"教师的长处，然后委以重任，使她们的长处得以发挥，赢得了她们的支持，化不利因素为有利因素。

可见，面对教职工中的一些议论，园长不能偏听偏信。对于到自己面前说三道四的人，园长要了解其动机，具体情况具体分析，力求冷静、公平地对待被议论的教师。园长用人，贵在全面了解，用人之长；偏听偏信，则会埋没人才；求全责备，非但得不到人才，还会失去群众。园长做事只要出于公心，即使最初对自己不满的职工，他们的态度也会逐渐改变。另外，"问题教师"的能量往往都比较大，会成为小群体中的意见领袖，重点做好此类教师的工作，能起到"以点带面"的效果，从而进一步增强幼儿园的凝聚力。

三、协调人际关系的两个法则

怎样协调干群关系呢？黄金法则和白金法则可以给我们很多启示。

黄金法则非常古老，出自《圣经》，核心思想是"你想人家怎样待你，你也要怎样待人"。白金法则是美国最有影响的演说人之一和最受欢迎的商业广播讲座撰稿人托尼·亚历山德拉博士与人力资源顾问、训导专家迈克尔·奥康纳博士研究的成果，核心思想是"别人希望你怎么对待他们，你就怎么对待他们"。

黄金法则和白金法则可以帮助园长处理工作中遇到的很多问题。

（一）处理尊重问题

有的园长会想："值得我尊重的人我才尊重；不值得我尊重的人，我没有必要尊重！"这种想法非常荒谬，首先，它违背了黄金法则。根据黄金法则，我们希望他人尊重自己，就应当尊重他人；其次，也违背了白金法则。根据白金法则，别人需要受到尊重，我们就应该尊重他们。可见，尊重不存在值不值得的问题。违背两个法则的园长根据值得和不值得对教师进行分类，是不可能与教师建立和谐关系的。

（二）处理公正问题

有些园长喜欢看人下菜碟，这同样违背了黄金法则和白金法则。根据黄金法则，我们希望受到公正的对待，就要公正地对待别人。根据白金法则，教职工需要受到公正的对待，我们就要秉以公正。社会学家做过一次调查：问调查对象希望别人怎样对待他们，结果关于"公正"的回答率最高。事实上在今天，社会上似乎存在着一些不公正的现象。"强者愈强，弱者愈弱"的马太效应无处不在。在这种社会背景中，哪位园长能公正待人，就能迅速地建立良好的上下级关系，把教职工凝聚在一起。

  这天上午，大二班的苏老师又请假没来上班。说起这位苏老师，也确实让人头疼，一个学期她差不多要请半个学期假，可是幼儿园是定岗制没有富余的教师，因此，苏老师一请假，许多工作就自然落到同班的李老师身上。这天下午，李园长去大二班交代李老师明天值班的事情时，李老师就提出反对意见了。李老师一直以来工作就兢兢业业、对领导交代的任务从来没有怨言，今天的态度让李园长措手不及。李园长只得耐心地跟李老师商量："家里有事就克服一下吧，毕竟幼儿园的事重要，你们班里只有一位老师，只有辛苦你了！"没想到李老师态度强硬地顶回来："别人可以一而再，再而三地请假，为什么我家里就不能有事？为什么我就不可以请假？我明天不干了！我也请假！"李园长陷入了沉思：李老师为什么会有如此激烈的情绪反应？表面看只是多值一次班的问题，但是仔细想想这件事，可以发现李老师的不满情绪已经隐忍很久了。苏老师一学期几乎要请半学期假，全园教师几乎都知道大二班的李老师最辛苦，结果就造成了谁偷懒谁得益，谁辛苦谁倒霉的局面，久而久之再没脾气的人也会被这种不公正给气坏的。看来自己在处理这件事上很不妥当。

  李园长想到这儿，对李老师说："好吧，最近一段时间你的确辛苦了，既然家里有事，明天就由我来值班吧。"很快，李园长就召开园务会议研究教师加班补贴与调休的方案，方案出台后立即得到全园教师的响应和支持。方案通过后，园长主动找李老师谈心，检讨了自己以往在处理问题上的简单化和粗放化，由于处理不妥当造成不公平让老师受了委屈，同时也追加了李老师的加班补贴和调休时间，李老师对此表示满意。

（三）处理真诚问题

  有些园长希望教职工对自己真诚，但是对教职工未能做到以诚相待。根据黄金法则，我们希望别人真诚，就要真诚地对待别人。只有自己对人诚实正派，才能赢得别人以真诚来回报自己。《韩非子》中说："巧诈不如拙诚。"社会的复杂化、多元化，使人与人之间的关系变得非常复杂，但是人的本性中追求真挚、诚恳的良知并没有泯灭。

园长明白这个道理，以真诚对待每个教职工，就会使自己成为受教职工尊重爱戴的领导。毕竟真诚待人最易于取得别人的信任，尤其面对女性知识群体，她们睿智敏感，领导真诚不真诚，她们一看便知。因此，作为园长不可耍小聪明，必须经常提醒自己——"唯有真情能动人"。

四、处理好与教师的关系

园长与教师的关系包括工作中的关系和工作外的关系。

（一）处理好工作中的关系

处理好工作中的关系，需要遵循八个原则。

1. 平等原则

园长和教师只是从事的工作岗位不同而已，是平等的关系。但是有的园长看不到这一点，在管理工作中不注意说话口气，譬如对教职工用质问或者命令的口气说："你是领导还是我是领导？""我是领导，我说了算！"这样就会使园长与教职工间的感情变得疏远，甚至破裂。所以，园长必须认识到：自己与教职工不仅是领导与被领导的关系，也是一种人际关系；自己不是高居教职工之上的主人，而是他们的服务员，应当为他们创造充满爱心的环境、创造成功的机会。所以，园长不能仅仅在办公室里发号施令，把自己凌驾于教职工之上，采取高压手段，以照章办事为理由挫伤教职工的积极性。

2. 沟通原则

在幼儿园，建立和疏通信息联系与沟通的渠道是极为重要的。园长与教职工要做到相互沟通，相互了解。一方面，园长对幼儿园发展规划的设想与计划要让教职工了解，同时，园长也要了解教职工的观点与意见。否则，联系渠道不畅，上下信息阻塞，就容易产生误会和矛盾，因而也就很难齐心协力共同完成目标。园长尤其应让教职工了解决策的背景、自己的想法和计划，为此，要平易近人，不摆架子，要经常抽出时间到教职工中间走动。这样一方面可以随时检查工作，了解情况，给予针对性的指导与帮助，做些宣传解释工作，也有利于获取工作中的第一手材料；另一方面通过深入实际，可以了解教职工的实际困难，并及时处理问题。

幼儿园有一位中班教师，业务素质、专业技能水平都很高，园长也很看重她。可是有一段时间，她的配班教师向园长反映：她每天都牢骚满腹，埋怨工资低，埋怨伙食不好……刚开始园长没在意，可后来配班老师下班后又连续两次发信息给园长，说主班老师还是总在埋怨，而且已经发展到开始摔幼儿园的物品，有时还把气撒在孩子身上，对孩子说话语气特别重。这个时候，园长才意识到没有及时和教师交流沟通的严重性。

后来，园长及时找这位教师聊天，请她喝茶。在悠闲的交谈中，园长得知这位教师家里最近正在盖房装修，她与家人在设计思路上发生了争执，所以她心里一直很烦。加之感觉园里的福利待遇也不是很高，这个时候很需要花钱，心里更烦。园长听后，耐心地给她做了疏通开导工作，想办法筹措了一些资金帮助她盖房装修，并且告诉她：付出和收获是成正比的，等你做出了成绩，园里会给你应有的回报。经过园长的开导之后，这位教师工作热情提高了不少。园长也很庆幸，及时与教师沟通，才没有让自己失去一位好老师。

3. 针对性原则

园长在处理人际关系问题时，要有针对性，"一把钥匙开一把锁"，切忌一味地感情用事和草率地处理问题。比如针对青年教师，要看到他们思想活跃、爱好广泛、进取心强、学习能力强这些好的方面，同时也应该承认他们在工作、学习、生活中有时处理问题还比较幼稚，不够成熟，需要有人给予更多的指点和帮助。而中老年教师，由于社会环境和个人经历不同，也由于个性差异和心理成熟度不同，有时也会在某些问题上表现不够成熟。针对性是建立在了解基础上的，了解教职工的过程也是关心他们的过程,园长应尽力帮助他们解决思想认识问题和实际困难。

区里决定组织一次幼儿园优质课比赛,某园专门成立由教研组组长、教师、园领导班子组成的考核小组,经过层层选拔,牛老师成绩名列前茅。赛前的准备工作在紧张有序地进行着,可就在参赛的前一天,牛老师气恼地嚷嚷:"这课讲不成了,孩子们一点儿也不听话,管不了……"明天就要赛课了,临时换将,不太可能。园长皱着眉头想了半天,决定找牛老师好好谈谈。结果,园长一进门就见牛老师在抹眼泪,园长一边温和地给她递纸巾擦眼泪,一边跟她细谈起来。原来,她自准备比赛以来,一直都很认真地在备课,吃不下饭,睡不好觉,觉得自己是个新教师,技能不熟练,非常焦虑,害怕把课讲砸了,给园里抹黑。听到这里,园长会心地笑了,告诉她:"初次参加比赛,情绪紧张是正常的,园里决定派你去,是对你教学技能的肯定。即使这一次没讲好,也没什么大不了的,经验都是慢慢积累的,教训如果能使你进步,就很有价值。"后来,园长又想到她可能对教学环节的设计没有信心,就和她一起讨论,又亲自给她示范,讲给她听,并让她试讲了一遍。第二天比赛,牛老师取得了不错的成绩。

4. 情感相融原则

园长管理教职工不外情、理、法三种手段,法的手段就是用制度处理事情的行政手段,应当是在不得已时才使用;理的手段是诉之于理性的思想教育的手段,是需要加强的手段;而情的手段重在以情动人,让员工自觉地跟着领导走的手段。由于人是情感性的动物,尤其幼儿园教职工大多为女性,有更强烈的情感需要,因此情的手段要经常使用。园长关心、尊重、理解教职工,就是在使用情感手段。情感手段能够使教职工心情愉快,产生自信、自爱、自尊的心理,从而自觉地在各个方面都力争上游。园长在节日期间送去自己对老师们的问候,关心、慰问生病的教职工,帮助教职工解决生活上的困难,认真地听取他们的意见等,都会使教职工感受到园长的关怀爱护,从而把感激之情转化为工作的动力,并由此形成幼儿园强大的凝聚力。

5. 语言温暖原则

语言具有重要的催化力量，同样一个意思，有的园长会说得教职工"跳"起来，记恨在心；有的却能说得教职工笑起来，终身难忘。有些园长喜欢说："良药苦口利于病，忠言逆耳利于行。"可是，他们难道没有发现药厂早已把很苦的药片裹上了一层糖衣吗？逆耳之言，实际上，已把教职工置于对立的位置。教职工们想的都是打防守反击，哪里还会忖度园长话语中的真理成分呢？因此，即使园长的目的是批评，也要在批评之前先客观地评价一下这个教师的长处，让教职工觉得园长是在就事说事，而不是在借机整人。要想做到这一点，园长就必须与教职工打成一片，充分地了解每个人的特长、兴趣爱好、优点和缺点，这样才能对教职工做出公允的评价。

事实证明，聪明的园长特别善于把"利于行"与"悦耳"结合起来。

李园长发现新教师在上幼儿舞蹈课时穿高跟鞋扭伤了脚，就先从她受伤的角度出发关心她，然后告诉她带班时穿高跟鞋既不利于自己，也可能伤着幼儿。新教师听后既感激，又很内疚，以后进班再也不穿高跟鞋了。

当然，强调语言温暖原则并不是对错误行为的姑息迁就，也不是安抚孩子式的许愿，而是注意场合、时间，照顾教师的情绪，态度上真挚诚恳，内容上有针对性，语气上幽默风趣而不失庄重感。

6. 威信先导原则

组织上只能给园长职务，但不能给园长威信；而威信在理顺人际关系中具有强大的威力。在幼儿园里，经常看到这样的现象：教职工能够爽快地接受某个园长的意见，并以此改正不规范行为；而有些园长的意见即使是对的，教职工也往往不以为然，甚至顽固对抗。心理学研究发现，有些员工对领导提出的要求或批评意见采取什么态度，不是取决于领导讲话的内容正确与否，而是取决于这个园长在他心目中是否有威信。因此，园长只有行政权力是不够的，还要打造自己的人格魅力，要以身作则，凭借高尚的情操、较强的能力、丰富的学识和智慧取得教职工敬佩和信任；以公正无私、关心爱护群众取得教职工的爱戴。一个有威信的园长一定会促进教职工对幼儿园管理目标的认同，形成巨大的合力。

7. 职责统合原则

职责统合原则，即明确各部门和各类成员的责任，大胆地授予其相应的权力，让大家各司其职、各尽其责，这样自然会实现管理的自动化，从而避免责任不清引发的相互推诿、指摘。凡是分配给教职工的工作，园长都要放手让他们去干；要为教职工创造良好的工作条件，使他们心情舒畅；针对教职工工作中的成绩，要及时肯定、赞扬；针对教职工工作中的困难，要及时鼓励、帮助，激发信心，保护他们的积极性。在分工负责中，有时会出现本位主义倾向，有时还会产生矛盾分歧。在这种情况下，园长要做好协调工作，研究各部门、各成员间的合作关系，让大家认识到分工不是分家，而是通过明确职、责、权、利激活每个个体的力量，从而实现更高层次上的合作。

8. 保护性原则

在处理人际矛盾过程中，园长要注意保护反映情况的教职工。个别园领导有时会有意无意地在众人面前讲某个骨干教师或某个教职工向她反映的某个问题或者对某个人的看法，甚至讲出反映者的名字；这样做的结果往往给反映情况的人造成很大伤害，把他们推到矛盾冲突的巨大漩涡中去；由此产生的人际疙瘩要很长时间才能解开，有的甚至长期无法解开。作为园长，首先应当从中吸取教训，否则，势必失去教职工的支持，甚至成为孤家寡人。教职工能够向园领导反映问题和情况，表明他们关心集体，应当注意保护他们的积极性。当然，也要防止由于个性差异、心理因素以及信息传递误差等原因引起的情况失真现象。对因为失真造成的错误性措施要在搞清楚事实的基础上，坚决予以纠正。总之，对教职工的处理不能马虎，对教职工个人和家庭生活方面的隐私，要为其保密。

（二）处理好工作外的关系

园长和教职工之间除了工作上的接触以外，还有日常生活中的接触。园长仅善于处理与教职工工作中的人际关系是不够的，还要善于处理工作以外的关系。这就要求园长具备较强的社交能力。

1. 转变角色

在工作中，园长是领导者角色，应有领导者的行为特征；但是在日常生活中，应当和大家一样，应主动创造平等的氛围，建立友好的关系，以礼待人、和气说话，谈话方式应无拘无束，尽量缩短与教职工的心理距离，增进彼此间的了解，夯实感情基础。这样，可以掌握许多过去自己不了解的情况和问题。

2. 有求必应

对待教职工，园长要有同情心，体谅他们的难处，对于他们提出的工作上、生活上的任何问题与要求，只要是合理的和可能的，都应尽力帮助他们解决。此外，园长还要努力形成幼儿园人与人之间的相互体贴、关心的良好风尚。

3. 公平相待

园长不要搞亲疏有别，对所有教职工应一视同仁，建立平等的关系；对工作成绩的评价要实事求是；对工作分配要不偏心，不感情用事。

4. 集体利益至上

园长要把国家利益、集体利益置于个人利益之上。因此，在这个正确原则的基础上，园长要做到公私分明，不徇私情。

五、解决教职员工之间的矛盾

在幼儿园集体中，部门之间、人员之间，难免会产生这样那样的矛盾。园领导的任务之一就是要发挥沟通作用，帮助大家相互了解、理解，使各方面能密切配合、步调一致地工作，从而提高整体效益。

（一）促进一线教师和后勤人员相互了解

在幼儿园里，保教人员和后勤人员之间容易发生矛盾。比如，教师和保育员经常抱怨后勤工作人员："今天饭不好，孩子不爱吃"、"这种菜孩子不吃"……厨房工作人员则埋怨教师和保育员："你们老师不叫孩子多吃些，饭菜就剩了"、"我们不知道烧什么好，我们没办法"……实际上，有的教师会做动员工作，能引起幼儿的食欲，虽是一般饭菜，幼儿也吃得多、吃得快、吃得好；有的教师自己挑剔，也就不会积极主动地做幼儿的工作。园长应该通过自己的工作，促进教师和厨房工作人员的相互了解。

比如，在市场上副食品供应紧张时，园长不妨和保教人员一起分析后勤工作的困难，以减少教师和保育员的抱怨；当厨房人手紧张时，有意识地安排教师去帮厨，从中体会厨房工作的辛苦；表扬那些鼓励幼儿多吃饭菜、不挑食的教师，实际上就是支持厨房的工作。同时，应组织厨房工作人员学习有关儿童营养与保健的专业知识，使他们进一步认识伙食、营养与幼儿身体健康、生长发育的关系；在幼儿进餐时，组织厨卫人员与保健教师一起观察幼儿进食的情况，听取教师、幼儿的意见，了解幼儿喜欢吃什么，研究饭菜怎样才能烧得既有营养又能引起幼儿的食欲。这些工作，有利于教师与厨房工作人员之间相互沟通，相互体谅，密切配合，解决矛盾。

（二）帮助人际关系紧张的教师渡过难关

在幼儿园里，由于种种原因，会有人际关系紧张的教职工，他们在工作中容易遇到困难而处于无助状态。在这种情况下，园长应该出面做一下协调工作。要教育人际关系紧张的教师学会站在别人的角度考虑问题，从自我中心的泥淖中跳脱出来，认识到与人为善就是善待自己，因此要突破小我，拓展自己的心灵空间。同时，也需要教育其他教职工宽容有性格缺点的同事，让大家认识到以长者之心帮扶人际关系紧张的同事，也等于拓宽了自己的精神空间。

某园一位年轻教师，刚工作时各方面能力一般，但脾气不小，非常缺乏人际关系处理能力，高兴时对人眉开眼笑，不高兴时脸一板，有时还拿班里的物品出气。针对她的特点，园长采用"结对子"方法，让她与一位有着二十余年教龄的、性格温和、教学技能精湛的老教师搭班。在老教师的人格影响和悉心指导下，年轻教师性格改善了很多，教学能力有了明显提高，尤其是在英语教学上形成一定的优势。根据这一情况，园长在期中的家长开放日中，决定让她上英语公开课，结果她把课上得生动有趣，获得了家长的好评，赢得了同事的刮目相看，她也露出了开心的笑容。以后，她的人际关系越来越好，经常因为热情地帮助同事而得到好评。

（三）做好促和工作

俗话说，三个女人一台戏。幼儿园以女教师为主，难免因一点小事就引起矛盾，这对保教工作的开展非常不利，因此园长一定要做好促和的工作，消弭分歧，促进感情相融。

某园小班张老师突然来到园长办公室告诉园长说，最近一段时间，和她搭班的宋老师一直不认真工作，不是请假就是坐在教室休息，班级里的工作基本上由她一个人承担，而且宋老师一直在同事面前说自己的坏话，她下学期不希望再和宋老师一起配班工作了……无独有偶，宋老师隔了几天也来找园长，说张老师自以为是，不配合工作，什么事都斤斤计较，她不想和张老师合作了。

联系这两位老师的表现，园长感觉她们之间缺少信任和默契，只有先消除她们彼此之间的成见，才有可能让两人和睦相处，而消除成见的最好方式是建立彼此的好感。园长决定避开两人的矛盾，向她们传递互相称赞的语言。一次家长会中，园长对张老师说："张老师，宋老师昨天说你开家长会很成功，你们与家长沟通得很顺利，家长对你们的工作也很满意。"对于宋老师这么说，张老师感到有点意外，随即她脸上露出了微笑。同样，园长也经常在宋老师面前说张老师如何称赞她之类的话……两个月过去了，她们谁也没有再来办公室找过园长，下学期开学她也很自然地要求继续搭班合作，从她们的脸上，园长看到了她们在一起工作时的幸福与开心。

（四）给教职工交流的机会

幼儿园平日工作紧张，员工间交流的机会少，关系淡薄。为此，幼儿园每年都应该组织联欢会、座谈会、郊游、聚餐等形式，一方面缓解紧张工作给教职工带来的压力，另一方面使教职工彼此间增进了解，加深感情。

某园形成了每个月月底为教师举办生日 Party 的惯例。在生日聚会上，老师们跳舞、唱歌、发礼物、畅谈心声，让过生日的老师感到很温暖，也为所有老师解了压。

园长还要给予教职工正确的交流方法，指导教师在人际交往中学会站在别人的角度考虑问题，将心比心，推己及人，求同存异。

六、处理好公众关系

幼儿园的发展离不开良好的外部教育环境，离不开社区的理解和支持。因此园长应当克服"关门办园"的思想局限，扩大幼儿园与社会各界的联系，与上级主管部门、环卫局、工商局、城建局、周边居委会、派出所、医院诊所、文化场所、水电部门等建立和谐的关系，这就需要幼儿园领导者具有公关意识。公共关系活动是幼儿园管理的一项专门职能，是幼儿园为了实现自身的教育目标，有计划、有组织地利用传播手段，塑造自己在公众心目中的良好形象，争取公众的信赖、理解和支持，优化校内外教育环境的社会实践活动。良好的公共关系，对于幼儿园管理运行来说，犹如润滑剂一样，起着"减少阻力，加快发展"的作用。显然，幼儿园公共关系的目的是努力谋求自己与公众之间建立并发展一种相互了解、信任、依存、支持和合作的关系，努力在公众中塑造自己的良好形象，求得自己在特定环境中的理想存在和稳步发展，而实现这一目的的手段只能是非对抗的相互影响、相互交流、相互吸引的方式。

（一）对领导公关，争取上级主管部门的支持

某些园近年来在添置新设备方面没有起色，几乎没有资金添置大型的玩具。其中，上级主管部门的领导没有给予幼儿园足够的重视和关心固然是重要的因素，更关键的是幼儿园没有积极争取领导的支持。假如幼儿园主动向上级主管领导汇报工作，使他们了解幼儿园，了解幼教动态和幼教的重要性，其结果可能就是另外一种状况了。

有一所高校附属幼儿园就特别擅长做高校领导的工作。该幼儿园在"六一"活动前会主动和校领导谈活动设想、活动意义、需要做的工作、存在的困难等

等,积极向该校各处、各院系宣传幼儿园的工作,使他们了解到幼儿园工作做得好也是对他们工作的支持。另外,该幼儿园还发挥幼儿家长的积极作用,使他们成为幼儿园的义务宣传员。有些话,园里不好说的,家长能说出来,而且效果更好。因此,该园每年的"六一"活动都组织得比较成功。院系领导都能抽出时间到幼儿园参加节日活动,并为小朋友送上节日礼物。幼儿园的不少小型玩具都是"六一"活动期间由各单位捐款赞助购买的。更重要的是,领导的到会,对辛苦了一年的教职工来说是个莫大的鼓舞,孩子们也会为客人的到来而欢呼雀跃。

因此,幼儿园领导应经常邀请主管科室的领导、教委领导到幼儿园检查指导工作,让他们感受到幼儿园工作的辛苦,看到幼儿园工作的成效,进而从感情上理解、关心、支持幼儿园工作;在每年的评优活动、经费划拨问题上,给予幼儿园优惠政策;在幼儿园遇到比较棘手的问题时,帮助协调关系,解决困难。

某幼儿园园门口路不宽阔,家长接送孩子时显得非常拥挤,可是近年来一些小商贩为了赚钱,把小摊摆在幼儿园门口,有时几乎把路堵住,给家长接送孩子带来了许多不便,家长们对此怨声载道。幼儿园曾经多次采取措施治理,但是效果不明显。去年"六一"文艺演出的时候,园领导专门把县教委、综合治理办、城建局、工商管理局等几家单位领导请来,观看文艺演出。之后,园长向各位领导汇报了工作,并把面临的问题和盘托出。各位领导对此事非常重视,通过协商,几家单位联合,共同对幼儿园门前的摊位进行了治理,规定幼儿园周边100米内不准摆摊,并规划了停放车辆处,同时幼儿园派专人天天检查,城建局也不定时地进行检查。这些措施收到了较好的效果,家长们也比较满意。

可见,上级主管部门领导也是重要的资源。园长不仅要学会管理下级,同样要学会与上级沟通,让上级在实现幼儿园的目标中发挥应有的作用。为此,园长一定要做好与教育局、物价局、防疫部门、妇幼保健院、财政局等部门的沟通工作,让他们了解幼儿园的做法,这样,当幼儿园遇到困难时,他们就会出面给予帮助。

（二）对社区公关，争取社区的支持

由于公共关系的实质是处理好公众关系，因此对于谁是自己的重要公众，幼儿园应有全面的认识。很多幼儿园重视与上级主管部门协调关系，把教委、环卫局、城建局、派出所这样的单位看作重要公众，认为在必要的时候可以请他们出面调解各种矛盾，共同抓好整顿和管理。但是实际上有些问题，仅靠主管部门僵硬执法或死搬空文是难以彻底解决的，只有靠幼儿园自身建立广泛的良好的公众关系，才能迅速有效地解决。所以，幼儿园应当利用节日到社区及物业部门为他们提供免费的文艺节目，这样当幼儿园出现困难时，如水管爆裂等，物业部门才会主动上门帮幼儿园维修，而来自于社区的一些矛盾也可以通过这种方法顺利得到解决。

新的学期开始了，城关中心幼儿园门口却堆满了周边群众扔的垃圾。望着这个垃圾山，园长又气愤又无可奈何。最后，园里雇车把垃圾山处理掉，而后在离垃圾山不远的地方垒了一个垃圾池，并在旁边竖了一个牌子，上面写道："请把垃圾倒入池里"。可周边群众总是习惯成自然，将垃圾不倒到固定位置。每当幼儿园和周围群众谈及此事，大家都能认识到这样做不好，但是又屡禁不止。十月一日到了，幼儿园有大型的文艺汇演，一大早园长安排幼儿园8名年轻教师穿上盛装，披上彩带到幼儿园周边一家一户地登门邀请看节目。每进入一个家庭，8名教师都会面带微笑地说："邀请您到幼儿园观看节目，希望我们携手搞好园所周围环境卫生。"从此，幼儿园门口干干净净，垃圾堆的难题就这样解决了。

该案例中幼儿园周边的居民显然就是幼儿园的重要公众，他们之所以能在幼儿园门口堆起一座垃圾山，一方面是因为图方便，另一方面是由于漠视幼儿园的存在所致，这是由于幼儿园长期以来不重视公共关系导致居民与幼儿园心理疏离的结果。

在本案例中，园长可以选择两种对策，一种是争取县教委、综合治理办、城建局等几家单位的支持，联合治理幼儿园门前环境，这样做具有较大的行政权威性，但毕竟显得生硬，难以向周边居民传递友好的情谊，甚至会增加隔阂，不能从心理上让居民接受，取得的效果可能只是暂时的。因此，园长选择了另一种策略——对居民公关，充分利用国庆节园里组织大型文艺汇演的机会，成立一个公关小组，让教师一家一户登门邀请看节目。这项活动，首先向周边居民传达了友好的情谊，满足了周边居民被尊重的心理要求，使他们产生了幼儿园是他们的好邻居的亲近感，这种感觉促使他们主动反思自己乱倒垃圾的不当行为。在此基础上，8位盛装的幼儿园教职工及时提出希望携手搞好卫生的话题，居民也乐于接受。这是一种春风化雨的方法，消解矛盾于无形。如果幼儿园不以公共关系为突破口，反而以强硬的态度批评指责，只能加剧公众的辩解防护心理，不能使他们自觉地反思自己的错误，也就不可能从根本上解决问题。

由此可见，公共关系是一种软管理手段。它是以尊重人、感化人、主动给人提供便利为工作特点的。它要求幼儿园采取主动的态度，在把自己分内工作做好的基础上，主动与一些重要公众建立关系，通过有效的公关活动让公众了解幼儿园在社区中的作用、工作特点，进而理解、支持幼儿园的工作，甚至与幼儿园建立合作关系。要想搞好公共关系，幼儿园首先要主动出击，可以在一定条件下开放幼儿园的资源和场地，向公众介绍党和国家有关幼教工作的政策、法规，以及幼教工作的规律，表达幼儿园自觉服务社区的诚意。园长不仅自己要树立公关意识，也应教育所有教职工都树立公关意识，以热情文明的举止争取社区公众的好评，与社区公众建立广泛的联系，积极参与社区大家庭中的各种文明共建活动。

幼儿园公关工作要做在平时，避免"临时抱佛脚"的尴尬。对于一些猝不及防的突发事件的处理，则要讲究方法，以礼为先，进退有度。

（三）对媒体公关，宣传自我，树立良好形象

幼儿园在社会上是否有良好的形象，是幼儿园发展的关键。因此，幼儿园应注重同电视台、报社等媒体搞好关系。幼儿园的每次重大活动、每项实验课题、每项教改成果，都可以邀请记者到园，向他们耐心地讲解幼儿园的工作性质、任务及特色，让他们对幼儿园的活动感兴趣，让他们感受到幼儿园工作的重要性，从而自觉地宣传幼儿园，向社会展示幼儿园的工作成效。幼儿园应向电视台争取每年都为幼儿园拍几个专题，联系报社发一些文字图片报道，让媒体为幼儿园在

社会上树立良好的形象发挥作用。

(四) 虚心诚恳，争取业务部门的指导

幼儿园工作要做到规范化，就必须争取相关业务部门的指导和帮助，因为相关业务部门拥有技术优势，幼儿园需要的就是这种技术支持。为此，幼儿园应该主动上门，虚心请教。业务部门有指导相关业务的责任和热情，只要幼儿园有诚恳的态度，主动上门，表现出虚心学习的态度，业务部门会乐于给幼儿园以细致指导的。

某市实验幼儿园的卫生保健工作比较薄弱，保健人员少，业务水平较低，工作起来显得力不从心。针对这种情况，该幼儿园主动与卫生保健部门联系，一是上门请教，二是请进门，让保健院的人员手把手地教给教职工资料分析与评价的方法、膳食营养的计算等。由于幼儿园态度诚恳、教师学习认真，保健院的领导很支持，最后竟亲自到幼儿园指导，并无偿地提供宣传资料，使该幼儿园的卫生保健工作在短时期里上了一个新台阶。

第6章 打造亲和力
——以人为本

做人的工作是领导的工作之一,做人的工作最理想的状态是让人心悦诚服。孟子说:"以力服人者,非心服也,力不赡也;以德服人者,中心悦而诚服也。"(《孟子·公孙丑上》)孟子启示我们,人心的归服才是最好的管理,优秀领导都是以德服人的典范。尤其幼儿园是女性教师的天下,她们极易被温情折服,因此园长更需打造亲和力。

一、把教师放在中心地位

常听有人说:"顾客就是上帝。"其实,与其把顾客当作上帝,不如首先把员工当作上帝。因为组织像服务上帝一样服务员工,员工心里才能充满爱,才会真诚地为顾客服务,然后组织才会赢得顾客,才会长盛不衰。因此,当代管理学中,有一个全新的理论——员工第一,顾客第二。从这个理论出发,在幼儿园里,教师第一,家长和幼儿第二,园长必须把教师放在中心地位。

之所以需要把教师放在中心地位,是因为在幼儿园的人、财、物等各种资源中,只有人是能动的因素,离开了人,其他一切资源都成了无用之物。幼儿园中的人力资源主要是指教职工,其中又以实际从事保教工作的教师最为重要。离开教师,幼儿园保教工作就无法开展,因此,园长办园必须依靠教师,把教师放在中心地位。如果把教师放在中心地位,教师就会焕发主人翁责任感,就会有宽容精神和服务意识，幼儿和家长就会得到最好的服务，幼儿园的双重任务就很容易得到落实，幼儿园也不会因家园关系紧张而陷入困境，教师也不会产生职业倦怠。但是，长期以来，一些幼儿园并没有把幼儿教师放在中心地位，当园长对教师一味地用命令式的语气指出"你该如何如何做"时，恰恰忘记了每个教师的能力是参差不齐的，抗压的能力也是不同的，忽略了到底应该给予教师怎样的帮助和服务。要知道，教师是为幼儿和家长提供最直接服务的人，当他心里不舒服时，怎能把爱传递给孩子与家长？

所以，我们就不难理解为什么一些幼儿园里会出现这样的现象：一部分教师倦怠思想相当严重，上课期间从不领孩子们做游戏，经常围坐聊天、串岗、脱岗、干私活、吃零食等。看到这种现象，园长往往很气愤，会在会上点名，会下批评，拿出教师考核细则严格考核。结果，非但没有收到很好的效果，园长和几位教师关系更僵了，工作很难开展。

究其原因，往往是园领导没有树立为教师服务的思想。教师的工作是高度程序化的——整个幼儿园就像一个工厂，班级就是车间，按部就班的保教活动就是流水线，教师就是流水线上的一个操作工，在这种模式下，幼儿教师非常容易丧失对工作的兴趣，出现职业倦怠感。因此，在保教活动程序化的基础上，能否留给教师一些自主权并为教师的创意留出相当的空间成为问题解决的关键。

因此，幼儿园的管理不仅要重视家长工作，更要重视员工的情绪、需要和个性。幼儿园和谐的人际关系、独特的园所文化建设能使教职工心情舒畅，工作积极。因此，在幼儿园教师管理工作中，园长既要对教师提出严格的要求，又要充分地尊重、信任他们；既要强调统一的意志，又要保证个人心情舒畅；既要求他们的语言、行为规范化，又要鼓励他们形成属于自己的独特的风格和特色。幼儿园在管理上以教师为本才能鼓舞教师在教育上以幼儿发展为本。因此，由理性管理模式向人性管理模式转变非常重要。

尤其是民办幼儿园，教职员工几乎是清一色的80后、90后，他们生活在中国经济社会发展比较快的时代，从小生活条件优越，法律意识和维权意识都比较强，对工作待遇、工作环境、工作条件有更高的要求，这对民办园的管理提出了挑战，如果园长的工作做得不到位，就会导致他们重新选择。因此，在民办幼儿园里人性化管理更重要。幼儿教师得到关怀，心中才会充满爱进而关怀幼儿。

下面是一位民办园园长的做法，很耐人寻味。

母亲节的一天

去年母亲节的一天，在举行完孩子和家长的活动后，王园长又安排了一个特殊的节目，给了老师们一个惊喜！王园长把老师们的母亲全部请到幼儿园，当所有的老师看到自己的母亲来到了幼儿园，眼泪都止不住地往下流，有的扑到妈妈怀里放声大哭，那场面让人很感动。最后，所有的老师跑到王园长的身边，大家紧紧地拥抱在了一起。

这一天，教职工为自己的妈妈举行了一系列的活动，比如"我为妈妈升国旗"、"我为妈妈做晨会"、"我为妈妈戴红花"、"我为妈妈捶背揉肩"、"我为妈妈洗洗脚"等。这一天老师特别开心，这些活动也得到教职工家长的认可和表扬，最后她们还为幼儿园赠送了锦旗。这次活动以后，该园老师在家长和孩子的心目中形象和口碑更好了，幼儿园也更有凝聚力了。每当幼儿园举行活动，老师们都积极响应。

笔者曾考察过一个一级一类示范园，该园对教师的关怀可谓体现在方方面面：有教师合唱团活动，有教职工健美操训练，有教师家庭聚会……教师脸上总是洋溢着兴奋的笑容；领导与每一位教职工进行单独的对话，切实了解每一位教职工的真实想法，关心他们的思想和家庭，使教师的心理问题总是能在第一时间得到解决；采纳他们的合理化建议，使他们非常有成就感。

综上所述，园长要有亲和力，必须把教职工放在中心位置，只有让他们感受到幼儿园大集体的温暖，才能使他们真正融入到幼儿园，从而使幼儿园形成团结向上、和谐协作的集体心理气氛。

二、学会"唱红脸"

《论语》中孔子说:"君子不器。"意思是说,作为领导者不能只有一种能力。它启示园长,作为幼儿园领导者,应有灵活的角色扮演的能力。园长不仅要会唱"黑脸",也应会唱"红脸",有时还需要在管理舞台上"变脸"。

园长要会唱"黑脸"。"黑脸"在京剧脸谱里面多表示耿直忠心、铁面无私、直言不讳,敢于说真话和硬话。面对歪风邪气和错误行为,园长需要唱"黑脸",实行严格的制度管理。但是在平时,园长更要唱"红脸",简单地说就是善于通过沟通化解矛盾,达到双方都比较满意的结果。

《孙子兵法》强调带队伍"令之以文,齐之以武",强调的就是领导者"红脸"、"黑脸"都要会唱。

"红脸"、"黑脸"都会唱,实际上就是强调把严格的制度化管理和人性化管理结合起来。比如,将幼儿园日常工作的各个环节都纳入常规管理系统,全园教职工定期严格按照标准进行常规自评,反馈问题和不足,并将常规自评成绩作为学期末教师评比发放绩效工资、教师年度考核、评先创优的依据,以此调动教师的积极性和竞争意识。同时,园长应关心了解和理解教职工的辛苦,做到以情感人、以理服人,平等地对待每一名教职工,努力改善职工的生活、工作条件,为其创设舒心的工作环境。当教师遇到困难时,园长应主动上门安慰,给予照顾;教师结婚生子,园长应送上美好的祝愿,到家里看望刚出生的宝宝并及时为怀孕、哺乳的教职工调整工作,减轻工作量。

当然,面对管理工作中的具体情境,领导在"红脸"和"黑脸"角色的选择中还应该有所侧重,当唱"红脸"容易解决问题时就唱"红脸";当唱"黑脸"更易解决问题时就唱"黑脸"。在组织中,职位越高,越应唱"红脸";职位越偏向基层,越应唱"黑脸"。因为越接近基层,越是主要从事具体的事务管理工作,越需要发挥制度的作用。而职位层次越高,越是主要从事人的领导工作,越需要辅之以制度外的手段。

因此，幼儿园领导班子成员之间应该有一种默契。面对复杂的问题时，如教职工闹情绪问题，领导班子成员需要做"红脸"和"黑脸"的分工——承担主要决策责任的领导者，宜多唱"红脸"；作为主要执行者的中层干部，宜多唱"黑脸"。道理很简单，做具体执行工作的干部不唱"黑脸"，任务落实不下去，错误倾向得不到纠正；而处在宏观领导地位的领导者唱"红脸"，一旦中层干部由于急躁或其他原因方法处置不当使教职工受了委屈或引发教职工怨气，领导者还可以出面解释或安抚一下，避免员工情绪出现过大的波动。如果在这种情况下，领导者一味地唱"黑脸"，幼儿园就会显得没有人情味，教职工的委屈无法得到化解，一些人的怨气无法得到疏导，甚至造成矛盾激化，干扰园里的正常工作。

某幼儿园园长外出学习期间，园里两位老师闹了矛盾。原因是：某一天早晨张老师入园迟到了10分钟，李老师告诉了保教主任，保教主任就把张老师的名字给记上了。结果这件事不知怎么让张老师知道了，张老师非常生气。第二天早晨恰巧李老师也晚到了两分钟，张老师也告诉了保教主任，保教主任就把李老师的名字也给记上了。两位老师因为这事吵得非常厉害，保教主任就打电话把情况告诉了外出学习的园长。园长心里想："保教主任把她们两个的名字都给记上了，这是坚持原则，我得支持她的工作。但两位老师因此吵架，闹得不可开交，势必会影响园里的正常工作，我得想办法安抚她们，化解她们的矛盾。"

于是，园长分别给李老师和张老师发了短信："今天幼儿园的发展离不开你们携手努力的付出，幼儿园感谢你们！但是工作中我们难免会犯点错，谁能一点失误也没有呢？但我相信你们是无心的，只要稍加注意以后会做得更好。姐妹们在一起是缘分，为了这份缘分让我们多一点宽容，宽容别人实际也是宽容自己，让我们一起为这个家的和谐而努力。我相信你们的胸怀一定会像大海一样浩瀚无比，祝你开心再开心！"两位老师收到园长短信后非常感慨，给园长回复短信："谢谢园长的包容和谅解！我将会尽我的努力做到最好，虽然平时我会有点小心眼儿，但希望在你的提醒下把这个坏毛病慢慢地改掉，做一个大爱无私的人！"园长回信继续鼓励她们："我相信在今后的日子里你会是成长最快的一个，我期待你的表现，我为你骄傲！"一场矛盾就这样巧妙得到了化解。

从该案例可以看出，园长和保教主任配合默契，保教主任在两位教师有过错时唱黑脸，维护了制度的严肃性；而园长唱红脸化解了两位教师的矛盾，维系了教师团队的和谐，有助于为幼儿创造和谐的教育环境。

因此，园长除了对教职工提出严格的工作和学习要求之外，还要关心教职工，和教职工谈心，态度和蔼可亲，使之乐于接近，愿意说心里话。这样园长即使有时批评他们，他们也会觉得园长是真心实意地在帮助他们。

实际上，园长唱"红脸"并不是一味地装好人，而是要在自己与教职工之间建立一种和谐、信任和共赢的伙伴关系。因为，领导者的主要责任就是发掘和培养人才，重用并留住人才，让教师心甘情愿地为幼儿园的发展做贡献。这些育人、用人、管人和留人的难题，光靠制度管理是不行的，经常需要利用制度以外的手段，如以智取人、以情动人、以礼励人、以信安人……尤其是面对情感丰富细腻、感性十足的幼儿园女教师，更需要将这些策略和手段结合起来灵活地使用。

三、把握打造亲和力的潜规则

领导者打造亲和力，有个潜规则——在大是大非上讲原则，在小是小非上讲人情。

来自教职工的问题，总的来说可以分为两类，一类是大是大非的问题，另一类是小是小非的问题。对这两类问题处理的对策应该是不一样的。在大是大非问题上，园长必须讲原则，要唱"黑脸"；但是在小是小非问题上，园长一味地讲原则，就显得刻板，也会落个不近人情的恶评，因此宜讲人情，唱"红脸"。事实上，幼儿园中的问题，主要不是大是大非的问题，而是小是小非的问题，因此，应该多讲讲人情。比如：节日来临，发送手机短消息以示慰问；教师生日之际，送上祝福的话语或一张贺卡；教师生病了，给予关心，提供病号饭；教工有困难，伸出援助之手，共渡难关；带着赏识的眼光看待每一个教师的点滴进步和成长，让全体教师充分感受到幼儿园这个大家庭的温暖。

下面是一位园长的心得体会：

做好情感管理工作

担任幼儿园园长十年来，我深深地体会到：要管理好一所幼儿园，除了建立完备的组织系统、形成相应的组织机构、建立完善的规章制度、形成管理系统外，还必须综合运用目标管理、制度管理、计划管理、感情管理等多种管理手段，才能实现幼儿园保教工作的健康运转。比如：我园的赵怀婷老师1988年年底已到退休年龄，我园主管部门教体委要求她年底必须退休。但赵老师就是不顾教体委的三令五申，宁可被扣工资也不退休。这样一直僵持到1991年9月份。我在接任该园园长的当天，教体委主任就交代了做其思想工作，促其退休的事。我在上任的第二周和赵老师谈退休的事，并让她看教体委的通知，谁知她不屑一顾地说："你给教委主任说吧！我就不退，看他怎么罚我，干工作无罪！"碰了钉子后，我想：幼儿园工作很累，一般到龄教师都愿退休，赵老师不愿退休必然有她的想法。于是，我就试着多与她交流，争取取得她对我的好感和信任。通过交流，我了解了她的一些情况，她也向我坦言了不退休的真正原因：一是老伴去世了，还有一个儿子刚转业回来，已被安排到建设局，但建设局未安排上班；二是1989年事业单位每人晋升一级工资，因其不退休也没有给晋升；三是赵老师是外地人，年轻时随丈夫来到本地，在这无亲无故，老伴不在了，子女也大了，退休了太孤独，自己身体好，多干点活心里充实。

了解了赵老师不愿退休的真正原因后，我立即向领导做了汇报，并调动一切可以调动的力量，让赵老师的儿子上了班。同时，为赵老师批复并补发了1989年晋升的一级工资。这些问题得到解决后，赵老师愉快地在退休表上签了字。在欢送会上，赵老师拉着我的手说："我要是年轻10岁，跟您这样的领导非拼命干不可！"这件事给我的启发是：善做知己，善办实事，注意情感投入也是一种有效的管理方式。

四、树立温和的外在形象

所谓"温和",就是园长对教职工的态度要适中,不能过热,也不能过冷。园长对教职工态度过热,随意把自己的烦恼、痛苦甚至隐私都透露给教职工,容易降低自己的影响力;园长对教职工的态度过冷,会让广大教职工对自己敬而远之,最后只能靠权力性影响力工作。

做"温和"型园长,在与教职工相处中,园长要注意礼节且应主动地向对方表示尊重和友好;办事时,尽量采用商量的口吻,多听取和采纳对方意见中合理的部分;如果自己有缺点和错误,要勇于承认和改正,最好有点幽默感。

有些园长认为幽默感跟性格有关,并非想有就有。实际上,放下架子,就可能有幽默感。

美国前总统小布什去耶鲁大学讲演,一帮高才生憋足了劲要他出丑。孰料他主动出击:"你们在学校可要好好学习啊,不然像我当年那样考试只能得C,就只能当美国总统了,你们要是像切尼那样大学没念完就辍学,就只能当美国副总统了。"学生们的满腔斗志被他的幽默话语瓦解了。

所以,园长不要端架子,端起架子就失去了温和的基础,就严重降低了对群众的影响力。

五、无情纪律,有情操作

领导艺术是平衡的艺术,在处理教职工的错误问题时,优秀领导仍然可以不失亲和力,因为他懂得平衡的重要性,明白教职工犯了错误要批评处分,但是不能忽略人文关怀,把无情纪律与有情操作结合起来。

小李是工作才一年多的教师,虽说性子有些急躁,缺乏工作经验,但她积极要求上进，园长非常器重她，把她作为骨干教师培养。

一天上午，小李组织小一班的语言教学活动，一个小朋友非常顽皮，影响了正常教学。为了不受干扰，小李把他关进卫生间，活动结束后才把他放出来。不料孩子出来后，脸上有几处抓伤，并且由于受到惊吓，离园时见到父母就哭闹，不肯上幼儿园。家长非常气愤，找到园长论理。结果这件事闹得沸沸扬扬，社会影响非常不好。

园领导经过认真研究，一致认为，惩罚孩子是幼儿园纪律所不允许的，特别是这种把孩子关进卫生间，使其离开教师视线、极易造成安全事故的做法更不允许。这件事处理不好，会影响到其他教师对孩子的态度及工作方法，还关系到家长对幼儿园的认识和看法。因此，提议对小李进行大会批评，暂时调离该班工作，扣罚三个月奖金。为帮助小李提高认识，园长事先同她推心置腹地进行了谈话。起初，小李认为该幼儿家长把这事闹得沸沸扬扬，有点小题大做，很有抵触情绪。园长针对她的这种想法，语重心长地开导说："你想想，如果你是孩子的妈妈，见到孩子脸上有伤痕和受到惊吓的样子，你能冷静吗？"小李认为园长说得对，可仍感到委屈："为了上好课，一时性急，我才这样做的，确实没想到会出这种事，为此就给处分，我想不通。"园长继续温和地说："园领导和老师都知道你工作认真，但作为一名骨干教师，更要以高标准要求自己。"一席话，说得小李低下了头。

处分宣布后，园长经常找小李谈话，在工作中继续给予其更多的关照和期待，并安排与小李要好的几个老师多同她谈心，帮她放下包袱，排除烦恼。在园长的关怀下，小李很快地调整好心态，积极地投入工作，并多次到该幼儿家中家访，同这位小朋友谈笑、游戏，孩子很快喜欢起小李老师来。家长见状也很高兴，恢复了对她的信任和理解。园里根据她的表现，结合实际情况，适时地恢复了她原班级的工作。

在这个案例中，园长把严明纪律同关心教师、爱护教师、培养教师很好地统一起来，为其他园长做好幼儿园管理及教师思想工作提供了有益的启示。

1. 严明纪律

俗话说，"国有国法，家有家规"。幼儿园和企事业单位一样都制定了严格的规章制度和纪律，这些制度、纪律能否发挥应有的作用，关键在于能否得到认真的落实，在于实施过程中能否做到公平、公正。园长只有一碗水端平，不徇私舞弊，不搞远近亲疏，才能起到规范人、教育人的作用。小李老师是作为骨干教师培养的，园长又对她喜爱有加，她犯了错误，违反了纪律，园长并没有姑息迁就、掩饰呵护，而是认真教育，并给予必要的纪律处分，这样既教育了她本人，又教育了大家，发挥了纪律应有的作用。

2. 以"情"疏导

该园长执行纪律并取得了良好的效果，关键在于她始终以情待人、以情育人、用情做教师的思想工作。事情发生后，小李老师没有充分地认识到自己的错误，认为家长小题大做，带有抵触情绪。这时园长并没有对她进行空洞的说教，也没用大帽子压人；而是让小李老师用角色换位法思考问题，启发她认识自己的错误，这种将心比心、以情度心的教育，使人心服口服。

3. 以"情"善后

纪律处分的出发点、落脚点都在于教育人、爱护人。教职工犯了错误，园长绝不能一概依律处理了事，而是要以深厚的感情做好善后抚慰工作。案例中，这位园长不仅亲自在感情上宽慰小李，在工作上继续信任她，而且以女性特有的细心安排其他老师安慰她，帮她放下包袱、去掉压力。

可见，无情的纪律只有通过有情的操作，才能转化为教育人、爱护人的手段和方法，才能真正发挥它的作用，这位园长在严明纪律的过程中，始终贯穿一个情字，突出一个情字，很值得学习思考。

当然，有情操作并不是以情代法、以情废法，园长要注意这一点。

六、虚心接受批评意见

园长应该能够虚心地接受批评意见，有闻过则喜的气度。在幼儿园工作中，保教人员发表对园长或保教工作的看法，甚至是批评的意见时，园长应视其为好事，因为意见往往代表了保教人员的心声。如果下属有意见不敢提，园长也就不能充分地了解教职工，不能知己知彼，那么园长对情况的把握就只限于表面，就难以做出适当的决策，开展工作也不能深入实际。

保教人员是幼儿园的主人，监督和评议幼儿园保教工作是其义务，也是其权利。如果园长不能接受不同的意见或批评，结果必将是故步自封，脱离教职工。

把爱提意见者变成善提建议者

某园长刚上任就有人向她反映：园里有几位老师特别爱提意见，爱找园长的麻烦。该园长认为，喜欢提意见并不是坏事，一方面说明幼儿园工作还存在问题，有待改进；另一方面有些意见往往能反映部分教职工的意愿，如果有意见没人提或不敢提，那说明教职工受到压抑，会影响教职工的工作情绪和干群关系。于是，这位园长在日常工作、生活中主动接近这些爱提意见的人，不仅欢迎他们提意见，还希望他们多提建议。接触多了，关系密切了，他们对领导的态度有了转变；提意见时不再是旁敲侧击、冷言冷语，而是热心集体的事，为幼儿园的建设发展出谋划策。

过了一段时间，园长想利用园里富余的房屋和闲置设施上一个项目。园长在教职工大会上通报了这件事，请大家提建议。会刚散就有一位平时爱提意见的人急匆匆地找到园长，说她的亲戚正为这个项目的产品滞销而伤神，幼儿园再上这个项目风险很大，还不如利用房屋临街又处闹市的优势，招收一些下岗女工开办一家面食店，方便周边群众和过往人员，既为政府分忧，又为下岗人员解难。园长听了眼睛一亮，马上就召集领导班子讨论这个建议，大家都很支持。面食店开张不久，就收到了良好的经济效益和社会效益。园长对这个爱提意见的职工很是敬重，不久提拔她担任了总务主任。园长尝到了采纳群众建议、吸取群众智慧的甜头，经班子研究，形成了一项决议：园里的各项工作要增加透明度，凡重大事情都要经过教职工讨论，广泛征求意见和建议。

幼儿园事情繁杂，领导难免有一些疏漏和失误，下属提出意见，不是坏事，而是好事。上例中园长听到一些关于好提意见者的反映后，不仅没有厌弃他们、冷落他们，采取封人之口、堵塞言路的做法，反而亲近他们、重视他们，鼓励引导他们不仅要提意见，还要善于提建议。这样不仅密切了同教职工的关系，赢得了他们的支持，减少了工作中的阻力，还将看似消极的因素转化为积极因素，有效地调动了教职工的积极性。

意见一般是指对某件已做过的事情产生的看法，而建议则提出于事情发生前。提意见和提建议立场角度既有相同之处，也有不同的地方。提意见的人可以从自己的立场出发，也可以从旁观者的角度出发，而提建议则完全需要从主人翁的角度出发。以冷言冷语、旁敲侧击姿态出现的爱提意见者显然是站在局外，并带有不满情绪的。但园长宽容他们、亲近他们、重视他们、信任他们，把他们从旁观者转变为主人翁，把事后提意见引导为事前提建议，这是一种质的飞跃，该园长的做法是很值得学习和借鉴的。

七、正确对待不同性格的教师

面对脾气各异的教职工，园长要有胸怀，能容忍教职工的不同性格，容忍他们的缺点，对他们不要轻易做否定性评价，而要通过观察、谈心了解他们的想法和性格，发现他们的优点，让他们的优点能够得以发挥。人们在实现自身价值的过程中，往往也容易学会理解、体谅他人，并更容易看到自己的缺点。

事实上，那些爱提意见、爱说风凉话的教师，通常都有一定的能力和过人的精力，这些教师之所以会出现这种情况，很可能是因为他们平时在园内就不受重视，观点和看法没有被采纳，没有得到领导的信任，才干得不到发挥，无所事事，就要没事找事。园长应多接触他们，多谈心，寻找他们不满的原因，了解他们的长处，并委以重任，他们就会在做对自己来讲有意义的工作中得到巨大的满足，从而把过剩的精力转移到认真干工作上，同时也会慢慢体会领导者的难处，认识到自己行为的某些不妥之处，从而自觉改正错误。领导越重视、信任他们，他们的干劲也就越大，同时也就越会替领导着想。因此，园长一定要有包容之心，要"弃其小疵，识其大节，知其大略"，抓住这种教师被尊重的需要和自我实现的需要都很强的特点，取其一技一能，创造适合其发展的领域，他们的工作热情自然会高涨起来。按照梅奥的人际关系理论，如果尊重他人的人格，并积极鼓励，可以在其他条件不变的情况下，提高劳动生产率。因此，园长要让每个教职工都感到受重视，要让每个人都有说话的权利，不要让有能力的人处于观望状态，要在用人中培养人，而用人就是最好的育人。

还有一些教师说话直接、我行我素，对于这样的教师，园长要示之以尊重和关心，以柔克刚，软化其心。要先肯定其言行中合理的成分，然后辅之以制度教育，恩威并用，使其走上良性发展之路。

总之，园长要认真研究教职工的心理特点，对症下药。

八、做好"容"字文章

在素质教育中，我们需要建设敬业爱生而又富有创新精神的教师队伍，而高素质教师脱颖而出离不开有利于人才成长的宽松环境。因此，作为园长不仅要有长远发展的眼光、睿智的大脑，还需要有宽广的胸怀，多在"容"字上做文章，做教师宽松发展空间的营造者。

（一）容人之短

单就素质教育对教师的要求来说，"全能型"的教师极少，"一专多能型"的教师也不多，知识能力上的短缺是普遍存在的。每个人都有自己的短处，园长不容短处，求全责备，就会压抑人才的成长。

实际上，人的短处往往与长处相伴而生，要接受一个人，就必须同时接纳这个人的缺点和不足。一个人以后不管多优秀，他的成长总有一个过程。尤其是刚参加工作的青年教师，开始时存在这样那样的问题是难免的。仅就课堂教学而言，有的青年教师驾驭教材的能力差一些，有的语言表达欠生动连贯，有的板书不美，有的不善于组织游戏活动，有的缺乏应变能力……这均属成长中的正常现象。如果园长只是盯住当下之短，不敢委以重任，这些青年教师就缺少了很多锻炼的机会，自尊心、自信心也会受到影响。

因此，园长千万不可求全责备，不能盯住教师们的短处不放。要善于发现教师身上的长处，充分扬其长、用其才，使其在实施素质教育中最大可能地发挥自己的聪明才干。对现场之短，则要立足于"变"——帮助教师实现转变。当然，容人之短，不是护短，更不是放任自流，而是充满热情地为教师创造弥补短处的条件。

为此，幼儿园要积极组织教师开展教研活动，有针对性地大练保育教育基本功，让每位教师都有锻炼的机会；通过组织观摩课、示范课、研究课、开展优质课评比使教师经受锻炼，取人之长、补己之短，迅速提高业务水平。园长可以通过推门听课、跟踪听课、亲自做示范课，具体地给予当面指导，让他们既有压力，又有动力，还有亲切感。园长要鼓励青年教师自学，支持他们进修，为教师提高学历层次、文化水平提供切实的帮助。此外，还要帮助他们树立信心，不失时机地抓住他们的闪光点，给予当众表扬，并以比较亲切的方式，提出期望要求。

（二）容人之过

"人非圣贤，孰能无过。"由于每位教师的认识水平有高低，心理素质有差异，再加上来自家庭的、社会的以及个人长期形成的习惯等因素的影响，在对待幼儿园规章制度上、处理人际关系上以及在保教工作中出现这样或那样的缺点错误，都是难免的。园长应冷静地实事求是地分析错误或过失的性质、产生的原因，积极地促其认识和改正。

对于由于经验不足或方法不妥而造成的失误，园长应给予体谅，因为教师的劳动是创造性的劳动，有些失误在所难免，而且失误本身可能蕴藏着成功的因子，是创新工作中的必然现象。因此，园长不能随便批评他们，必要时还要给予肯定，甚至有时还需要园领导主动为其承担责任，引导他们吸取教训，改进方法，继续创新。

对于偶然性的错误，在当事者有了悔改之意后，园长就不必追究或只做某些暗示即可。

对于原则性的错误，却不可姑息迁就，但是应该在严肃批评、让其吸取深刻教训的同时抓住时机，沟通思想。

六一节前夕，幼儿园老师们都在加紧进行着节目的排练工作，非常辛苦。放学的时候，中班的一位教师忘记把空调关上了。晚上园长发现空调没关，心里非常恼火准备第二天再把那位教师狠狠地批评一顿。后来冷静一想：老师们这一段时间非常辛苦，劳累过度才会出现失误。我再去追究这种偶然的过失会让老师们寒心，应当多体谅他们。第二天园长在排练休息的时候主动为老师们送去降暑的物品，感谢他们的工作，并且委婉地提示大家注意一下下班时关空调的问题。老师们都很感谢园长的关心，更加尽心尽力地排练节目，六一节的汇报演出非常成功。

（三）容人之怨

园长管理幼儿园，经常会遇到各式各样的问题，在处理解决这些问题时，难免有不完善的地方，引起各种抱怨。作为园长，对于怨言要有一个正确的认识，教师是幼儿园的主人，监督批评幼儿园工作是他们的权利和义务。园长要冷静思考，客观地分析引起抱怨的原因，洞悉抱怨的内容和实质。

实际上，一些抱怨之词往往能一针见血地指出园里工作中存在的问题，园长如果善于采纳，对于纠正不利于幼儿园工作的措施，改正自身存在的缺点是极有意义的。容人之怨意味着园长首先能够听进别人的批评意见，把教职工对自己及学校教育教学工作的看法以及批评意见看作好事。即使对个别教师因一些误会对自己进行不切实际的批评和指责，也要有雅量，不能斤斤计较给"小鞋"穿、给"颜色"看；更不能打击报复，找借口为这些教职工评优、增资、晋职设置障碍。

园长要善于采纳对工作有利的意见和建议，纠正不利于幼儿园工作的决定和措施，既不能事事群众说了算搞尾巴主义，也不能不顾群众的意见和建议行霸道作风。此外，对于自己决策的失误、语言的失当、处理事情时的偏颇等问题，园长要敢于自我否定。

对于怨气，要立足于化解。为此，应把握大事精明、小事糊涂的原则。大事精明，则能抓住目标不动摇，有助于完成任务；小事糊涂，则能团结同志，使大家心情舒畅地投入到工作之中。园长宽容忍耐，不是软弱无力的表现，而是具有自信心和良好的意志力的标志。

今年儿童节，为了更好地展现幼儿园的风采，王园长决定节目形式全部换新的。老师们一听就炸窝了，这意味着他们需要付出更多的劳动，于是纷纷抱怨："累死了，变什么变？""真是没事找事。""让她自己弄去吧，咱们不干了。"……面对这种情况，王园长没有急躁，而是宽容忍耐，通过自己的努力赢得大家的支持。老师们说这个舞蹈难，要求再换一个，王园长就自己先练好这个舞蹈，然后做给老师们看。老师们看到园长舞蹈跳得那么好，而且年纪比他们都大，很感动，也很受鼓舞。大家齐心协力，认真练习，很快就把节目排好了。该园的"六一"节日演出得到当地领导的赞扬，还参加了电视台的比赛，获得了一等奖。

（四）容人之长

容人之长，园长首先要战胜嫉妒心理。

其实，园长完全没有必要担心下属超过自己，因为下属在工作中做出了成绩正是自己领导有方的表现。如果在自己领导之下，广大教职员工都平平庸庸，恰恰说明自己是一个无能的领导。

韩非子说过："部属有劳，主管有功。"工作做得好，主管与部属都有功，部属有劳力之绩，而领导有知人善任之功。只有部属充分地发挥才能和智慧创造性地把工作做好，领导才能坐收其功。因而园长不必忌讳教职工业务才能出己之上，要不遗余力地创造使所有教职工都能施展才干的条件，让每个人的长处都能得以发挥。

"众人拾柴火焰高。"幼儿园人才济济，各尽其才，各献其力，幼儿园才会得到发展，园长才会建树非凡。如果园长不明白这个道理，担心教职工才能威胁到自己的地位，千方百计地予以压制，必然使自己失去骨干分子的支持，使有才干的人与自己离心离德，这样不仅幼儿园无从发展，自己也会无所建树，声誉扫地。

美国奥格尔维·马瑟公司的总裁戴维·奥格尔维有个习惯：每个新经理上任，他都要送他们一件礼品——套娃。这件礼品意味深长。大娃娃里有个中娃娃，中娃娃里有个小娃娃，小娃娃里有一张字条：如果我们每一个人都雇用比我们自己小的人，我们公司就会变成一个矮人国，侏儒成群。但是如果我们每个人都雇用比我们自己高大的人，我们就能成为巨人公司。

每个幼儿园都会有能力素质全面的优秀教师，园长的一个重要职责就是选人、用人，如果见部属比自己能干就心生妒忌，变着法子压一压，瞅个机会治一治，那么教师的长处就无法发挥，积极性会受到打击，幼儿园的发展也就无从谈起。

下面是一位曾当过保教主任的业务副园长的心得体会：

几年前，我开始担任我园的保教主任，但那个时候我整天空虚无聊。原因是，园长唯恐别人能力上压住他，对两位副园长都不肯放权，猜忌心很重，我就更是无所事事了。园里人心浮动，大家都没有工作热情。后来，大家向上级反映园里情况，园长被调离。新任园长全然没有前任园长的狭隘心理，而是知人善任，根据各人所长责任到人，大家干劲很足。因为我业务基础好，能力强，新任园长放手让我负责园里的业务管理工作。于是我放下思想顾虑，把我园的业务工作开展得有声有色，在全县各项业务技能、教育教学活动中都占据一流。

园长做好"容"字文章是幼儿园发展和教师发展的需要。园长能容人之短，教职工就会加强学习，积极补短；园长能容人之过，教职工就会自觉补过；园长能容人之怨，最终必能赢得教职工的尊重和爱戴；园长能容人之长，人才才能真正为己所用，共创幼儿园事业的辉煌。因此，做好"容"字文章，不仅是一个园长心胸宽阔、品德高尚的表现，也是营造幼儿园团结、和谐、宽松的园所氛围，培养教工积极奋发向上的工作精神所不可缺少的条件。

第7章 知人善任
——用人如器

领导艺术的基本指导精神包括知人善任,知人善任有两层含义,即"知人"和"善任"。其中,"知人"是"善任"的前提,不"知人"就不能"善任"。

一、园长首先要"知人"

知人就是园长如数家珍一样地了解自己的教职工。老子说"知人者智",园长不了解教职工,就不能有针对性地做他们的工作。

(一)园长要从六个方面了解人

做好教师管理工作的一个重要目的是推动教师专业发展,为此,园长需要了解教师当前的专业发展状况,了解制约教师专业发展的各类主观和客观因素,了解教师在哪些方面需要帮扶。

1. 了解教师的政治思想和道德品质

关于教师的政治思想和道德品质问题,总起来说,就是师德问题。师德是教师最重要的素质,在幼儿园的各项工作中必须拥有一票否决权,即只要师德不良,其他方面素质再好,这个教师都不会成为好教师,都会是害群之马。尤其在学前教育阶段,幼儿身心发展处在稚嫩的水平,容易受到伤害,教师简单粗暴的态度，会严重伤害幼儿的自尊心、自信心，甚至会使幼儿处在极度的恐惧状态，形成自卑胆小的性格，乃至形成持续一生的阴影。教师师德不好，更会成为幼儿的一个反面教材，严重污染他们的心灵世界。因此，园长了解教师的时候，必须了解他们的政治思想和道德品质。幼儿教师的政治思想和道德品质主要表现在热爱幼儿、热爱幼教两个方面。

2012年10月，浙江省温岭蓝孔雀幼儿园教师颜艳红虐待幼儿的照片被曝光，照片显示，她在活动室里强行揪住一名幼童的双耳将其向上提起，提得两脚离地差不多20厘米，幼儿疼得嘴巴大张，眼泪刷刷地往下流，而颜艳红却面带微笑。

教师道德素质不良必将给幼儿的肉体和精神造成极大的伤害。

2. 了解教师的文化水平和工作能力

文化水平和工作能力是教师得以胜任幼教工作的基础，园长要了解教师对学前教育的基础知识掌握得是否扎实，了解他们是否知道学前教育的发展动向和最新研究成果，了解他们是否有科学的幼教观念，以及他们的专业实践能力如何，包括观察和了解幼儿的能力，组织游戏活动的能力，与幼儿和家长沟通的能力，教育研究的能力等。

3. 了解教师的工作态度和工作效果

教师的工作态度和工作效果并不成正比，有些教师工作效果好，但是工作态度并不好。比如有些教师热衷于上公开课和参加各种教学比赛，为了得奖，他们可以不遗余力。尽管他们能在教学比赛中获得一等奖，让所有的评委给他们打高分，但是他们只是把幼儿当作道具而已。因此，光看工作效果是不行的，还要看工作态度。有些教师工作效果差，工作态度好，这些往往是锐意进取的年轻教师，他们虽然想把课上好，但是还缺乏经验，不了解幼儿，不了解教材，因此一时还体现不出工作的效果，但是他们肯改、肯学，积极要求进步，对此，园长必须给予他们宽容和理解，恰当地指导和培养他们。因此，光看工作效果不行，光看工作态度也不行，两方面都要看。由于工作态度是在工作过程中表现出来的，因此园长评价教师要把终结性评价和过程性评价结合起来。

4. 了解教师的爱好与特长

为什么要了解教师的爱好与特长呢？根据多元智能理论，在教师群体里，根本不存在谁比谁聪明的问题，只存在谁在哪个方面聪明的问题。因此，园长必须充分了解每一位教师的爱好与特长，尽量根据他的爱好与特长给他安排工作。如果幼儿园存在教师自信心不足、觉得自己不适合干幼教工作的情况，园长首先应该反思，有没有把他放对位置。园长应充分了解他的优势智能，给予其表现的机会，帮助他重建自信心。园长要知道，在幼儿园里，自己就是给广大教职员工定位的人，要把每一个人放到适合他的工作岗位上。

5. 了解教师的家庭经济状况和工作条件

教师在工作中出现的问题经常跟家庭经济状况和工作条件有关，园长要以人为本，体现对教职工的关心，就必须努力了解教师的家庭经济状况和工作条件，给予必要的帮助和改善。

某园，有一位教师最近连续三次迟到。针对这种情况，园长本来可以按园里的制度扣除她的全勤奖。然而，就这样一扣了之，不了解她迟到的原因，工作方式又显得简单粗暴了些。于是，园长找了一个机会和这位教师谈心，了解到这位教师家庭经济状况不好，图便宜在远郊租房住，这样她每天上班都要倒一次车，平时天气好能做到按时上班，可是偏偏这几天刮大风下大雨，还堵车，结果就迟到了。了解原因后，园长专门在园里给她安排了一个床位，解决她的住宿问题。以后这位教师工作非常负责，深受家长好评。

6. 了解教师的健康状况

园长还要关心教师的身体健康，因为健康的身体是本钱，身体不行，其他的优势就大打折扣。所以，园里每年都应组织一定年龄阶段的教师体检。

（二）借鉴诸葛亮的"七观法"考察人

园长用什么方法考察人呢？不妨借鉴诸葛亮的七观法，即"问之以是非而观其志，穷之以辞辩而观其变，咨之以计谋而观其识，告之以祸难而观其勇，醉之以酒而观其性，临之以利而观其廉，期之以事而观其信。"

1. 问之以是非而观其志

这是了解一个人的价值观的方法。当拿一些大是大非的问题问一个人时,就可以看出这个人的价值观是否有偏颇。教师负有"传道"的责任,有责任用正确的价值观引导下一代。这样,教师的价值观就必须符合社会进步的要求,是健康的、正确的。教师的核心价值观最起码应该包括:爱祖国、爱中华文化、爱同胞、爱幼儿、爱教育事业、爱创造、爱荣誉。如果一个教师在价值观上出现扭曲,一定会影响幼儿健康个性的形成,这是不能允许的。所以,园长要了解教职工,首先要了解其人的价值观是否偏颇。比如有的教师对中华民族的认识有偏颇,一切都是西方的好;有的教师把幼儿分成三六九等,认定有的孩子就是"笨蛋";有的教师相信"人不为己,天诛地灭"……这些教师在价值观上就出现了严重的扭曲!幼儿园是孩子成长的花园、乐园,绝不能允许这样的教师以其扭曲的价值观影响幼儿健康成长。所以,园长有必要关心一下幼儿教师的价值观问题。在平时的交流中可以提出一些大是大非的问题,看教师们的想法,就可以看出他们的价值观如何。比如在三月五日,园长可以和教师讨论雷锋精神的时代价值,有教师说雷锋弱智,从中就可以看出这位老师价值观存在严重的问题,在他的这种判断后面隐藏的是自私自利的价值观,应对其进行严肃的思想政治教育。

2. 穷之以辞辩而观其变

有时,幼儿园需要提拔有应变能力的干部,就可以采取"穷之以辞辩而观其变"的方法,即创造一种类似于辩论的情境,抓住这位教师话语中的自相矛盾之处穷追不舍,一直问到他无话可答或者问者已无话可问。在这个过程中,就能看出教师的应变能力。如果这位教师轻而易举就败下阵来,说明他的反应能力、应变能力差一些;如果他的思维流畅,对答圆转自如,则说明应变能力很强。

3. 咨之以计谋而观其识

这是了解一个老师有没有见识的方法。"咨之以计谋而观其识",即拿幼儿园里一个老大难的问题请教他,看他有没有解决的办法。如果有,说明他很有见识,以后还要有计划地提拔他。刘备发现诸葛亮,用的就是这种方法。当时刘备退到荆州,拜访诸葛亮,请诸葛亮指点迷津。诸葛亮为刘备从容地阐述了三分天下的宏伟蓝图,让刘备有"如拨云雾见青天"的感觉,当时就敦请诸葛亮出山。

4. 告之以祸难而观其勇

今天，幼儿园各个方面的突破，都需要敢于接受挑战、富有创新意识、勇于探索的教职工。"告之以祸难而观其勇"，即有意强调任务的难度或事情做不好的危险后果，考察教师的勇气和果敢精神。通过这种考察，园长就可以看出富有挑战精神的教师，然后给予重点培养，使幼儿园里充满创新的活力。

5. 醉之以酒而观其性

这是了解一个人品性的方法，即请他喝酒，多饮几杯使之醉酒，看他酒后吐真言的内容。当然，幼儿园领导不应随便把教职工灌醉，但是在一个衣食富足的时代，园长确有很多机会观察下级酒后言行。人性在平时，经常隐藏很深；但是在酒后却非常容易释放。这是园长了解下级品性的绝好时机。

6. 临之以利而观其廉

这是了解一个下属是否廉洁的做法，即交付给下属一个可以自由支配一定经费的临时性工作，暗中观察他是否能做到分毫不沾，据此检验他的廉洁程度。

但是，在幼儿园里，本着以人为本的原则，刻意营造机会观察教师是否廉洁的做法，并不妥当。但是园长还是有机会观察或调查教师在利益诱惑面前的表现。比如，有些家长为了让孩子得到更多的照顾，往往给教师送礼，根据教师收不收家长礼物，可以看出其是否能做到廉洁执教，并给予有针对性的思想教育。

7. 期之以事而观其信

这是了解下属是否有信用的方法，即交办某事，定一个期限，看他是否如期完成，如果到期不能完成，对这个人的信用就需要进一步考察。

二、"善任"的指导精神

在知人的基础上，就可以做到善任。善任就是教职工的合理使用问题，就是创造良好的用人机制和育人环境，用正确的理念和原则做好对人的管理。幼儿园任何一项管理目标的实现，都是通过对人的管理完成的，人是决定因素。所以，紧紧围绕"以人为中心"乃是善任的重要原则。为此，园长必须注意以下问题：

（一）激发教职工的荣誉感和责任感

在幼儿园这个特殊的女性群体中，存在着争强好胜的心理现象，"以人为中心"就是要特别重视激发教职工的荣誉感和责任感，因为它是提高工作质量和效率的巨大动力，而要激发教职工的荣誉感和责任感，就要慎重分配任务。

假设园里有这样一位教师，她现有的水平是能挑起50公斤的担子，现在园里有四种工作，分别是挑40公斤担子、挑50公斤担子、挑60公斤担子、挑70公斤担子。那么应让她挑多少斤呢？

有的园长让她挑40公斤，认为这样保险。但这种做法是对人力资源的浪费，同时还可能会伤害教师的自尊心，让她觉得自己不被重用。

有的园长让她挑50公斤，那么这个教师永远只能挑50公斤，她不会取得进步，当教师可以进步而不进步时，实际上也是一种对资源的隐形浪费。

有的园长让她挑70公斤，结果这位教师怎么挑也挑不起来，甚至可能因为腰肌劳损而住院几个月，进而打乱了幼儿园的工作秩序，实在是得不偿失。

看来园长只好给她60公斤担子的工作。为什么能挑50公斤，却让她挑60公斤的担子呢？因为人都是有潜力的，而潜力只有在一定的压力下才能得到释放。让她挑60公斤，她可能会有一种被重视的感觉，更有一种挑战感，于是欣然接受，努力释放出10公斤的潜力！再加上原有的50公斤的实力，结果就把60公斤的担子挑了起来，人就是这样进步的。

可见，当一个教职工接受一项艰巨且经过努力能够完成的任务时，他就会由被信任而产生一种荣誉感，进而激发起努力完成任务的责任感。因此，给教师分配任务可以略高于他的原有能力一点，让他跳一跳摘果子。这样的果子才是最甜美的；同时，他的工作过程也会成为进步的过程。

（二）扬长补短

园长用人，必须建立在正确的人才观基础上。唐代著名政治家陆贽说："人之才行，自昔罕全，苟有所长，必有所短。若录长补短，则天下无不用之人；责短舍长，则天下无不弃之士。"因此，扬长补短是正确的用人之道，用人从用其所长开始，以人在进步后主动补短而完美收官。

著名教育家蔡元培先生担任北京大学校长时，在一家杂志上看到一篇论述印度哲学的文章，颇感兴趣，认为文章很有深度和见解。然而文章的作者却是一位曾报考北京大学未被录取的年轻人——当时仅有24岁的梁漱溟。蔡元培没有因为他的落榜而忽视他的才华，还说："梁漱溟想当学生没资格，那就请他来当教授吧。"梁漱溟到北京大学后，不负厚望，不仅胜任教学工作，还写出了《中西文化及其哲学》一书，震动了学术界。

在某幼儿园，有位教师，唱歌会跑调，跳舞没有节奏感，见到琴就头痛……她虽经多番努力，可收效甚微。面对这位教师，园长没有简单地把她换到保育员的工作岗位，而是努力找出她的长处。结果发现，她对工作认真负责，把班级管理得井井有条。进一步细致观察后，园长又发现了这位教师的许多优点，比如她非常爱孩子。一次午睡时，小二班的乐乐小朋友肚子不舒服，他平时性格又较内向，不敢对老师讲。这位教师在巡视时闻到了异味，又见乐乐小朋友神色异常，便蹲下来轻声询问，然后用温水帮乐乐冲洗……自始至终，这位教师都没有说一句责备的话。这件小事令园长非常感动，于是在新的学期来临时让这位教师负责幼儿园的卫生保健工作，还派她参加了保健教师的上岗培训。她对新岗位显示出极大的热情。如今，她干得如鱼得水，不仅孩子喜欢她，连家长也对她极为放心，幼儿园的其他老师也对她非常认可。该园的保健工作得到规范化管理，得到了上级领导的一致好评。

可见，"金无足赤，人无完人"，作为一名园长，应善于捕捉每一位教师的闪光点，用人之所长，不能单纯地把教师放在一个特定的位置上视而不见；应善于观察和发现，把教职工的内在潜能挖掘出来，并使之得到完全发挥，只有这样，才能收获用人之效，达到提高整体教育质量的目的。

有位幼儿教师，上班经常迟到，教学能力也很一般。园长并没有简单粗暴地批评她，而是把她调到了管理岗位。经过一段时间的观察，发现这位老师有一定的文学功底，舞蹈也是其强项。园里举行"秋季亲子运动会"，园长就把这件事交给她负责。从解说词到节目编排到舞蹈的引领，包括场地布置，全部由这位老师完成。她工作认真负责，每天加班加点，最后圆满地完成了此项工作。这位教师很感谢园长的信任，说："园长，现在我感到工作起来很充实，时间都不够用了。"通过进一步了解，园长还发现她的语言沟通能力非常强，于是园长又让她具体负责接待家长，凭借她的语言沟通优势赢得家长的认可、信任，找到自己工作的平台。

可见，用其所长不仅可以增加幼儿园的"战斗力"，也是帮助教职工自己纠正错误的最好方法。对于有缺点的教师，园长要善于用其长避其短，激发他们的工作积极性，支持其正当行为，使他们在力所能及的范围内，承担一些重要的工作。园长平时一方面要研究幼儿园工作怎么干，另一方面要研究幼儿园每一位工作人员的特点，认清他们的优点和缺点，淡化弱势，强化优势。这是改造落后教师的重要原理。

（三）善于调动教职工的积极性

幼儿园教职工的积极性，是指教职工在教育和教学活动中的一种自觉能动的心理状态，它是教职工顺利完成工作任务所需要的一种心理动力。重视调动人的积极性，是现代管理的一个重要特征。

1. 满足教职工的合理需要

有关调查研究表明，幼儿园教师的需要是多种多样的，排列在前几位的需要包括高薪、受人尊重、良好的人际关系、参与管理、进修学习、事业成功等。园长只有满足这些合理的需要，才能充分调动教师的积极性。

某园每学期都组织一次公开课评比活动，按照规定，每位教师必须无条件参加。可是有一次，在公开课评比之后，园长要将"优秀教师"推荐到区里参加比赛，结果有教师反映有人愿意参加区里的比赛却不被推荐，而不太乐意参加区里比赛的却被推荐。园长意识到过去做法的不当之处，于是做了一下改革，将"指派式"改为"自荐式"，让教师自愿报名。这样一来，既调动了自荐教师的积极性，又避免了因"指派式"导致很多教师有"领导不重视我"的想法……自荐式之所以能调动教职工的积极性，是因为能够满足教师自我实现的需要。

除了自我实现的需要外，教师还有许多合理的需要。所谓合理的需要，就是符合道德规范和实际情况的需要。幼儿园要研究教职工哪些需要是合理的、可行的；哪些需要是合理的，只是目前无条件满足的；哪些需要是过分的，不应满足的。对于那些正当的、合理的需要，园长就要积极地创造条件给予满足；一时难以满足的，也要说明原因，使教职工的积极性建立在正当需要的基础上。

一位民办园园长讲述了她的做法：

春节临近，又到了幼儿园放寒假的时候，可每年过完春节都有教师流失。针对这一事实，我园自发规范员工的福利待遇，全园教职工一致表决通过了《教职工福利待遇有关规定》，以人性化为目的，每月按时足额支付教职工工资，解决养老保障问题，节假日发放福利金或福利物品；为教师过生日，让教师感觉幼儿园像家一样；每年定期出去旅游两次，让教师放松心情，使职业倦怠现象降低。通过一系列改革，我园教师队伍在不断壮大的同时，流动率明显降低，因为这些改革措施得到了教职工的认可。

2. 激发教职工的进取心

每个人都有潜能释放和创造力发挥的需要，因此，园长应当善于将教职工发挥潜能和创造性的机会融入到工作活动中，给他们压担子，让他们产生"园长认为我很能干"的心理暗示，而非"园长认为我很笨"的心理压抑感。

为此，园长应力求做到人尽其才，使每个教师都能扬长补短，在原有基础上获得进步。事实证明，园长如果让教师的某些才能得以施展，便能最大限度地调动教师的积极性。这是因为教师在施展才华为幼儿园工作的同时，也满足了自身强烈的进取心的需要，特别是强烈的个人荣誉感的需要，他们会更加尽心尽责地工作，并且还会为争得下一次机会而不断地努力进取。

某园有一位教师，除担任全园的教研组长外，有一时期还同时担任一个班的教学工作。在庆祝儿童节文艺节目编排中，园里要确定一位教师担任总体设计和分部指导者。论能力，这位教师很合适。但考虑到她的工作量大，园长犹豫了。当园长以探询的语气和她交谈时，这位教师竟为园长的这种信任而高兴异常，加班拿出了节目的总体设计方案。在编排节目的过程中,她不厌其烦地到各班指导。这件事使园长感受到,一个人的潜在能力其实很大,关键在于管理者是否能够挖掘。

3. 做好评价工作

评价过程就是一个价值判断的过程,评价具有鉴定功能、诊断功能、改进功能、导向功能,这些功能都能起到激励作用。评价公平与否直接影响到教师的积极性。因此,园长在评价工作中应把科学化和人性化结合起来,制定合理的教师工作评价体系,对照不同层次的目标进行定量和定性的评价。在评价工作中,园长可以根据现实的需要——主要是教师的志趣和幼儿园存在的问题确立倾斜点。比如幼儿园当下强调向科研要保教质量,那么科研能力的高低及科研成果的多少就应作为一项重要的参数,哪位教师能承担或参与科研课题就应该给他奖励,以此调动广大教职工的科研热情。对此,幼儿园还可以设立教师科研奖金,专门用来鼓励在业务上敢于冒尖、提高较快的教师,尤其是青年教师。

4. 为教职工提供关于工作情况的反馈信息

园长应让教职工对自己的工作质量及提高情况有正确的认识,从而做出正确的自我评价,进而做到自我控制,不断改进自己的工作。这些信息也包括社会和组织对教职工的期待以及可供自我完善的那些幼教理论、政策、经验、方法方面的信息。为此,幼儿园需要根据不同时期的保教服务要求,不断设计各种检查、评价、奖惩活动,通过这些活动及时有效地为教职工提供准确的自我情况信息。检查包括领导检查、教职工相互检查和教职工自查,园长把这些检查方式结合起来,并在检查信息的基础上做出公允的评价,并提出指导意见。评价也要采取多元化的方式,从评价主体看,包括自评和互评;从评价范围看,包括个体评、集体评、园内评、家长评;从评价时间看,包括阶段评和综合评;从评价形式看,包括口头评和书面评;从是否采用量化手段看,又可包括定性评和定量评;从评价方向看,可包括评人和评专题教育工作。

5. 帮助青年教师成熟

在当今的幼儿园,由于断层问题,大量青年教师登上舞台,为幼教队伍注入了新鲜血液。他们有丰富的幼教理论和卓越的技能技巧表现,有较高的知识修养和工作热情,有较强的自尊心和成就感。但是,由于他们缺乏实际工作经验,在教学活动中急于求成,往往有不尽如人意的表现,比如在活动中忽视幼儿的生理、心理特点,要求高,性格急躁等。他们在实践中容易走入误区,又碍于情面,不求教于其他有经验的教师,结果在工作中容易因挫折而降低工作热情,加重心理负担,出现厌烦情绪。因此,帮助青年教师成熟就成了园长任期内的重要任务。

园长怎样帮助青年教师成熟呢?

(1)牢记七个口诀。这七个口诀分别是:结对子、补身子、指路子、压担子、掰杈子、搭台子、创牌子。

- 结对子,也叫老帮新,是为青年教师确定师傅,可以由骨干教师和青年教师自由组合,也可以由园里给青年教师指定师傅,然后利用假期时间,举行隆重的拜师仪式,徒弟要向师傅行礼,要照相,然后师徒代表发言,仪式越隆重越好。这样,师傅有沉甸甸的压力,会下决心把徒弟带好。然后,园长在年终进行班级绩效考核曲线管理,把师傅帮带徒弟内容纳入考核范围,根据青年教师和老教师平均成绩进行奖励,并采用跳高训练中不断升高横竿的方法,多压担子,常给任务。这样,师傅的经验迅速被徒弟分享,徒弟的朝气也会带动师傅。

张敏聪明漂亮,能歌善舞,由于是新毕业的大学生,热情足、干劲高,但缺乏管理经验。园长就给她安排到大一班和富有工作经验且在市级教学比赛中多次拿奖的骨干教师周洋结成"师徒"对子,要求师傅要全力以赴地带徒弟,徒弟要全身心地学,每月进行业务汇报,经过半年时间手把手的教,张敏很快成熟起来,成为园内的班级骨干。

- 补身子,就是对基本功不太理想、成绩平平的教师,督促其认真自学进修,使其站稳讲台,并给予关心帮助,让其充分表现自己的特殊才能,用其长、避其短,作定向培养,让他争取成为某一方面的行家里手。

- 指路子,就是对在工作中遇到困难的教师要悉心指导,帮助他解决工作中的困难，建立自信心。

某园中班一位年轻教师提出辞职，园长听到这个消息后赶快找她了解情况，才知道该教师是因为近段时间工作压力太大导致产生辞职的念头。园长说："对不起，这段时间安排的事太多了，没有顾及你的感受，责任在我。"可是年轻教师一再否认是园长给她的压力，而是因为她班的孩子调皮，管不住，家长事又多，整天要处理小朋友之间打闹和对家长解释的工作。园长明白了，年轻教师需要指导和帮助！于是从那天起，园长就安排一名有经验的教师到她们班帮忙，园长自己也经常到她们班，尤其早接晚送时经常在她们班，并询问她："今天有什么事吗？如果自己处理不好或不知道怎么处理就找我。"在园长和其他教师的关心和支持下，很快这位年轻教师打消了辞职的念头，而且工作有了干劲。

- 压担子，就是由园领导明确向青年教师提要求，比如一年合格，二年胜任，三年上优质课。人才成长，需要适度的压力。当园领导以严肃而期待的目光向青年教师询问这样行不行时，青年教师一定会说："行！"这样在三年时间里，青年教师就会经常感受到园领导的热切期盼和沉甸甸的压力，而努力把工作做好。

- 掰杈子，就是要及时地发现教师的弱点和缺点，坦诚地帮助他们。当青年教师在工作中出了态度问题时，该批评就批评，杈子不掰就往斜处长，所以园长要敢于掰杈子。

- 搭台子，就是幼儿园每学期都要举行青年教师汇报课，让青年教师相互学习、相互促进、取长补短，也让一些优秀的青年教师脱颖而出。

刘雪有四年的工作经验，她积极肯干、脑子灵活，富有创新精神。为了使其成长为独具教学风格的教师，园长努力为她创造参加各类比赛的机会，并为其报销参与比赛的所有费用，组织骨干教师帮她备课、评课，使她三次在区里组织的评比活动中均取得喜人成绩。此举也大大激励了该园其他教师的工作积极性，"比、学、赶、超"已成为该园教职工努力工作的写照。

- 创牌子，就是重点培养青年骨干教师，帮助他们打出知名度，成为学科带头人。幼儿园需要利用所有的宣传力量大张旗鼓地宣传园里的优秀教师。名园很多时候不是硬件条件好，而是在于有相当数量的名师，当幼儿园有了相当数量名师的时候，就成了名园。

（2）抓五个要领。这五个要领分别是：关怀与赞赏；提供学习进修机会；组织互帮互学活动；加强教育研究；组织娱乐活动。

- 关怀与赞赏。园领导要明确表示对青年教师有较高的期望，在工作生活上关心他们，了解他们的需要，帮助他们克服困难，使他们有归属感；多鼓励他们，当面或当众夸奖他们，树立他们在教职工中的认同感，产生自觉的精神动力。
- 提供学习进修的机会。幼儿园要经常派他们外出参观、听课，也可以请幼教专家来幼儿园进行专题讲座。这样"走出去，请进来"，会开阔幼儿教师的眼界，挖掘他们的潜能。
- 组织互帮互学活动。幼儿园要开展经常性的听课、评课活动，对青年教师的课程设计、课程组织情况和课程效果开展讨论与评价，帮助他们克服不足，发扬长处。要充分发挥有特长的教师的作用，让他们定期为大家介绍经验；业务园长及教研组组长要有自己的一带一对象，真诚地帮助青年教师，使他们迅速成熟。
- 加强教育研究。幼儿园要开展适合本园实际的教研活动，在活动中，青年教师可以有的放矢地向专家、业务能手学习有关理论及操作过程和评价方法。
- 组织娱乐活动。在娱乐活动中，让青年教师担任主持，全体教职工参加；使他们放松愉快地歌舞，让他们体会集体的温暖和领导的关怀；鼓励他们爱园如家，增强工作责任感和集体凝聚力。

（3）实施"六心"工程。激烈的社会竞争，给大家带来了极大的心理压力，作为幼儿园的教师，每天都要面临烦琐的工作，有时候还会有来自家庭的责任，使他们难免身心疲惫。在这种情况下，作为园长，要关心大家的心理健康，做教师的贴心人,关心爱护每一位员工。具体来说,园长应重视"六心"工程,即信心、关心、交心、知心、热心、耐心。通过"六心"工程,疏导教师的压力,解决教师的困难,解除教师的后顾之忧,活跃教职工的文化生活;为大家创造一个宽松的心理环境,使大家保持愉快的情绪;让全园教师都能感受到温暖、和谐、蓬勃向上的精神氛围和集体活动的快乐。

6. 正确对待教师中的"能人"

"能人",顾名思义是指有能力的人,他们能力强、能干事,在工作中举足轻重。随着改革开放的深入和竞争机制在幼儿园的引进,能人在工作中发挥着越来越重要的作用。可是,如果园长不能正确地对待这些能人,他们或许会成为工作中的"绊脚石",成为幼儿园发展的障碍。因此,要想使园内各项工作高效运转,园长就应正确地对待能人。

(1)取其一技一能。园长应善于发现教师中的能人,并提供适合其发展的岗位,让其施展才华。有的教师在教学上十分突出,可以让其担任教研组组长;有的在幼儿教育和保健方面有特长,可以让其主管幼儿的保教工作。各方能人才能显现,会给幼儿园带来蓬勃的生机,同时也体现了竞争的态势。作为园长,在发挥能人特长的时候,应注意扬长避短,切忌求全责备。

(2)豁达大度。能人对问题一般有自己的见解,因此个性往往比较鲜明,有的内向深沉,有的苛刻挑剔,有的脾气火暴。作为园长,要有宽广的胸怀,尤其是碰到对方发火时,园长要有涵养,最好是先退让一步。与能人发生矛盾,如果是自己的失误,园长必须勇于自责,不必苛求对方的态度;如果是能人的不对,也应宽宏大量,待其心情平静下来以后再与之叙谈交心。

(3)让其能者多劳。能人既然有才,就应让其多劳,多劳就应多得,无可厚非!然而,由于吃惯了"大锅饭",有些人不是同能人比贡献,而是比收入,一见能人收入稍多,就得"红眼病"!在这种情况下,园长一定要坚持按劳分配原则,确保那些能力强、挑重担的教职工在经济上得到实惠,坚持能者为先。这样做,不但可以调动能人的积极性,而且可以充分调动全体教职工的积极性。

(4)园长应有驾驭能人的本领。能人能力强,能干事,但也容易与他人发生摩擦。因此,园长必须有驾驭能人的本领,从全局出发,将能人进行合理搭配;

要为能人间竞争创造公平合理的条件，应当做好能人之间的协调工作，教育他们加强道德品质修养。总之，只要园长协调得法，能人教师就会携起手来，一齐开进，"八仙过海，各显神通"。

（5）协调好能人与众人之间的关系。园长要让能人明白园里工作千头万绪，光靠少数几个能人即使三头六臂也无济于事，因此，必须与众人合作，切忌一味偏袒能人而排斥众人。有少数人对能人心怀嫉妒，万般挑剔，园长就要理直气壮地为能人撑腰，压下这股歪风邪气。园长要在充分调动教职工积极性的同时，使他们中涌现出更多的能人，并尽其智、竭其力、播其慧，促进工作开展。

7. 班级优化组合

班级教师的优化组合是幼儿园班级管理成败的关键之一。如果班级组合随意性强，班级教师间摩擦内耗多，各班之间就会出现较大的保教质量差别，以致每年新生报名时，家长争着挑班，给幼儿园工作造成巨大的压力和负面效应。因此，园长应通过班级教师的优化组合，来提高每个班的保教质量，以使各班的保教质量相对均衡。

（1）选好主班教师。主班教师责任大、担子重，需要具有强烈的事业心和责任感，不甘落后，而且需要一定的能力，会处理各种矛盾。好的主班教师能起到带动作用；相反，主班教师责任心不强，配班教师往往也就"当一天和尚撞一天钟"。

（2）力求能力互补，人尽其才。教师在技能技巧方面各有所长，各有特点，有的擅长舞蹈，有的擅长美术，有的善教语言、常识等。从工作能力上看，有的教师班级管理强一些，有的教师教学工作突出一些，有的组织活动很有一套。在进行优化组合时，园长应根据教师的情况，进行调配，使同一班的两位教师都发挥各自的长处，充分施展本领，形成合力，共同搞好班级管理。

（3）年龄互补，共同发展。中青结合不仅有利于发挥中年教师的指导作用和教学示范作用，还有利于新教师更新观念，使理论与实践相结合，从而使教育事业后继有人、充满生机、富有活力。比如，A教师是高级教师，工作20年，教学管理很有一套；B教师是新来的幼师毕业生，自信干练，音乐美术知识技能好。二位教师共事一年，各有很大提高。

（4）心理相融，密切合作。每位教师都有独特的性格和气质，为此，园长应注意不同性格教师的组合，以求优势互补，扬长避短。比如，不要把两个个性强且又性子急的教师安排在一起；好占便宜的也不要安排在一起；一个落后的只能和几个进步的搭配，因为女性的从众心理比较强，一个落后的和两个进步的在一起，会受到事实的教育而不断进步。如果一个进步的和两个落后的组合在一起，进步的也会从众而变成落后的。

某园一位教师是新任班主任，教学能力、班级管理、家长工作都不错，但性格比较急躁，园领导就让她和性格比较温和的教师共事，两人关系融洽，班级工作也很突出。

（5）做好合作教育。幼儿园工作的特点之一是人少事杂，教职工应该分工不分家。所以，在班级优化组合中，园长还要做好保育员和教师的合作教育。要求所有保育员都要具有一定的幼儿教育能力，能在保育工作中配合教师对幼儿进行教育；也要求所有教师在进行教育工作时，必须具有保育观念和保育工作能力，尤其是保教结合的能力。

当然在优化组合过程中，也会碰到个别人际关系紧张、思想素质和业务素质较差的教师，在这种情况下，园领导应与之谈话，进行思想教育，并尽可能让其与工作能力强、胸怀坦荡、大度的教师共事。

通过各班教师科学组合，有助于各班教师和睦相处，取长补短，使班级工作有声有色，减少家长领着孩子找领导挑选班级和教师的现象。

某园基本上都是年轻人，在年初配班时，园长认为教职工年龄都差不多，谁跟谁在一班无所谓，于是没多加考虑就为一个中班指定了4名教师（两名教师、两名保育员），谁知很快这个班就矛盾重重：班内几个人互不搭话，各干各的活，各上各的课！由于教师互不配合，班级幼儿常规上不去，卫生、交接班也别别扭扭，班长难过得直哭。园长深入这个班级，才发现原委：班长老实不会做工作；另一名教师孩子气重，任性；一名保育员身体不大好；另一名保育员虽聪明能干，但认为自己是保育员，不大好意思总是说别人。于是，教师之间的误解越来越多，班长多次表示自己干不了，要卸担子。为此，园长用几天的时间与4位教师谈话，并专门认真细致地做了那位聪明但不爱管闲事的保育员的工作，说服并任命她为班长。经过这一改动，班内情形有了显著改观，这位班长脑子活，有点子，不惜牺牲自己的时间去照顾身体弱的保育员，对孩子气重的教师耐心引导，同时充分尊重前任班长、虚心讨教，这样一来几个人之间的嫌隙马上消失了，代之而来的是互相的体谅和协作。大家和和气气地干工作，工作越干越有劲，最终该班被评为优秀班集体，班长也被评为优秀班主任。

由此可见，各班保教人员优化组合非常重要，在优化组合中要注意合力效应，力戒"内耗"现象，力求知识互补、能力互补、性格互补，通过合理的结构组合，迸发出更大的集体能量。

8. 优化人才发挥作用的环境

在幼儿园里，园领导一方面要培养人才，另一方面还要尽量地留住人才。

留住人才关键靠优化人才发挥作用的环境，这个环境包括物质环境、事业环境和情感环境。为此，园领导就要做到用待遇留人、用事业留人、用情感留人。

（1）用待遇留人，就是不要让优秀人才吃亏，本着按劳分配、优质优酬原则满足他们合理的经济报酬的需要。

（2）用事业留人，就是给人才能够发挥重要作用的岗位。有些幼儿园虽在待遇留人方面不占优势，但是可以给能干的教师锻炼的机会，这也是能长期留住人才的重要原因。

（3）用情感留人，更是吸引人才长期工作的重要手段。为此，园长应该礼贤下士、待人以诚，善于在自己的言行中处处表现出对教师的关心和尊重。事实上，越是优秀教师越看中事业的成功，越珍惜真挚的感情。园长能够真诚相待，他们就会表现出极大的积极性、创造性。

即使某位优秀教师因为不得已的原因，要离开幼儿园到其他地方发展，也不能人一走，茶就凉。园长要真诚送别教师，互道珍重。通过真诚地送别优秀教师，可以教育在岗的其他教职工，让他们相信幼儿园有温暖人心的情感氛围，只要努力工作，就会得到应有的尊重！

第8章 学会做决策
——谋在于众，断在于独

园长的主要责任之一是对园内的重大问题做出决策，如幼儿园的发展方向和发展规划、年度目标及年度的可行性计划、某一项工作的执行方案等。决策成败直接影响到幼儿园目标的实现，因此园长必须正确地理解决策概念，并学会做科学的决策。

一、管理就是决策

1978 年，美国著名管理学家赫伯特·西蒙获得了诺贝尔经济学奖，获奖的原因是他提出著名的命题"管理就是决策"。为什么这个命题在管理学界会引起如此大的反响呢？一个重要的原因是它颠覆了一个人们习以为常的概念，就是"管理即领导做决定"。实际上，决定与决策不是同一水平的概念。做决定是很简单的事情，领导拍拍脑袋想当然就可以做决定，制定出一个方案，然后直接让下属执行。但是由于没有把各种问题充分考虑到，这种方案往往经不起复杂情况的考验，导致决定在执行中的失败或者低效。而决策的目的在于避免决定的草率。"决策"一词从字面看，"决"是抉择、选择，而"策"是策略或者方案，因此决策是指面对复杂问题首先要把各种可行性方案或策略都找出来，然后再对各种可行性方案或策略进行论证，评估每一个方案的利弊，然后选择最优方案予以执行，或者结合各方案的优点形成一个折中方案。显然，决策的过程是人们深思熟虑、从不同角度充分考虑问题的结果；是人们先发散思维，有效地加工处理可以收集到的所有信息，然后再集中思维，在信息深加工处理基础上得出正确认识，并变成科学的指令信息输出给执行者。所以，决策可以最大限度地避免宏观政策的失误。

现在，很多领导者没有决策思维，只会做决定；那么"决策"失误就在所难免，而一个错误的决策就可能给单位、给国家造成重大的损失。群众往往批评这样的领导干部是"三拍"干部，即"拍脑袋做决定，拍胸脯做保证，拍屁股走人"。

所以，园长要从对幼教事业的高度责任感出发，要从捍卫每一个幼儿的童年幸福出发，要从让社会满意、家长放心、孩子欢心的庄严承诺出发，让自己由简单的"决定者"变为优秀的"决策者"。为此，园长就要通过学习和实践不断地提升自己的决策能力。

对于园长来说，决策，就是为了实现园所的目标，针对阻碍目标实现的问题和影响目标实现的资源要素，予以全面深入的分析，选择问题解决的方案并推动最优方案的落实直至解决问题的管理过程。

决策是领导力的核心，是园长必须具备的一项重要技能，因为园长所采取的任何决策，都会对幼儿、家长、教职员工甚至于整个园所产生影响。

为了确保幼儿园保教质量的提高，园长每天都要做出各种各样的决策，小到关于各种琐事的常规决策，比如晨间要不要为幼儿量体温，大到事关幼儿园服务质量的、富有挑战性的决策，如教育项目规划、课程开发、家长参与活动以及财务管理等，这些都需要园长具有良好的决策品质。事实证明，不重团队智慧、独断专权、逻辑能力糟糕、分析技能匮乏、漠视决策所需的信息以及将个人情感掺杂其中，其结果都很可能让园长得到一个低效甚至错误的决策，从而给幼儿园的发展造成致命的负面影响。

二、决策的四种风格

决策从本质上讲，就是领导者要多谋善断。领导既要会"谋"，也要会

"断"，而谋与断的不同水平的结合，可以形成四种决策风格。

1. 不谋不断

这种领导者既不"谋"，也不"断"，没有深入分析问题的耐心，更没有发扬民主集思广益的品质，凡事不置可否，饱食终日，无所用心。当然，这种人在园长中也是非常少的。

2. 不谋武断

今天，园长要特别警惕这种决策风格。这种领导者不愿意动脑筋深入思考问题，也不愿意借助"外脑"发挥别人尤其是"智囊"的作用，而是随便拍板。这种人民主作风极差。在激烈的竞争中，这种决策风格会给组织带来灭顶之灾。

3. 多谋不断

这种领导者点子多，但是点子多了，反而犹疑不定，坐失良机。因此，多谋不断也叫优柔寡断。《三国演义》中的袁绍就是这种性格。官渡之战时，袁绍四大谋士田丰、沮授、审配、郭图意见不合，争论不休，袁绍踌躇不决，致使军队滞留不前。而曹操却看清袁绍谋士不和、自身优柔寡断、主要将领恃匹夫之勇的弱点，积极迎战。建安四年（199年）十二月，当曹操正与袁绍在官渡相持时，刘备起兵反操，占领下邳，屯据沛县（今江苏沛县）。刘军增至数万人，并与袁绍联系，打算合力攻曹。曹操为保持许昌与青、兖二州的联系，避免两面作战，于次年二月亲自率精兵东击刘备，迅速占领沛县，转而进攻下邳，迫降关羽。刘备全军溃败，只身逃往河北投奔袁绍。当曹、刘作战正酣之时，袁绍著名谋士田丰建议袁绍趁机袭击许昌，但袁绍却因第五个儿子生病而心神恍惚，不愿意发兵，坐失良机，致使曹操从容击败刘备回军官渡，埋下以后袁绍败亡伏笔。在战争关键时刻，袁绍因过多考虑儿子问题而心智受到严重干扰，不能果断做出正确决策以致最终走上末路。正史《三国志》记载，袁绍本人有"多谋"的特点，但是经常"不断"，因为儿子问题就会导致"不断"。由此可见，在工作中，领导者一旦私心介入，简单的事情也难以拍板决断了，领导者必须具有牺牲精神，私心乃领导决策之大忌。要评选三国演义中的"最好父亲"，恐怕非袁绍莫属！私情重于公心，使袁绍不能按科学决策的原则当机立断。所以多谋不断往往起因于私心作怪。

因此，很多人欣赏的"三思而后行"的做法未必适用于领导者做决策。孔子就反对"三思而后行"。《论语·公冶长》中说："季文子三思而后行。子闻之，曰：'再，斯可矣。'"这段话的意思是：季文子要三次考虑以后，才去做某一件事。孔子听到这事，说："考虑两次，就可以了。"由此可见，"三思而后行"是孔子批评的决策风格。《左传》记载，季文子之为人，于祸福利害，计较过细。孔子对季文子的做法进行了批评，认为季文子"三思"是考虑问题过多了，考虑两次就可以了。宋代思想家程颐也赞成孔子观点说："三则私意起而反惑矣，故夫子讥之。"国学大师钱穆在《论语新解》中注释"三思而后行"时说："事有贵于刚决，多思转多私，无足称。"可见，古今思想家对季文子的行事原则并不认可，认为季文子作为大臣考虑问题过多就会生出私心杂念来，办事瞻前顾后、优柔寡断，不值得称道。

当然多谋不断，或优柔寡断，还有一种原因，就是领导不敢负责任。不敢负责任的领导者即使掌握了全部情况后，仍会迟迟不予表态。根治这种决策风格，需要园长加强思想政治修养，培养自己的担当精神。

4. 多谋善断

综上所述，"谋"与"断"最科学的组合，就是多谋善断。所谓多谋，就是多思考，多同别人商量。作为园长，必须具有民主精神，对于重大问题，要多同干部和教职工商量。《管子·九守》说："以天下之目视，则无不见也；以天下之耳听，则无不闻也；以天下之心虑，则无不知也。"善断，就是善于判断，善于做出决定。多谋善断是智慧和责任感的产物，是提高工作效率不可缺少的领导艺术。

三、决策的原则

决策的原则是什么呢？明代宰相张居正说得好："天下之事，虑之贵详，行之贵力，谋在于众，断在于独。"从中，我们可以看出跟决策有关的四个原则。

1. 详虑

"详虑"，就是决策者本人思考要周密，大事不可以武断，因为机会往往是一次性的，因为思虑不周，就会因失败而辜负了难得的机会。详虑应该包括六种考虑：正面考虑、反面考虑、自己的经验、别人的经验、自己的教训、别人的教训。"正面考虑"就是考虑决策成功会得到哪些好结果；"反面考虑"就是考虑决策失败会造成什么后果；"自己的经验"就是决策时参照自己过去成功的方案；"别人的经验"就是决策时参照别人成功的方案；"自己的教训"就是决策时以自己失败的做法为戒；"别人的教训"就是决策时以别人失败的做法为戒。园长应通过这六种考虑计算各种可能性，尤其是计算最大的风险和最大的利益，然后做出自己的方案。详虑的必要性在于遵循"谋在先，行在后"原理。

2. 众谋

"详虑"只代表个人的思考，因此，有条件的话，必须再结合"谋士"的判断。所以，三国英雄无不重视谋士的作用。曹操谋士济济，除了郭嘉、荀彧、荀攸、程昱、贾诩等五大谋士外，更有刘晔、毛玠等一流谋士；孙权"内事不决问张昭，外事不决问周瑜"；刘备有卧龙诸葛亮、凤雏庞统。之所以要"众谋"，是因为思考者经历和关注点不同，大家在一起碰撞，往往能获得多种方案，而且激辩的过程，也是评估各种方案风险的过程，让各种方案的缺点暴露、优点突出，有助于领导者下定决心。

3. 独断

在决策之前有一个谋划的过程，谋划的过程需要众谋，但是拍板时就不能七嘴八舌了，应是责任领导果断拍板，这样才能保证决策的效率。如果说，"谋在于众"是民主，"断在于独"就是集中，"谋在于众"与"断在于独"相结合就是民主集中制。很多园长总想着决策可能出现错误的结果，于是不敢拍板，缺乏决断意志；而没有决断意志，就会坐失良机，造成难以弥补的损失。因此，有时，不做决定比做一个错误的决定更可怕。袁绍之败，郭嘉早就料定。一开始郭嘉跟着袁绍干，后来离开他，郭嘉给袁绍的评价是"好谋无断，难于成事"。所以，有谋还要善断，而善断意味着不受众人干扰，敢在集中别人意见后做自己的决断。

4. 力行

"行之贵力"意思是说，一旦通过"详虑"和"众谋"后拿定主意，就坚定不移地执行,不能在执行的时候怀疑决策,或者患得患失。《曾国藩家书》中说:"谋后而定,行且坚毅。"意思是说,一旦做出抉择,就一定要一往无前、义无反顾,要敢于藐视困难,拒绝突发性诱惑,紧盯着目标坚毅地执行到位。

某农村幼儿园园长听了专家讲"可持续发展"的教育理念后,一晚上没有睡着觉,前思后想,感觉到自己一味地迎合家长的口味,教幼儿认拼音、学写字、学算术,是对幼儿可持续发展的不负责任,幼儿园不能跟在家长的屁股后面跑,而应让家长跟着幼儿园跑,如果幼儿园总跟在家长后面,家长让教啥就教啥,那么孩子就不会获得城市孩子享受的保教服务。想明白之后,园长召集园务会议、班长会议讨论以游戏为主、以儿童体验为主的新保教模式的可行性和具体办法。结果大家意见分歧很大,有的认为教写字、算数保险,周边幼儿园都是这么做的;有的支持园长的意见,并提出一些实际策略。园长经过对两种意见的综合分析,最后大胆拍板——今后教学以儿童游戏为主,教改在全园启动!

但是改革并非一帆风顺,经常有家长到园长办公室表示不满,甚至有家长扬言如果幼儿园不教写字算数就转园,园长却对教师说:"宁可让家长骂我三年,不让孩子骂我一辈子。"园长意识到家园同步的重要性,分批召开家长会,请专家给家长讲幼教常识,分析幼教小学化的弊端。一些家长观念开始转变。园长心里想,家长赞成不赞成,关键看是否把游戏教学活动组织好,看是否能让孩子在游戏中发展智力、提高能力。因此,园长不断地深入班级听课看活动,给教师以指导。结果幼儿园保教工作越来越规范,幼儿园的公开课和孩子身心两方面的变化都让家长刮目相看。以后,再也没有退托、退园的事了。

可见,园长的决策原则就是"详虑"、"众谋"、"独断"、"力行"。

有的园长之所以决策质量不高,原因不外三个:在决策过程中缺乏"详虑",缺乏"众谋",或两者皆缺。而决策执行不好,原因也不外三个:执行前缺乏"独断",执行中缺乏"力行",或两者皆缺。缺乏"众谋"和"详虑",会导致思想方法不正确,而缺乏"独断"和"力行",则会导致决而不行或者行而无效。

所以,园长要把"详虑"、"众谋"、"独断"、"力行"作为自己做事的指导原则。其中,最关键的是"谋"与"行","谋"可以认清正确方向,"行"可以践出最佳路径，二者结合，致胜之道。

作为一园之长，当一件事情没有做好时，应该马上反思：是"谋"错了还是"执行"不到位？

四、科学决策的"十胜"标准

做科学的决策，必须建立在致胜之道基础上，怎样的决策能够实现致胜的目的？或者说决策者必须保证自己的决策具备哪些胜利元素呢？《三国演义》中的"十胜论"或许能给今天的园长提供一些启示。

"十胜论"，是曹操的首席谋士郭嘉鼓励曹操的一段理论。在官渡之战前，袁绍拥有冀、青、幽、并四州，兵多粮足，后方巩固；曹操仅据兖、豫二州，四郊多垒，曹操集团很多人包括曹操对战胜袁绍信心不足。为了鼓舞曹操，郭嘉提出了著名的"十胜论"，分析曹、袁之间的优劣，奠定了曹操战胜袁绍的信心基础。

郭嘉说："今绍有十败，公有十胜，绍兵虽盛，不足惧也：绍繁礼多仪，公体任自然，此道胜也；绍以逆动，公以顺率，此义胜也；桓、灵以来，政失于宽，绍以宽济，公以猛纠，此治胜也；绍外宽内忌，所任多亲戚，公外简内明，用人惟才，此度胜也；绍多谋少决，公得策辄行，此谋胜也；绍专收名誉，公以至诚待人，此德胜也；绍恤近忽远，公虑无不周，此仁胜也；绍听谗惑乱，公浸润不行，此明胜也；绍是非混淆，公法度严明，此文胜也；绍好为虚势，不知兵要，公以少克众，用兵如神，此武胜也。公有此十胜，于以败绍无难矣。"

郭嘉总结出曹操能够打败袁绍的10个优势，即"十胜论"，坚定了曹操做出迎战袁绍的风险决策的信心。

- 一是道胜的标准：理念进步性标准。袁绍喜欢搞烦琐哲学，而曹操一任自然，所以在理念进步性标准上曹操胜袁绍一筹。
- 二是义胜的标准：正义性标准。袁绍以大臣身份，主动攻击有汉相之名的曹操，有叛逆之名，所以在正义性标准上曹操胜袁绍一筹。
- 三是治胜的标准：干部严管性标准。汉朝末年，吏治腐败，袁绍一味迎合官僚阶层，而曹操大胆整顿吏治，所以在干部严管性标准上曹操胜袁绍一筹。

- 四是度胜的标准：度量性标准。袁绍用人外宽内忌，所用多亲属，曹操待人表面似乎简单，但是谁优谁劣心如明镜，唯才是举，所以在度量性标准上曹操胜袁绍一筹。
- 五是谋胜的标准：谋略果断性标准。袁绍多谋不断，曹操得良策马上实行，所以在谋略果断性标准上曹操胜袁绍一筹。
- 六是德胜的标准：诚挚性标准。袁绍专门沽名钓誉，曹操以至诚之心待人，所以在诚挚性标准上曹操胜袁绍一筹。
- 七是仁胜的标准：仁厚性标准。袁绍用人搞远近亲疏，曹操待人公平，所以在仁厚性标准上曹操胜袁绍一筹。
- 八是明胜的标准：明察性标准。袁绍喜欢听信谗言，曹操却不为流水一样潜滋默染的中伤所惑，所以在明察性标准上曹操胜袁绍一筹。
- 九是文胜的标准：法度严明性标准。袁绍是非混淆，曹操法度严明，所以在法度严明性标准上曹操胜袁绍一筹。
- 十是武胜的标准：武略性标准。袁绍喜欢玩花架子，不懂作战规律，曹操以少胜多，用兵如神，所以在武略性标准上曹操胜袁绍一筹。

郭嘉"十胜论"即优势论，也是克敌制胜的标准论，具有普遍的启示意义。它启示园长做风险决策，首先要考虑自己是否具备郭嘉指出的10个优势，并以十胜为标准努力完善自己的领导行为。

（一）道胜

道胜就是办园理念的进步。幼儿园园长必须具有正确的办园理念，一个人理念的高度才是他真正的高度，而园长理念的高度就是幼儿园管理的高度。先进正确的理念保证了幼儿园正确的发展方向和广阔的进取空间，保证了幼儿园前后思想、手段的一致性，是幼儿园特色形成的基础，有助于形成家长对幼儿园的信赖感。所以，园长做决策首先要从正确的办园理念出发，如捍卫童年幸福理念、创设支持性环境理念、自主办园理念、家园同步理念等。这是园长科学决策的基础。道胜的反面是形式主义。

有些农村幼儿园在环境创设方面一味地模仿城市，本来有宽阔的场地，却拆了平房盖楼房，殊不知幼儿园建筑以平房为最佳！有些农村幼儿园在建筑和设备提供上追求超豪华，这不仅与儿童发展不相干；而且与社区居民的现实生活、经济条件和周边环境形成极大反差；孩子回到家里反而适应不了家里的生活，甚至瞧不起父母，瞧不起农村，人格发展受到严重影响。有些城市幼儿园场地本来就有限，盲目地建儿童城堡，占去大量的场地，使幼儿活动空间越发狭小。这都是形式主义的做法，违背幼儿园发展之道。

（二）义胜

从幼儿园管理角度看，"义"就是社会效益、教育效益，"利"就是单纯的经济效益。怎样处理二者的关系，直接决定着幼儿园能不能得到公众的支持而获得发展。当年，儒家提出的"君子喻于义，小人喻于利"、"见利思义"、"义然后取"等著名命题带给园长的重要启示是：园所决策不能一味地从利润出发，首先要从"义"即社会效益、教育效益出发，扎扎实实地做好服务幼儿成长、服务家长的工作，以富有责任心、爱心、童心的服务和细心、热心的态度争取家长的信赖。完全从利润出发的幼儿园不可能得到公众的信赖和支持，也就不可能有发展的空间。比如有些幼儿园不严格地执行上级的方针政策和收费标准，其性质即是"不义"。义胜的反面是唯利是图，逆人心而动。

（三）治胜

治胜，实际上是建设高水平的教师队伍。优秀的幼儿园不仅应具有一流的保教服务，更应培养出一流的人才队伍。园长只有带出一流的人才队伍，才会有上乘的保教服务质量，才会占领幼教市场，立于不败之地。因此，好的管理就是培养出人才。幼儿园队伍建设，需要园长建立鼓励教师敬业爱生的先进体制，也需要园长开展经常性的思想教育和业务培训工作。园长要一手抓体制建设，一手抓教育和培训。体制包括待遇体制、升级体制，好的待遇体制就是多劳多得，优质优酬,让教职工分享幼儿园发展红利;好的升级体制就是让优秀教师脱颖而出,能够顺利走上重要岗位。幼儿园必须通过这两种体制吸引优秀教师。教育和培训是教师专业成长的动力之源,在这方面的投入实际上是打造幼儿园的造血机制,要注意五个问题:

第一,积极开展教研活动。教研活动对于提高保教质量是一种有效而便利的方式,同时也是教师在职业务进修的重要手段。教研活动内容应该丰富多样,包括学习研讨教育理论、方针政策、探讨教法、集体备课、相互交流经验和沟通信息等。

第二,进行观摩活动。保教人员之间应相互看活动,并进行质量分析,达到相互学习研讨和交流与促进的目的。幼儿园应特别重视青年教师的观摩活动,把它作为一种技术练兵,通过问题研讨,找出问题差距,肯定优点并进行原因分析,从而不断地改善工作,提高业务水平。

第三,以老带新。教师的工作需要有一定的实践和经验的积累。老教师的直接示范和言传身教,可以使青年教师较快地熟悉保教工作,了解基本的保教常规要求,减少摸索过程,尽快适应工作条件和环境,胜任教师工作。

第四,鼓励个人的进修并有计划地安排脱产半脱产培训。为了提高教师的专业水平和业务能力,应鼓励教师在职进修。如对一些经验丰富基本能胜任工作,但未达到规定学历的中年教师,可给予脱产或半脱产进修机会;对刚毕业走上工作岗位的青年教师,除安排有经验的教师言传身教外;还要进行适应工作的教育与培训,有意识地给他们交任务、压担子,开展业务练兵;使他们经受锻炼,尽快提高。尽管人员编制很紧,工作和学习矛盾很突出,但应尽量想办法,帮助老师处理好二者关系,使他们工作学习两不误,对成绩优异的还应给予奖励。各种短期培训班只要对教师素质提高有利,都应积极派教师参加。磨刀不误砍柴工,支出的学费是智力投资,这种付出,迟早会获得丰硕的成果。

第五,以评比促发展。开展竞赛评比和教案、教育笔记、观察记录展评等活动。这些活动可以促进教师之间的相互学习,取长补短,同时也可以起到肯定先进、激发进取精神的作用。

此外,示范园应积极接待本区、本市教师来园观摩,把接待工作当成锻炼队伍的好机会,赶上哪位教师上课就看谁的课,让大家都有机会展示自己的才华。

(四)度胜

这是强调园长用人要大气,不搞远近亲疏,不搞小帮派,"开诚心,布公道",团结所有的教职工,任人唯贤。现在,有些幼儿园园长受论资排辈、远近亲疏等思想影响,用人不以实绩为依据,干部资源配置不以事业发展需要为取向,致使干多干少一个样,干好干坏一个样,职责不清,赏罚不明,人浮于事,工作效率低下。正确的做法是引进竞争机制,推行公开竞争上岗;健全监督机能,确实做到任人唯贤;讲民主,增加干部需求的透明度,实现领导职位空缺的公开化;走出狭窄封闭的怪圈,改变领导一言定终身的状态,走群众路线,举之以众,取之以公。所谓举之以众,即依靠众人的眼睛来识人选人,所谓取之以公,就是秉持公心选拔人才。在选人时要注意全面考察、公正衡量,不能以感情代替原则;要抱着对事业、对领导和群众负责的态度选拔德才兼备的优秀人才,把干部的政治品德和业务素质结合起来考察,处理好文凭和水平的关系。度胜的反面是心胸狭窄,妒贤嫉能。

(五)谋胜

谋胜,是指园长要有管理幼儿园的方法。园长能否正确地运用幼儿园管理方法,直接关系到管理工作的成败。大量案例表明,凡是先进的幼儿园或某一方面工作比较出色的幼儿园,园长都很有管理方法。

幼儿园管理方法,是幼儿园管理者实施管理活动、完成管理任务、达成管理目标的方式、手段、形式、途径、程序、格式和工具的总称。

幼儿园管理方法按层次分类,可以分为道、法、术三类。道是具有普遍指导意义的管理方法,是管理领域最高层面的哲学方法。法是具有一般通用意义的管理方法,如行政方法、教育方法、法律方法、经济方法等。术是具有实际应用功能的技术方法,如应用36计等都属于此类。

因此,谋胜是园长运用道、法、术综合分析问题的能力,是统领全局做出分析、判断、决策的能力。谋胜,首先需要园长在"道"上高明,具备些许哲学思维能力,这样有助于看清幼儿园发展的正确方向;其次,需要园长在"法"上明确,有点管理学素养,能够辨清楚哪条道能通向目标;最后,需要园长有能力把道和法与实际情况结合起来,亦即在"术"这一层面上解决实践中的具体问题。园长凡做决策,首先考虑是否有利于幼儿园未来的可持续发展,是否代表大多数教职工的利益,然后考虑情况的特殊性,在此基础上选择针对此问题最有效的方法。

谋胜的反面是优柔寡断,坐失良机。

(六) 德胜

德胜,就是园长能够以德服人,以至诚之心待人。

某一民办幼儿园园长坚信:当园长的目的是为教职工和幼儿发展服务,而不是为了指手画脚地指挥别人!正因为摆正了这种心态,所以该园长在幼儿园里树立了正气,给教师们创造了一个温馨、和谐、快乐的工作环境。当其他民办幼儿园的教师像走马灯一样更换时,这个民办园却始终有着一支比较稳定的师资队伍。

有一位很有影响的幼儿园园长的做法同样能给同行很多启示:

该园是当地唯一一所不收教师押金的幼儿园,这件事本身不算什么,但所体现的是一种对教师人格上的尊重。凡是离园的教师,工资一分不扣,而且友好相送。去年,该园一位姓王的老师提出想去外面发展,这个老师各方面都比较优秀,就是脾气有点急躁,从内心园长不愿意失去这位老师,但为了她能更好地发展,园长还是忍痛放行,同时指出她存在的缺点,告诉她努力的方向,还自费为她饯行。可半年后这位教师又回来了,当园长问她为什么放弃高薪的报酬回来时,她说:"一个教师需要的不仅仅是报酬,更需要理解和尊重。"

此外,这位园长从来没有当着众人的面批评过一位教师,而是以谈心的方式私下里提出建议。在会上,园长也从来论事不论人,很大程度上保全了教师的面子。

德胜的反面是沽名钓誉。

（七）仁胜

仁胜，就是能够做到以人为本，一视同仁。仁胜强调园长的决策建立在爱人、关心人的基础上，不爱人、不关心人的管理者称不上好的管理者。有的园长认为领导要有领导的样子，不能与职工接触太多，不能让职工摸透自己，否则很难管理，其实不然。古人说得好："将欲取之，必先与之。"要想获得教职工的真诚拥护，园长首先要有情感的投入。情感投入恰当，会产生意想不到的效果。仁胜的反面是亲亲疏疏。园长亲近少数人、疏忽多数人，幼儿园就不可能形成众志成城的凝聚力。所以，园长与教职工的距离把握应遵循零距离沟通、等距离接触、远距离观照的原则。

1. 零距离沟通

零距离沟通就是在沟通中保持心灵的开放，摒弃成见，将心比心，站在对方的立场看问题，进行不设防沟通。

（1）开诚布公，以诚相见。人们有心里话时总爱讲给他最信赖的人听。领导者只有赢得下级的信赖，才能听到他们的心声。所以，园长在教职工面前要树立诚恳实在的形象：说理要实在，反馈要实在，做人要实在。

（2）充分信任。园长要学会信任每一个教职工，让每一个教师都与园长有一种心灵的默契。

（3）允许分歧，求同存异。园长要相信差异就是资源，"万物并育而不相害，道并行而不相悖"，没有差异就没有五彩纷呈。园长要鼓励每一个教职工追求属于自己的风格，但是又能主动与其他人相互配合。

2. 等距离接触

一个好的幼儿园就像一个正圆，如果说园长在圆心的位置，那么每一个教职工都是圆周上的点，圆心与圆周上的每一个点都是等距离的。园长与教师等距离接触，就必须变被动为主动，变等教职工主动与自己接触为主动走向教职工，让教职工想跟你接触、愿跟你接触、敢跟你接触；等距离接触，就必须不定条条框框，广开言路，开门纳谏，畅通各种渠道，倾听各方面甚至持不同意见者的意见；等距离接触，园长还必须深入班级、教研组，了解最普通、最寻常、最平凡的教职工。

3. 远距离观照

"不识庐山真面目，只缘身在此山中。"有时园长要跳出幼儿园这个圆圈，远距离观照一下自己的团队，这样可以更清楚地看出自己的教职工的优缺点，可以避免以个人感情代替标准、因个人好恶丧失原则、凭一时成败错分良莠。所谓"所爱应知其恶，所憎应知其善。"教师应做到对教师一视同仁并知人善任。

仁胜的反面是待人不公。

（八）明胜

明胜就是园长对每一个教职工的优缺点都有准确的把握，从而让每个人都能发挥作用，让每个人都感受到存在的价值。

秦朝末年，刘邦和项羽争夺天下，刘邦好像哪一点都不如项羽，但是他可以把所有人的能力都用尽，因为他能够充分认识别人的优点，并给予赏识和重用，让本来跟着项羽干的优秀人物也都跑去跟着他干。而项羽只看到自己的优点，对待下属，只看到他们的缺点，结果像韩信、陈平这样优秀的人物，在他手下都无用武之地。

由此可见，园长必须有发现别人能力的能力。这种能力主要表现在沟通方面。通过沟通，园长才会了解教职工的抱负、了解教职工的核心优势、了解影响教职工发展的制约性因素并予以消除。

明胜的反面是耳根浅，听信"馋言"。

小雪是今年春天进入幼儿园工作的，她在大学里学的是舞蹈专业，因此，在舞蹈方面很出色。但因为她心高气傲，与同事关系一直很紧张，到园后一直在配班位置上。虽然经常有老师反映小雪的坏脾气，但园长经过观察和沟通知道小雪是个人才，只是没有机会展示，所以同事们才一直对她不认可。这次小雪又对同事发火了，园长来做调解工作，同时利用激将法一下子把小雪老师"干一把"的激情调动了起来。小雪很严肃地告诉园长："园长，我就不信，我比别人差！"见"火候"到了，园长便让小雪把早操（职工）教练一职担任下来，并且反复叮嘱她一定要管好自己的脾气。早晨别人未到，小雪已经在职工操场上等候了。每天小雪用最饱满的激情和扎实的舞蹈功底,让同事们折服了。小雪不仅展示了才华,又赢得了友情,很快成了园里的一名骨干班主任。

(九) 文胜

文胜,就是园长有能力抓好园所的制度文化建设。什么是好的、什么是不好的,园长必须领导教职工们制定一套明确的标准,并使之成为制度,使大家认识到制度与园所平时安宁、秩序、效率生活的联系,并自觉地执行它,形成一种人人都有呵护制度的责任感的文化——制度文化。

幼儿园制度文化首先表现为文本化的各种规章制度,这样的制度既有国家颁布的教育方针、政策、法律、规章,也有政府主管部门制定的各类章程、规则、指示、要求等,还有幼儿园结合自身实际而制定的大量有关保教、科研、学习、日常管理等规章制度。这些外显的、物化的规章制度就是幼儿园中要求大家共同遵守的且具有科学性、思想性、教育性的办事规程或行动准则。它是幼儿园制度文化中重要的物质财富。园长一定要抓好制度的宣传教育工作,带领大家努力地建立健全园本化的规章制度,并推动大家对规章制度的讨论和完善。

文胜的反面是没有标准,是非混淆。

(十) 武胜

武胜,就是园长能够把握幼教规律,实现自身的专业化。

随着计划经济向市场经济转轨,幼儿园体制也发生了相应的变革,经费来源由政府全额拨款转向差额拨款,甚至由幼儿园自负盈亏,这种情况迫使公办园的园长不得不重新定位自己的角色,努力研究新情况,学习新知识,使自己具有独特的管理理念、教育思想,使自己能够办出幼儿园的特色,能够带领全体职工走自主管理、自主发展之路。

武胜的反面是不懂装懂,死要面子活受罪。

五、提升决策品质的技巧

决策的效果取决于决策的品质,那么怎样提升决策的品质呢?也许郑板桥的"难得糊涂"会给我们重要的启示。

郑板桥说:"聪明难,糊涂尤难,由聪明而转入糊涂更难。"可见,难得糊涂是一种高超的做人艺术,尤其是作为领导者,有时更需要难得糊涂的艺术。

从郑板桥的难得糊涂中,园长至少可以悟出四层意思。

1. 在议大事时能够沉得住气,会装糊涂

在开会讨论重要问题的时候,园长只需要做一个开场白式的发言,然后马上装糊涂,装作自己还一无所知,哪怕自己有了想法也闭口不言,先听大家说。园长的眼睛要扫视与会的教师,用眼神鼓励教师说话!当一圈人都谈完看法后,园长再整合大家发言中的中肯之处,并结合自己的想法,做一个总结性的发言,得出一个总结性的结论,最容易被大家接受。

2. 在对问题把握不准时,揣着明白装糊涂

有些园长揣着糊涂装明白,这是决策之大忌。决策应建立在全面掌握信息的基础上,在信息还不明时,园长必须做耐心细致的调查研究,而不能贸然表态。有时,即使信息明朗也难以做出自信的判断,这时就应该听听别人的意见;即使后来自己有了意见,仍需"揣着明白装糊涂",引导别人发表意见。

3. 在听到别人议论自己时,要善忘,主动装糊涂

"谁人背后不说人?谁人背后不被说?"有时,听到教职工议论自己,尤其是议论自己的缺点甚至私生活时,园长即使很难受,也一定不能马上假以颜色。否则,不仅显得自己气量狭小,还会把矛盾激化。因为本来问题没有那么严重,而经园长一质问、一批驳,问题马上复杂化了,很容易让议论自己的人成了自己的对立派,加大工作的难度。所以,面对原则性问题,园长必须认真对待;而对于非原则性问题,则可以糊涂处理。因此,面对教师私下议论自己这个非原则性问题,园长要胸怀宽广,让事实回应。不声不哑,不做领导!园长装糊涂,不仅

顾全了大局，团结了教师，还可能会使议论自己的人不好意思，进而变成支持自己的人。

4. 果断纠正错误，对个人名利，难得糊涂

当发现自己做出了错误决策时，园长一定要果断地纠正错误。一方面要利用各种机会反复说明，做好教职工的引导工作，让大家认清危害；另一方面要带头否定自己，修正自己，吸取教训，决不能死要面子活受罪，一条道走到黑，给幼儿园工作造成更大的损失。有些园长之所以犯了错误不承认，也不允许别人议论自己的错误，究其原因是怕承认错误，影响自己的威望。这是名利思想在作怪。这样下去，必将会给幼儿园造成更大损失，也必将更严重地损害自己的形象。

郑板桥的"难得糊涂"，有助于园长超越名利思想。

公元1751年，郑板桥在潍县"衙斋无事，四壁空空，周围寂寂，仿佛方外，心中不觉怅然。"于是有了这样的想法："一生碌碌，半世萧萧，人生难道就是如此？争名夺利，争胜好强，到头来又如何呢？看来还是糊涂一些好，万事都作糊涂观，无所谓失，无所谓得，心灵也就安宁了。"于是，他挥毫写下"难得糊涂"。但是，事关百姓疾苦的事情，郑板桥却从不糊涂。公元1754年秋，郑板桥由山东省范县调任潍县知县，上任之日正遇百年未见的旱灾。而钦差姚耀宗却不闻不问，反而向他求字画。郑板桥就以鬼画讽刺，姚耀宗怒而撕画。郑板桥见百姓惨景，就以"拯救万民，在所不惜"激励自己，并不顾丢官甚至杀头的危险开官仓赈灾。对百姓疾苦，他"一枝一叶总关情"；对个人名利安危，他"难得糊涂"，还为"难得糊涂"做了自注："聪明难，糊涂难，由聪明而转入糊涂更难，放一着，退一步，当下心安，非图后来福报也。"

由此可见，难得糊涂不仅可以提升园长决策的品质，更可以提升园长做人的品质；而做人的品质提升了，自然转过来又会提高决策的品质。

第9章 提高制度管理的执行力
——任是无情也动人

规章制度是为了实现组织机构目标,对各项工作和各类人员规定的必须遵守的行为准则和工作规程。制度管理虽然不是最好的管理,却是科学管理的基础,能使幼儿园各项工作实现程序化、规范化,从而保证幼儿园的正常保教工作秩序。因此,幼儿园园长必须提高制度管理的执行力。

一、明确制度管理的必要性

幼儿处在人生发展的脆弱期,需要教养人员有更强的责任感。"幼儿园里无小事",教职工必须事事精心细致。但即使这样,也难以保证所有工作都万无一失。因此,在幼儿园里,制度管理的最大意义就在于防范失误。为此,作为园领导,除了平时加强对全体教职工和幼儿的安全教育和管理外,还应特别注意防微杜渐、惩前毖后。

防微杜渐,便是指各种具体规章制度的制定和执行。细微的说服教育和思想工作固然必不可少,但只有尽量从制度上做到无懈可击,管理才可能更有效。一方面,幼儿园管理者应尽可能全面细致地预想到可能出现的问题,制定尽可能详细具体的规章制度,使幼儿园的每一项工作都有章可循,用严密的制度防止失误出现。另一方面,失误一旦发生,就应该立即进行制度的查漏补缺,及时制定相应的措施,防止类似失误再次发生。

惩前毖后，是指对当事教师的处理工作。那么，如何处理工作失误的教师呢？可以依据其具体情况将一般的处理方法分为以下几个层次：第一个层次为单纯的经济处罚，它可能是最简单也是最无效的处罚方式；第二个层次为经济处罚加思想教育，可以使犯错误者从思想深处认识到错误的严重性和处罚的必要性，但教育效果无从考查，持续时间无法控制；第三个层次是在前两个层次基础上制定有力的制度，在全园范围内对所有教职工起到防微杜渐的作用。这是最有效的方法，原因很简单：幼儿园的事情很琐碎，有时甚至很棘手，如果有一套科学的管理制度，明确各类事务的相关人员责任、应对措施及事故处理办法，那么所有的麻烦都会有当事人负责解决好。

当然，幼儿园的制度管理的意义并非仅仅限于防范失误，它还有利于规范人们的行为、协调相互间的关系、提高管理的成效；还有助于增强教职工的责任意识，建设良好园风。

有些幼儿园由于种种原因，管理制度十分混乱，有的制度只是为了摆样子，根本不能发挥什么作用；还有很多方面根本没有制度。这种情况就造成了工作上的混乱。比如，教师迟到、早退无人过问，上班时扎堆聊天无人问津，工作努力勤勤恳恳的老师无人表扬。等等。这都属于制度管理的失败。

二、制定规章制度应注意的问题

园长组织广大教职工制定规章制度必须注意四个问题：

1. 制度力求具体化

制度要起到规范作用，就必须表述具体。因此，在制度条文里，要有明确的业务规范要求、工作程序和基本方法，要便于记忆和操作。比如某园关于卫生制度的表述一开始是"坚持卫生制度，做好室内外包干区卫生"。这样表述，不够具体，难以操作。在专家的指导下，后来改为"重视保育工作，保持室内外卫生，认真负责管好午餐、晚餐，注意幼儿起床后的仪表整洁，关心幼儿的冷暖，及时为幼儿洗干净弄脏的衣裤，为幼儿饮水提供方便，每月两次消毒被褥，幼儿午睡时通风，每天户外活动保证两小时，其中体育活动一小时。"这样一来就比较具体，操作性也强了。

2. 制度的制定要科学

幼儿园的规章制度要体现幼儿教育的本质属性，要合乎教师工作的特点，符合幼儿身心发展规律，因此，幼儿园的规章制度应从本园实际情况和工作需要出发，既具有可行性又能发挥导向作用，不能简单地照搬其他幼儿园的现成条文。幼儿园的各项规章制度应保持目标一致，相互补充，形成整体系统，而不能自相矛盾。

3. 制度的制定要有群众基础

规章制度应在教职工的积极参与下制定，体现大家的共同愿望，这样一方面可以集思广益，使制度更健全，另一方面，大家在执行中也会更有自觉性。事实证明，只要制度能够做到科学合理，最终还是会被教职工接受的。规章制度一经教职工讨论制定后，就应将其编定成册发放到人。

4. 制度内容要有教育性

园长还要明确，制度并不是管理的万能良药，引导说服教育将永远是管理过程中的主旋律，制度的制定和执行都要建立在启发教职工思想觉悟和积极性的基础上，要强化规章制度的教育性，利用制度培养人，比如利用"岗位责任制"培养教师对工作的责任感。园长不能把规章制度当作卡人的手段，甚至以罚代管，造成干部和群众的对立。

三、制度管理必须与人性化管理结合

现代管理特别强调以人为本，强调把人放在主体地位上，调动人的积极性、满足人的合理需要，因此制度管理的实施也必须与人性化管理相结合。

（一）制度管理应建立在关心和尊重教职工的基础上

规章制度的内容不能有伤教职工的感情。对于处于哺乳期的教职工，在规章制度的条文中应体现对她们的关心。

某园有一条不成文的规定——"教职工不允许带提包上班",其目的是防止有人利用提包做手脚,比如偷拿幼儿的食品。此规定一经园长宣布,就引起轩然大波,教职员工愤愤不平,认为园领导把大家当贼防,自尊心和积极性大受挫伤。为此,有的教职工向上级主管部门告状,有的教职工要求调离工作岗位。最后,在上级部门干预下园里撤消了此规定,并向教职工们道歉。

(二) 制度管理与解决实际问题相结合

用制度管人,难免会产生矛盾;不化解矛盾,就难以调动人的积极性。因此,面对教师的问题行为,园长需要了解他们问题背后的原因,然后在制度管理的同时帮助他们解决实际困难。这样不仅能减少制度执行的阻力,还可能使他们成为支持者,甚至成为模范执行规章制度的带头人。

某园月末总结时,园长发现一位姓吴的教师迟到了五次,本打算对这位教师进行批评,但考虑到她平时工作认真负责,业务能力强,决定深入了解情况。放学后,园长主动找到吴老师,了解原因。经过谈话得知,原来吴老师家由于旧城改造暂时搬到一位亲戚家住了,由于亲戚家离幼儿园较远,中途要转车,常有堵车现象,因此迟到了几次。吴老师为此内疚地说:"咱们幼儿园考勤很严,我不应该迟到,我愿意接受批评。"园长听后,首先对她的工作态度表示肯定,并表扬了她的工作成绩。同时表示不管有什么理由,迟到也是违反规定的。园长按照幼儿园的规定,罚了吴老师30元钱。不过,考虑到吴老师的实际困难,园长接着说:"我在我的办公室里放一张床,你最近就住在那里好了。"吴老师很感动,每天她就早早起来打扫院子的卫生。

可见,在管理工作中,深入实际了解情况是处理好一切问题的前提。如果管理者缺乏这种意识,只重视后果而不重视起因,只凭主观臆断而不考虑教师的实际情况,严格按制度办事,往往会造成一系列矛盾。所以,在管理中,园长要注意具体情况具体分析,注意软硬两手抓。

四、规章制度的执行必须具有严肃性

显然,制度的制定并不难,难在执行环节。尤其在幼儿园制度管理从松到严的转化过程中,大部分职工不可能一下子有效地规范并指导自己的行为。他们已习惯于把制度当作一种原则上的约束,写在纸上、挂在墙上、说在嘴上,就是不落实在行动上,没有真正做好把制度落实到实践中的心理准备。

好的规章制度像火炉,要有热度,要防止人们随便触碰。

(1)不碰则不烫——这是警告法则。园长要经常提醒或劝诫教职工遵守规章制度,不要触犯制度。

(2)一碰即烫——这是即时法则。利用制度惩罚,应在错误行为发生时马上实施,决不拖延。

(3)谁碰烫谁——这是公平法则。不管是谁,触犯了规章制度,都要受到惩罚,园长也不例外。

(4)哪儿碰烫哪儿——这是公正法则。园长针对违反制度的教职工不扩大打击面,不算旧账,就事论事,分清是非。

从火炉法则出发,园长要带头执行规章制度,让大家明确在制度面前人人平等,让所有人都能接受纪律管理的约束。

为了保证规章制度的权威性,园长应建立这样的信念:不偏袒任何人,对于违反制度的行为要坚决处理。比如,一位教师在上班的路上,好心把一位摔倒在路上的老人送到医院,结果迟到了。按情理说,这位教师应该受到表扬或奖励,可按制度来讲她确实迟到了,理应扣罚。面对这种情况,精神表扬和纪律处分可以同时进行。纪律处分涉及的虽是个体,但受到教育的是整体,教师会据此感受到纪律本身的教育作用,并对今后的纪律管理产生深刻的影响。如果执行制度涉及扣罚奖金问题,园长一定要非常慎重,要扣得合情合理,让职工心服口服;同时,扣完奖金后的处理也很重要,不能草草收兵,要做细致的工作,只有这样才能达到提高教师认识、严肃纪律的目的。

某园规定教师早晨7:20到园上班,但在家长开放日,教师必须7:00准时到岗。可在这次的开放日活动举办当天,大一班的班主任睡过了头,迟到了10分钟,结果被扣30元奖金。此事在幼儿园引起了小小的风波。有的老师说:"7:00又不是上班时间,何必那么认真?"大一班的其他老师也找园长替班主任求情,该教师更是不愿意接受,说园长没有人情味!她认为,她之所以迟到,是因为前一天晚上为家长开放日布置主题活动场景和幼儿的画展园地,一直忙到很晚才回家,早上才来晚了一会儿。针对这种情况,园长在教师会上做了说明解释工作。园长首先表扬了该班主任为了工作很晚才回家的爱岗敬业精神,说这种精神应该发扬光大,号召大家向她学习。但是这位老师又确实迟到了,应该受罚,不然园里的规章制度总是因为各种原因而网开一面,最终会形同虚设,园里的管理也会处在低水平,大家的发展也会受到影响,希望老师们支持园里规章制度的执行。教职工们纷纷点头,大一班的这位班主任也表示甘愿受罚。以后,大家都自觉遵守园里的规章制度,园里真正实现了制度化管理。

在所有的规章制度中,涉及安全的规章制度,是最不容忽视的,这直接关系到幼儿的生命安全。幼儿园没有关于安全的相关规定,或者有相关规定却没有认真执行,一旦发生严重的伤害事件,园长就要负主要责任。

某企业幼儿园业务园长李某在检查工作时,走进了大二班教室,发现桌子上热气腾腾,走近一看,原来是一个电炉上熬着中药,而此时保育员不在(领水果时间),教师在卫生间洗手,幼儿在自由活动,室内气氛非常活跃。李园长走上前去断了电,教师这时从卫生间走出来解释说,班内有个孩子生病了,需要喝中药,而家长恰好今天有事走不开,就拜托老师帮忙解决。李园长告诉教师这种行为是不对的,影响到全班孩子的安全,甚至有可能引起火灾,造成严重的后果。教师不服气地说:"幼儿园教育目标是以幼儿为中心,一切为了孩子,我这样做也是为了解除家长的后顾之忧,又没有出现事故,有什么大惊小怪的!"李园长听了这位教师的话也觉得有道理,再加上这位教师平时工作积极肯干,业务水平较高,和同事相处得也比较融洽,况且也没有发生什么事故,也就轻描淡写地说了几句,走开了。

面对教师的严重违章行为，李园长处理方式极其不妥当。幼儿园的规章制度是针对园内所有职工的（包括园长本人），它是对员工的一种约束，人人都要遵守。幼儿园园长既是执行者，也是监督者，如果园长不履行自身的职责，因玩忽职守造成严重后果，要承担法律责任。

正确的做法是什么呢？

首先，李园长要做通这位教师的思想工作，可以使用逆向思维帮助教师思考问题。比如假设出了事故，后果怎样？致伤了怎么办？致残了怎么办？发生火灾怎么办？到那时教师要承担的是什么责任？会给幼儿的一生造成什么样的影响？此外，幼儿园明确规定：在组织幼儿活动时，教师的视线是不可以离开幼儿的。园长要让这位教师认识到自己的错误，认识到问题的实质，把事故消灭在萌芽中。

其次，召开全体教师会议，讨论这个问题的性质，以及怎样在日常工作中防止安全事故发生。通过这种方式让教师认识到：在幼儿园，安全问题大于天，哪怕有万分之一的隐患都要杜绝！

这天，大班老师带领幼儿在室外活动场地上体育课，全班幼儿分成两队进行接力赛跑，孩子们跑得满头大汗，不时地为胜利而欢呼。这时，有一个幼儿趁老师不注意，溜到玩具场地的一辆汽车里玩耍，这辆汽车是由工厂报废了的小汽车改造成的。当时，该班教师没有察觉。赛跑过后，大班幼儿排队进入教室，教师开始上课。一会儿，这个幼儿进入教室坐在自己的位置上，老师没理会他。

突然，在活动场地的另一端带领幼儿练习攀登的小班老师大喊："汽车着火了！"只见，汽车冒出浓浓黑烟。小班老师迅速带本班幼儿进入教室。园长见此情景，立即给工厂保卫处打电话，用灭火器扑灭了大火。事后经过了解，是大班幼儿在汽车内玩火柴，使底座暴露的海绵燃烧而引起火灾。

这起事故的教训是深刻的，为了教育大家，上级党委经过研究罚处当班教师当月工资50元，罚处园长当月工资30元，并责成教师和园长恢复汽车原貌。

这起火灾事故虽然没有造成人身伤害，但是教训是深刻的。试想：如果这个幼儿还在汽车里玩，发现着火而不知离开现场或者汽车旁边还有其他幼儿，那么火势一旦蔓延，后果将不堪设想！

这起事故充分暴露幼儿园管理中出现的一些问题：

（1）安全工作做得不够。汽车底座皮革破损，海绵暴露在外，这本身就是火灾隐患，而幼儿园没有及时修补或更换，导致易燃物的燃烧而引起火灾。

（2）幼儿园对制度的执行不严格，没有做好幼儿入园检查工作。该幼儿园有制度明确规定幼儿园必须进行早、午及活动中间的检查，若发现幼儿带有危险品应及时没收并与家长取得联系，而幼儿园没有进行检查，这充分暴露了幼儿园制度形同虚设。

（3）教师的失职行为导致幼儿有足够的时间犯错误。该幼儿园有制度规定户外活动时，老师必须尽职尽责，使每个幼儿都在教师的视线范围内，即使幼儿多，也应该在活动前、活动中、活动后及时清点幼儿人数。如果教师把工作做得细一点，尽早发现少一名幼儿，也不会导致火灾发生。

（4）安全教育做得不够。大班幼儿基本上能够辨别是非，知道哪些该做哪些不该做。幼儿园应把对幼儿的安全教育放在重要的位置上，经常给幼儿提个醒，发现苗头及时制止。如果幼儿园教师能够做到随时随地不失时机地对幼儿进行安全教育，那么就不会发生火灾。

五、在执行过程中不断地完善规章制度

由于规章制度的制定往往是针对过去存在的问题，因此总是具有一定的滞后性，而幼儿园所面对的环境变幻莫测，新的问题会不断地出现。因此，规章制度也需要根据情况不断地补充。另外，在制度管理中，园长还会发现无论规章制度的内容还是工作人员执行规章制度的方法，总是存在不尽如人意的问题，甚至一些重要的工作存在着严重的制度漏洞。因此，规章制度还需要不断地完善。尤其是对于安全制度，幼儿园应根据新情况，不断地完善幼儿园安全管理的内容，比如："教师带班不得离开班级；家长接孩子时必须拿接送卡；园长定期和不定期地抽查教师进班常规的落实情况；如发生事故须及时分析原因；保健员提高晨检的

质量，注意幼儿口袋里有没有不安全的东西；每班的药袋都要写有幼儿名字，以防吃错药；抓交接班的衔接时，交班的教师要将幼儿人数、生病服药者的名单、午餐、活动情况做好记录，接班教师签名。"

园长需要不断地检查制度的完整性，不断地查漏补缺，并强化大家的安全意识，尽可能多地预见可能出现的问题，并形成制度加以防堵。另外，新形势的变化也会给幼儿园不断地提出新要求，致使之前的某些制度过时甚至成为阻碍发展的因素，需要及时更新并适应新情况要求，制定新的制度。

某园的伙食管理制度规定，保健医生要制定带量食谱，采购员要按量采购，炊事员要进行验收。但一次午饭时出现了问题：各班教师都反映当天的青笋炒肉丝量少不够吃。对此园长进行了认真调查，发现了原因：保健医生制定的食谱是净菜量；采购员买菜时按毛菜折算，加量太少；炊事员验收时只看数量、斤数对不对，没有考虑菜的质量和毛净菜折算。由于青笋损耗率较大，去叶、去皮、去根后，净菜量达不到食谱定量，所以造成菜量不够。通过对这次事件的分析，园长发现了几个问题：一是规章制度制定得不细，二是岗位职责不够明确，三是检查机制不健全。

针对这一问题，该园采取了以下措施：

第一，进一步细化规章制度，明确各工作岗位职责。采购员要熟悉业务，要基本掌握不同品种的蔬菜毛菜和净菜的比例，比如青笋要去皮、去根、去叶，损耗就多；青椒、黄瓜、番茄等损耗就少。采购员不能不管什么菜都按一个标准折算加量，一定要保证购买的净菜量要够。炊事员验收不仅要验数量还要验质量，看是否净菜率高、需要扔掉的部分少，做菜时要按幼儿的人数定量制作。买的不够，采购员要负责，做的不够或多了则是炊事员的责任。

第二，加强检查。主管园长、保健医生、伙食管理员要定时检查，随时抽查，并做好记录。

六、园长要带头执行规章制度

规章制度的执行，离不开榜样的示范，最好的榜样，就是园长本人。所以，孔子说："其身正，不令而行；其身不正，虽令不从。"（《论语·子路》）又说："政者，正也。子帅以正，孰敢不正？"（《论语·颜渊》）这就启示园长们，喊破嗓子，不如做个样子。园长带头执行，教职工们就没有了任何违规违纪的理由。

某幼儿园规定所有教职工：不迟到、不早退，有事要先请假。这样一条看起来挺不起眼的规定，要做到确实不容易。

有一次，该园园长由于心脏病复发，早晨起不了床，但是考虑到园内的制度，就不顾身虚体弱，强撑着到幼儿园上班。由于身体不好，她走得很慢，到园时已经迟到了。该园每周一下午都要进行政治学习，布置本周工作，在开会前，园长首先向全体教师声明，今天早上自己因病迟到了，本月扣除全勤奖30元。教师听后，都有点儿吃惊。会后，有几位老教师对园长说："园长，你迟到了，又没有人知道，何必在会上说明，扣掉30元全勤奖呢？"园长说，虽然没有老师知道，但是，自己作为制定规章制度的人不能自欺欺人。如果自己都不遵守规章制度，以后教师再犯又如何执行呢？教师听后，表示非常佩服。

不久，有一位年轻的教师尽管因为来例假，肚子痛得不得了，但还是坚持去上班。她的妈妈劝她不要上班了，她说："不行，园长心脏病复发，还坚持上班，我怎么能不去呢？"

可见，园长的一言一行都会潜移默化地影响到教师。

第10章 做好激励工作
——九万里风鹏正举

1985年日本筑波国际科技博览会上，展示了一颗西红柿树，几个月里这颗西红柿树竟结了13312个果实，比平常的西红柿多结了200多倍果实。这棵西红柿树的种子只是一颗普通的种子，只是它没有沿用传统的土培法，而是利用水培法，把植物中至今难以想象的巨大潜能引发出来。

由此可以联想到，人的潜能也是非常巨大的。挖掘人的潜能的方法非常多，但是一个基本的前提是激励。没有激励，人的潜能只能处在沉睡状态，得到充分激励之后，人的潜能才能得到释放。

正是基于这种理解，现代管理特别强调从以物为中心的管理向以人为中心的管理转变，重视员工内驱力的激发，使员工不再被动地作为管理的对象，而成为主人。为此，美国著名心理学家赫茨伯格专门提出"激励——保健因素"理论，证明激励的重要性。赫茨伯格认为，影响人的劳动动机的因素有两类，一类叫保健因素，如工作环境、工资、领导水平、人际关系等因素，处理好了，员工满意，积极性可以维持在原有的水平上。这一类因素之所以叫保健因素，因为它们只能消除人的不满，使人安于工作，但不能激发人的积极性，所以称之为保健因素。还有一类叫激励因素，诸如工作具有挑战性、富有成就感，在工作中能得到发展等。这一类因素能进一步激发人的积极性，他把这些因素称之为激励因素。显然，在领导工作中，首先要解决保健因素，给大家创造满意的工作条件和环境，但是更需要利用激励因素调动大家的积极性。

"激励——保健因素"理论启示园长应树立以人为本的管理理念，与教师之间建立开放与互动、合作与分享、关心与支持的人际关系，使他们感受到领导者的理解、支持与信任，为他们创造充分施展潜能的外部条件，从而使教师自觉地将幼儿园的工作目标和他们的个人目标结合起来，将幼儿园变成实现其个人理想的舞台，把给教师提供发展条件和机会作为幼儿园管理的动力系统，使每个人都能找到自己的位置，发挥自己的潜能。

因此，优秀的园长都特别善于激励人。

有一位园长经常用三首歌的歌词激励教师，一首是《国际歌》中的歌词——"从来就没有什么救世主，也不靠神仙皇帝"；第二首是《国歌》中的歌词——"前进、前进、前进"；第三首是《好汉歌》的歌词——"该出手时就出手"。教师们唱着这三首歌时，确实感到很受鼓舞。

激励的方法有很多，在幼儿园里，园长至少要用好以下一些激励方法。

一、目标激励

幼儿园可以看作一个目标系统，包括总目标、部门目标和个人目标。目标本身就具有巨大的激励作用，合适的目标能够诱发人的动机，规定行为的方向。因此，一所幼儿园若制定了切实可行的奋斗目标并通过全体教师的共同努力真正地实现了目标，那么这种目标就会产生强烈的激励效应。

从目标激励出发，幼儿园应该制定包括思想、心理、能力等几个维度的教师发展目标系统。园长应该利用多种机会与广大教职员工一起分析创建一流幼儿园对于巩固幼儿园竞争优势的现实利益，引导大家把改善办园条件、提高保教质量、扩大招生数量与增加员工经济收入的切身利益联系起来考虑，以激发员工的紧迫感和工作热情。比如某幼儿园制定了"一三六目标系统"，一是指一颗爱幼儿的心；三是指树立三种观念，即"教育观、儿童观、质量观"；六是指形成六种能力，即制定目标的能力，选择内容及制作教具的能力，观察能力，随机教育的能力，家长工作的能力，科研能力。通过目标把幼儿园的办学价值观具体化到目标实现的相关行为上，对每一位成员定责授权，使群体行为向着预期目标步步前进。

 **案例1**

某园曾经出现教职工工作消极现象，教职员工思想不进步、工作不主动，布置下去的任务拖拖拉拉，或者是敷衍了事。针对这种现象，该园实施了教师工作目标责任制，每位教师都需签订一份工作目标责任状，每个月每人拿出15%的工资作为浮动，进行积分考评，从考勤、保育、教学、常规、师德等方面，对教师制定全面的工作目标责任制。这种做法大大提高了教师的积极性，大家工作起来有干劲，各项工作也都取得了很好的成效。

 案例2

浙江省杭州市高银巷幼儿园早在20世纪90年代，就针对自己的薄弱环节，提出了每位教师在业务上要过"五关"。一是备课关，要求教学目标明确、重点突出、条理清晰，内容有创新，字迹清楚。二是常规关，要求所教班级的幼儿有良好的教学和生活常规，做到活而不乱。三是语言关，教师不仅要坚持讲普通话，而且还要语言生动、表达准确、富有感情。四是教态关，教师做到教态亲切、自然大方、和蔼可亲。五是特色关，教师要发挥自己的特长，在某一教育领域中形成自己的特色。

二、竞争激励

竞争激励不同于一般的启发教育，它具有让广大教职工的事业心即时升温的作用。通过竞争，激发教职工的上进心和团结协作精神。从竞争激励思想出发，幼儿园应当引进动力机制，不断完善内部竞争机制，认真制定并积极实施教师聘用管理办法，建立平者让、庸者下、能者上的机制。

有一位园长在干部招聘会议上，激励全体教职工："是千里马，自己跳出来"、"竞争才是伯乐"。结果一些教职工纷纷毛遂自荐，主动申请干部岗位，然后园里组织候选者参加能力竞赛，并演讲答辩。两个月后，所有的干部岗位都通过竞聘找到了最佳人选。事实证明，通过竞聘上岗的这些干部，都非常热爱本职岗位并表现出出色的管理能力。

可见，引进竞争机制可使幼儿园的工作朝气蓬勃，富有活力。

几年前，某园的教学气氛相当沉闷。针对这种现象，园里大力开展评教活动。活动中，部分资历老的教师通过和年轻教师一起上课、评课发现，自己还不如年轻教师教得好。这使得一些老教师感到自己的教学方法落后，必须迎头赶上；一些年轻教师也找到了自己工作的立足点；而另一部分安于现状的教师也纷纷行动起来，提高自己的教学质量。幼儿园的教学气氛因此变得活跃了。在此基础上，园里还开展了多种形式的竞赛活动，如制作玩教具、布置环境等，同时鼓励教师参加市区举办的各种竞赛活动。这极大地调动了全体教师的积极性，幼儿园各项工作开始有了起色。但参与竞争的人起点相差悬殊，弱者往往会失去积极性。因此，园里在鼓励竞争的同时，还特别强调互相协作、团结共进。比如在环境布置竞赛活动中，幼儿园要求以班级为单位进行竞赛，这样教师间互相帮助、取长补短，不仅在竞赛活动中提高了业务素质，而且团结协作的风气也逐渐形成。

三、尊重激励

尊重需要一旦得到满足，人就会产生一种自豪感和内在的动力，反之则会产生自卑感和保护性的反抗意识，这种情况对于教师来说，尤为明显。

某园长把每个教职工的生日列成一个表，等他们过生日时，就代表其他教职工和领导班子亲自为他送上一份祝福和一个生日蛋糕，使他们真切地感受到幼儿园所给予的温暖，从而激发教师工作的积极性。

可见，园长在工作中应以教职工为本，多点人情味，多些爱的表达。只有尊重教职工，认真研究教职工的心理特点，做好经常性的思想工作，才能充分调动教职工的积极性，确保幼儿园双重任务的完成。教职工在得到管理者充分尊重的前提下，往往能认识到自身的不足，从而自觉加以改正。

（一）对偶然有过错的教师要适当留面子

对于一贯自我要求严格的教师偶尔犯下的错误，园长没有必要大张旗鼓地批评他。俗话说："水至清则无鱼，人至察则无徒。"园长眼里要揉得下沙子。

有一个园长因为幼儿园职工迟到现象比较多，专门在例会上强调纪律，不准迟到。结果，强调完的第二天早上，他就看到一位教师满头大汗地从外面跑进来。园长一看表，迟到了5分钟，刚想批评她，又想到这位教师过去一贯表现非常好，深受家长和同事好评，从来没有迟到过，而且现在还满头大汗，一定有什么其他原因。怎么办呢？园长思忖片刻，就站在教师上班必经的路上，用眼神暗示教师赶紧进班，然后园长再也没有说一句话。

园长为什么要站在教师必经的路上呢？是让这位教师知道自己看到她迟到了，迟到是不对的！尤其刚强调过纪律就迟到！为什么园长用一个眼神暗示她赶紧进班，就再也没说一句话呢？这是告诉教师："因为你是好老师，所以我相信你不是故意迟到的。"相信这位教师以后应该不会再迟到。

（二）在日常小事上不要让教师丢面子

《左传》里讲了这样一个故事：

郑国大夫子公一日上朝，食指上的肉跳动起来，子公举着这个手指头对另一大臣说："过去我这指头一跳，就吃到美味，你看它又在跳吧？今天在朝堂上我们一定能有美味吃。"果然，上朝时发现郑灵公命厨师煮了一大鼎乌龟汤犒劳大臣,二人相视大笑起来。郑灵公看两人笑得蹊跷,就询问原因。问明原因后,为了让子公难堪,郑灵公把乌龟汤分给大臣一人一份,就是不给子公,让他的食指跳了白跳!结果子公气急眼了,做出了过激的举动,染指于鼎,尝了尝。这可把郑灵公气坏了,下令杀掉子公,经大臣劝说才罢手。子公心里非常不满,起了杀机。这年夏天,子公趁郑灵公秋祭斋宿之际,派勇士潜入斋宫,将装满沙土的皮口袋压在郑灵公身上,使他窒息而死。灵公死后,其弟襄公继位。灵公的死因渐渐暴露,襄公下令尽杀子公一族。

在这个历史故事中,子公行为固然过激,但郑灵公也有不可推卸的责任。而有些园长就像郑灵公一样,总以为自己是园长,就可以践踏教职工的尊严,锱铢必较,不尊重教职工,让教职工感到没面子。

2012年冬天的一天早晨,韩老师来到园里,在园长没有一点思想准备的情况下说:"园长,我明天上北京去,你重新找一位教师吧。"园长一听,顿时火冒三丈,怒气冲冲地说:"你走不成!幼儿园规定要走提前半个月请示,你怎么说走就走,你把幼儿园当什么了?"韩老师一看园长的态度,和园长吵了起来,然后愤然离去。

后来,该园长在园长培训中听完"园长的领导艺术"讲座后,对这件事做了深刻的反思:认为自己当时的做法不是一位幼儿园园长应有的风范。作为园长,对待下属,首先要信任,应认真倾听韩老师急于去北京的真正原因,要关心下属,对其有一颗包容心。后来该园长了解到韩老师急于去北京,因为她丈夫在那里生病了。该园长决心以后对待下属,要给予信任和关心,要认真倾听他们讲话,包容他们的小失误。

四、赏识激励

赏识激励就是通过肯定员工的成绩,对他们的行为和能力表示赏识,以调动他们工作的积极性。赏识之所以重要，在于能让教职工树立自信，能够强化正确的行为，给教职工植入正确的价值观，巧妙地实现价值观的管控。作为幼儿园园长，不管幼儿园规模大与小，教职工人数多与少，首先都要让职工尽快树立起职业自信心，深刻认识到自己工作的重要性，并能够明确近期的发展目标。

因此，教师在工作中做出成绩，园长就应该给予认可和表扬。有些园长从不表扬下属，大概是怕教师翘尾巴，但是由此给教师造成的压抑感会给幼儿园的工作造成更大的损失。让我们来看看刘备怎么赏识赵云的。

刘备与曹操争夺汉中。黄忠于定军山斩夏侯渊，曹操亲领大军至汉中。一次，曹军运米至北山下，黄忠领兵去夺，过时未还。赵云领少数骑兵接应，中途突然和大队曹军遭遇。赵云毫无惧色，突击其阵，将敌军打散。赵云且战且退，曹军又汇合起来，追至赵云营寨。赵云入营之后采用"空营计"，大开营门，偃旗息鼓。曹军怀疑有埋伏，不敢进攻，急忙退走。这时赵云令军士齐击战鼓，鼓声震天，并用劲弩在后面射击曹军。曹军惊骇，自相践踏，大败而走。第二天，刘备来到赵云营寨，察看昨天作战的地方，不禁称赞说："子龙一身都是胆啊！"

刘备还因赵云拒绝美色诱惑，称赞赵云："子龙真丈夫也！"

刘备手下为什么会有那么多忠心的大将？一个重要原因是，他特别会赏识将领！赏识在管理上的一个重要功能，就是"潜意识植入"。试想，刘备说"子龙一身都是胆"、"子龙真丈夫也"，是不是给赵云心灵深处植入了"英雄"和"大丈夫"的潜意识？以后赵云只会越发骁勇善战，越发严以自律！因为他深深地接受了自己所崇敬的主公对自己的这两句中肯的评价。

所以，赏识是最好的激励。只有让教师知道自己有多么负责，他们才会越来越负责；只有让教师知道自己有多么勤奋，他们才会越来越勤奋；只有让教师知道自己多有创新能力，他们才会在工作中越来越大胆创新。因为，园长已经在他们的大脑中成功地植入了"负责"、"勤奋"、"有创新能力"的潜意识！

五、公平激励

公平也是非常好的激励手段。园长的一个重要责任就是营造公平文化，让教职工感到在园里有付出就有收获，有成就就会受到尊敬。要做到公平，园长首先要加强自身的品格修养，宽容敦厚、公道正派，不以个人好恶划分亲疏、评价教职工的工作。园长凡事从公平原则出发，就可以对所有教职工起到激励作用。

某园有位教师，爱发牢骚，爱背后对园长说三道四，但她心灵手巧，工作中点子多，所以在各班人员调整中，园长还是分配她当了教研组组长。这位教师很感动，她认识到，领导并不是以个人好恶评价人，以后在工作中更有创造性了。在培养小班幼儿生活自理能力的保教活动中，她设计制作了"按扣带"和"鞋垫带"这样的教具，能够很好地锻炼幼儿系扣子和穿鞋子的能力，深受家长好评。

可见，园长分配工作，首先要考虑的是某人能干什么，而非某人能否和自己合得来。

某企业幼儿园接到上级关于职工晋级的通知后，决定教职工全年出勤率必须达到一定标准方可晋级，违反计划生育及受过行政处分、旷工者不予晋级。指标分配占总人数的80%，幼儿园职工人数13人，全园指标为11个，除一人违背计划生育政策不能晋级外，还有一人不能晋级。让谁不晋级呢？园长感觉很为难，最后决定采取不记名投票的方法进行选举，结果某位教师不能晋级。该教师平时工作认真、踏实、业务能力强、有创新精神，只是平时不善于与人交际，总给人一种高高在上谁也不如她的感觉。该教师认为自己没能晋级，是领导对她有偏见，不公平，于是就无故不上班，让别人捎信准备休病假一个月。园长得知后，很是气愤，马上召开园务会，决定停止该教师的工作，并责令该教师写出书面检查。

显然，这位园长的做法非常不妥。按照上级要求，晋级指标未能覆盖全体员工的情况下，应该按照贡献大小来衡量每一位教师的工作，不能采取不记名投票的方法。须知，成绩是干出来的，不是评出来的！正确的做法是：幼儿园应加强对教职工平时工作的考核，比如根据每月考核结果决定谁能晋级、谁不能晋级，这样才能调动人的积极性，才能发挥每一位教师的一技之长。这位教师因园里做法不公未能晋级，有思想情绪，无故不上班，园长不能简单地停止她的工作。园长应首先纠正错误，如果不便在今年改动，也要做补偿性安排，并找教师谈心，晓之以理、动之以情，劝其上班。

六、参与激励

让教职工参与园里重大问题的讨论和评议，比如讨论全园每年的目标方针、考核方式、奖惩方案、晋级调资方案、制度完善方案、教育活动方案等，本身就是一种激励手段，可以极大地增强他们的"主人翁感"，提高合作程度。

"主人翁感"包含荣誉感和责任感，教职工有了这种情感，就会全力以赴地完成任务，把幼儿园发展与自身工作紧密地联系在一起。他们在工作中或许会设身处地地想："假如我是园长，会怎样看待这项工作，对这件事怎么处理，对这个问题会怎么看待。"因此，幼儿园的现状评价、办园努力方向、活动后的总结等，均可先从教师中产生。事实上，一旦让教职工参与管理，教师们就不会仅仅站在"被领导"的位置上考虑问题，他们会设身处地地把自己当成幼儿园规划的领头人，提出一些也许园领导都未曾想到的好建议、好计划、好想法。反之，园长如果不能使教职工树立主人翁意识，就不能够很好地正确引导和调动教职工的积极性，只能使他们被动地去完成工作任务。教师因此就会有为领导打工的想法，就不会把个人利益与幼儿园发展真正联系起来。

糟糕的管理给人这样的印象：管理只是园长个人的事情，即使开会讨论某项决议或通过某种规章制度，也是将事先由领导拟好的意见读一遍了事，走一遍过场。可是事实上，教职工不仅是园长管理的对象，也是管理的主体，教职工参加幼儿园管理是他们的权利，剥夺这种权利会从根本上打击他们的积极性，让他们即使有很好的建议也无法表达，导致教职工厌倦开会讨论问题。

因此，园长应给予教职工参与管理的权利和机会，让他们切实参加一些管理措施的审议，监督制度的执行，对现行工作提出批评和建议，充分发扬民主，做到"知无不言，言无不尽"。园长应广泛听取意见，以求集思广益。

当然，由于每个人的价值观念和思考问题的方式、方法不同，难免会产生意见上的分歧。为了保证效率，园长要实行必要的集中；但是对持不同意见的教职工切不可冷落孤立，更不能指使一些人群起而攻之；应耐心解释说服、求同存异。

七、感情激励

人是有感情的动物，因此，动之以情同样会起到激励作用，这叫感情激励。《三国演义》中的雄主都特别善于采用感情激励的手段。

刘备怎样牢牢套住关羽、张飞这样的优秀人才的？用兄弟情！三人通过桃园结义，结下誓同生死的情谊，成为《三国演义》中最为动人的篇章，对中国社会产生了很大的影响。长坂大败，赵云出生入死从曹操大军中救出阿斗，刘备接过阿斗掷在地上说："为汝这孺子，几损我一员大将！"刘备的言行感动得赵云当时就跪倒在地上说："云虽肝脑涂地不能报也！"

周泰冒死救护孙权，事后孙权给予殊荣，对周泰说："卿乃孤之功臣，孤当与卿共荣辱，同休戚也。"

曹操征张绣时，靠典韦以死相救才得以脱险。次年，行军经过典韦牺牲的地方，曹操放声大哭，下令屯驻军马，大设祭筵祭奠典韦亡魂，曹操亲自拈香哭拜。祭罢典韦，方祭死于是役的侄子、儿子和阵亡将士，三军无不感叹。

显然，感情激励属于精神激励的范畴，它对于人所起的作用往往是物质的尺度所无法衡量、比拟的。感情激励和物质激励同时进行，能使物质激励的功效得到最大的发挥。因此，园领导必须十分注重倾听教职工的意见，了解教职工的疾苦，并千方百计尽己所能帮助教职工排忧解难，对于教职工日常工作和生活中遇到的情绪问题等，想方设法进行疏导。

八、支持激励

在《三国演义》中，孙权特别善于在危难之际采用支持激励发挥年轻将领的作用。

赤壁之战，曹操亲自率83万大军南征。面对敌我力量过分悬殊的形势，东吴多数人特别是文官主张投降，搞得孙权犹疑不定。后来，鲁子敬力排众议，又经诸葛亮的反激和周瑜的科学分析，孙权终于坚定了抗战的决心。当时，孙权把随身宝剑赐予周瑜，拜其大都督，并向周瑜表示："卿可与子敬、程普即日选军前进。孤当续发人马，多载资粮，为卿后应。卿前军倘不如意，使还就孤。孤当亲与操贼决战，更无他疑。"他这样说了，也这样做了。在孙权的支持激励下，周瑜终于取得了赤壁大战的胜利。后来刘备起倾国之兵伐吴、连连大捷，孙权又在危机之中任命陆逊为都督抵抗刘备，当陆逊提出自己年轻、资历不够，部下众人都是故旧大臣，不好指挥时，孙权又一次把取所佩之剑授予他，说不听号令的可以先斩后奏！还连夜筑坛、大会百官，请陆逊登坛，拜为大都督、右护军镇西将军，赐以宝剑印绶，令其掌全国兵马，并表示："阃以内，孤主之；阃以外，将军制之。"后来陆逊果然大败蜀军，取得猇亭大捷，使吴国转危为安。

可见支持能起到巨大的激励作用。

作为幼儿园园长，要善于通过支持激励调动教职工工作、学习的积极性。

某园缺乏双语教学师资，幼儿园一名中层干部为了搞好英语教研，自买复读机学习英语。园长知晓后创造条件让她外出学习，既满足了她专业成长的需要，又解决了双语教学的实验班师资的问题。

九、领导行为激励

园长要想成为受全体职工爱戴和钦佩的领导，必须从自身建设抓起，提高各方面的素质，否则对教职工提要求、实施管理就失去了应有的权威性。教育家说："一个受崇拜的榜样胜过教科书。"事实证明，园长的事业心、责任感、政策水平和思想作风，对于带动一支有良好素质的教职工队伍、形成良好的园风园貌，有着直接的影响。

发不了加班费怎么办

每年的"六一"儿童节都是幼儿园最繁忙的时候。"六一"前夕，教师们需要做的事情很多，诸如清洗地毯、布置场景、悬挂条幅等，并且这些工作必须在幼儿离园后才能做。可是，目前幼儿园经费紧张，给大家发加班费是不可能的。所以，园长和保教主任商量之后决定：下班之后的加班，园领导必须无条件参加，各班班主任带头，其余教师及职工自愿，不勉强，并事先通知是无偿奉献，也没有其他优惠措施。

下班后，园领导带头上阵，并把人员分工好，很高效地完成了工作。其中，很多教师及职工都是自愿留下的，无怨无悔。有个别老师因为家中有事，很不好意思请假，园长说："没关系，这是义务劳动，不用请假。"

根据规定：职工在非工作时间工作，应该发放相应的报酬，强行要求职工加班又不给经济报酬，是违法的。

怎么办呢？案例中的园长采取领导行为激励的方法，带动大家自觉自愿地加班。

面对突发性冲突

"节日"前夕，某园布置了较大规模的打扫卫生活动。事后，保教主任带领相关人员进行检查验收。当检查到某保育员分担的卫生责任区时，发现她没有认真清理打扫，有明显的卫生死角不说，门窗玻璃上还有不少浮尘、污垢。检查组批评了这个保育员，要求她重新清扫整理，两个小时后再来验收。这原本是很正常的事情，谁知竟像捅了"马蜂窝"似的，这个保育员气得又吵又叫，说检查组"鸡蛋里挑骨头"、"没事找事"。在说了一连串不负责任的话后，还让人摸不着头脑地说了句"人倒了霉喝凉水也塞牙"。园长闻讯赶来，这个保育员还在说个不停。见状，园长一句批评的话也没说，而是搬了张椅子坐下来耐心听她诉说。待其心情稍微平静后，园长又拿起抹布，登上窗台替她擦起玻璃来。

开始这个保育员还冷眼看着，后来沉不住气了，也拿起抹布擦起来。园长一边擦，一边同她交谈，对她今天的表现进行评判分析，终于使她不好意思地低下了头，并真诚地说："园长，你忙你的去吧，我能把卫生搞好。"事后园长想：这个保育员平时并不这样呀，今天怎么这么冲动呢？带着这个问题她在当天就进行了家访，原来这个保育员的家近日被盗，心情一直烦闷。园长了解情况后，及时给予安抚，这个保育员也很快调整了心态，主动向负责卫生检查的主任道了歉。

工作中，领导与下属、同事与同事间难免发生一些矛盾，特别是一些意想不到的矛盾；容易使人情绪冲动，引发一些难以预料的冲突。处理好这些突发事件需要有高超的领导艺术和深厚的思想修养，上面这个园长的做法给我们很多启发：

（1）事情发生后，当对方处于冲动、亢奋之中的时候，园长采取的是冷处理的办法，没有当头"棒喝"，而是从容地搬张凳子坐下来，听其发泄。这样做有三个明显的好处，一是遇事先听对方诉说，分辨有没有合理的地方，体现了民主作风。二是通过静听掌握对方的思想动态，能更好地处理突发矛盾。三是耐心听其宣泄，有利于缓解对方愤懑的情绪。

（2）当对方已是"三而竭"的时候，园长登上窗台擦起玻璃来，不是用批评而是用"无声胜有声"的行动使她化激愤为愧疚，认真进行了返工，达到了验收的标准。

（3）事情看来已经圆满结束了，但园长凭着女性特有的细腻性格，觉得这个保育员的表现有点反常，于是当晚就进行了家访，让这个保育员很受感动，并能检讨错误。

　　幼儿园人多、事杂，有些幼儿园还存在个别脾气暴躁、自我中心主义严重、无理争三分、得理不饶人的"难缠户"。对于这种人的批评教育，园长要注意方式方法，讲究领导艺术，避免正面冲突，防止矛盾激化。在使用权力性影响的同时，需要运用非权力性影响。"人非草木，孰能无情"，在诚心、爱心面前，铁石心肠的人也会动容。该园长处理突发冲突时，运用避其锋芒、行为感召、赋予爱心的三部曲，很值得学习。

　　显然，领导行为激励就是行为感召。这需要园长有过硬的功夫。从大方面讲，园长应该具有高尚的品德和崇高的精神境界；从小方面讲，必须以身作则，作风正派，谈吐文雅，热爱幼教，只有这样才能成为教师之表率，才能使自己的言行、思想具有示范性。另外，园长的业务水平、幼教观念会直接影响本园的发展方向，关系到幼儿园整体目标的实现，所以园长必须加强业务学习、提高理论水平，不断更新自己的知识。须知，园长自身素质的提高是站在职工面前讲话的"资本"，也是协调管理下属工作的前提。

十、奖惩激励

　　在管理工作中，对人的某种行为进行肯定和奖励，使这个行为得到巩固和加强，叫正强化；而对于某种行为给予否定甚至惩罚，使之减弱和消退，叫负强化。通过正强化和负强化可以对人的行为进行定向和控制，最终引导到预期的最佳状态。由于正强化、负强化是通过奖惩来实现的，因此奖惩也是一种重要的激励方式。

　　显然，奖惩激励是指通过抓住正反两方面的典型，使正面的典型受到表扬、奖励，反面的典型受到批评教育，做到赏罚分明，带动中间部分，达到全面教育的效果。奖惩激励的一个显著特点是具有较强的刺激性，能引起管理对象的重视。奖惩激励的目的是树立正气，促使良好园风的形成。

当前大多数幼儿园，只注重好榜样的树立，当然这是必不可少的。可是园长们往往忽视对反面典型的管理，或者虽注意到了这一点，但迫于部分人员的威慑力而不敢采取措施，或者为照顾面子而熟视无睹。这样做的危害不仅仅在于使这部分人不思悔改，还会削弱其他教职工的积极性。

显然，在奖惩激励中，应以奖励为主，把物质奖励和精神奖励结合起来。比如对爱岗敬业、工作先进、表现优秀的教职员工进行表扬鼓励，并给予适当的物质鼓励；经常开展多种有益的技能技巧竞赛和课堂教学及保育工作评比活动，对获胜者给予及时的奖励；对参加省、市、区等业务竞赛取得优秀成绩的教师，则予以重奖。

某园对在市区组织的竞赛活动中获奖的教师，不仅让他们上园光荣册、黑板报通报表扬，还把他们的成绩记入个人业务档案，同时按奖级不同给予一定的物质奖励。该园领导认识到大多数教师的自尊心和上进心都很强，他们更希望园领导和同事能公正地评价自己的工作能力和工作成绩，渴望得到关心和理解。为此，该园在奖励中特别注重精神激励。比如，在黑板报上建立好人好事报道栏，由值班教师编写稿件，每周报道一次，及时赞扬教师工作中迸发的闪光点，树立正气，增强每位教师做好本职工作的信心和勇气。同时，每周例会都以表扬鼓励为主，不管哪位教师，只要做出成绩或有了进步都给予及时的表扬和恰如其分的评价，让他们处于最佳的精神状态。

当然，在奖惩激励中，惩罚也是一种补充性手段。在采取惩罚性措施时，园长应坚持原则，不做"和事佬"，并且做到惩之有理、严之有情，使被罚的教师心服口服，知过而改。

第11章 把握思想教育工作的规律
——围师必阙

思想教育工作，在幼儿园里主要是指运用说服教育的方式帮助教职工提高思想认识水平，启迪教师的觉悟，增强其工作自觉性，改正其缺点和错误行为的工作。

一、为什么要做思想教育工作

园长要做思想教育工作，是因为幼儿园工作的复杂性决定了管理光靠制度和规范的建立是远远不够的，教职工的有些问题属于思想方法问题，因此，必须从思想教育中寻找答案。具体来说，幼儿园要做思想教育工作，有三个重要原因。

（一）幼儿园管理本质上是一种教育活动，管理过程也是育人的过程

幼儿教师是教育者，教育者要做好教育工作必须有更高的思想境界，因此必须先接受科学的教育。幼儿园有必要开展各种学习活动，如政治学习、业务学习、参观访问、理论讲座、政策宣传等，使教职工的思想觉悟和道德水平获得不同程度的提高，增强他们的责任感与事业心。

事实证明，教职工总有先进与后进之分，后进教师即使只占少数，但他们给幼儿园形象造成的破坏性影响、给幼儿稚嫩心灵造成的伤害不可低估。木桶理

论告诉我们：一个木桶的容水量不是取决于围成木桶的最高板子或板子的平均高度，而是取决于最短的板子。同样，幼儿园整体工作水平也不是取决于少数优秀教师的水平或教师的平均水平，而是取决于后进人员能不能向先进看齐。如果园长能够启发这类教师的觉悟，挖掘他们的潜力，帮助后进教职工改正不规范言行，使他们不拖后腿、不连累别人，进而调动其工作的积极性，那么幼儿园的整体保教水平就会大为提高。

所以，园长做教师工作，不能只盯着几个明星教师。有的园长喜欢用能力强的教师，以几个骨干教师为中心，忽视了大多数人的思想教育工作。结果发现，骨干教师往往会成为众矢之的，干或者不干工作都得不到其他教师的认同。

因此，园长应该明确，思想教育工作首先是面向后进人员，通过做好他们的思想教育工作，减少教职工间的摩擦，增进彼此间的团结，克服消极因素，建立和谐的教育环境，使每位教师都心情舒畅、精神放松地投入工作。

（二）幼儿教师只有真正知道了工作的意义，才能自觉自愿地把保教工作当成事业

人的觉悟不是天生的，有时候需要学习与教育。有了良好的思想教育工作做基础，教职工们就会由被动变主动，自觉维护集体的利益，积极主动地帮助园长出主意想办法，把个人的命运与集体的命运联系在一起。

某园是厂办幼儿园，1997年，工厂将该园作为第一批剥离对象剥离了出来。当时幼儿园自身条件还很差，同时由于工厂经济效益滑坡，职工收入低，原来的收费属于福利性质；现在幼儿园既要自己负担正常的开支，又要支付大家的工资，靠原有的托费收入维持早已举步维艰，需要提高托费标准。幼儿家长难以接受，一时间幼儿园陷入了困境。

园领导及时把大家召集起来，研讨幼儿园面临的困难以及对策，讨论能不能把困难变成改革发展的机遇。结果在园领导的引导下，大家凭着良好的思想政治素质与坚定的事业心，一致认为，幼儿园面前不是一条绝路，而是一条没有开凿的新路，要靠大家齐心协力走出自己的路来。经过讨论，大家认为首先要办好三件事：一是召开家长会，向家长做工作，求得家长的理解与支持；二是全园教

职工都要以最大力量将幼儿园的各项工作再努力向前提高一步，让家长满意、放心；三是向社会做宣传广告，同时积极参加市教委组织的各项活动提高幼儿园的知名度。教师们利用星期天两三个人为一组，到各居民区贴广告，做口头宣传。

经过一年多的努力，幼儿园终于有了起色，厂内幼儿入园率达到百分之百，幼儿总人数比剥离前增加了近一倍，托费收入不仅维持了正常开支，教职工的工资收入也比剥离前有所提高。该园就是靠思想教育工作，统一了认识，调动了教职工的积极性，走出了自己的道路。

（三）思想教育工作是行政管理工作的有力补充

如果幼儿园只有行政管理，那么就会给大家一种冷漠的感觉。事实上，最好的管理是软、硬结合，即一手硬一手软。

一手硬即严明法纪，用好行政方法和法律方法。行政方法，是指依靠行政组织及其管理者的权力和威信，运用命令、指示和规定等手段，通过幼儿园组织系统对教职工进行管理的方法；法律方法，是指依照国家有关教育的法律、法令、条例等规范性法律文件，对幼儿园工作进行管理的方法。而一手软即力求管理人性化，重在采用思想教育方法。

领导艺术就在于软硬结合，把行政方法、法律方法和思想教育方法相结合。《论语·为政》中孔子说："道之以政，齐之以刑，民免而无耻；道之以德，齐之以礼，有耻且格。"杨伯峻先生解释说："用政法来诱导他们，使用刑罚来整顿他们，人民只是暂时地免于罪过，却没有廉耻之心。如果用道德来引导他们，使用礼教来整顿他们，人们不但有廉耻之心，而且人心归服。"在孔子看来，运用政治手段和法律惩处来治理国家，不可能增强人们的道德自律，也不可能养成人们的耻感意识。惩罚性干预虽可使人心存畏忌，小心规范自己的行为，却难以实现主观上的道德自律。人心的归顺，才是最好的政治。

由此可见，园长领导幼儿园，不能只采用行政管理手段，应更多地使用教育方法。即使需要采用行政管理手段，也要辅之以思想教育的方法。因为，思想教育工作是行政管理工作的有力补充。

王老师，本科学历，业务能力强，组织活动相当有特色，和同事相处融洽，尊重领导，就是对幼儿园工作缺乏热情，对幼儿有时不够耐心。有一次，园长巡视时，正好看到她对一名正在收拾玩具的幼儿大声嚷嚷："你快点儿！要不然，你以后就别玩玩具了！这么慢！"园长制止了王老师的叫喊，帮幼儿收拾好玩具后离开了。

　　事后园长将王老师叫到办公室，批评她对幼儿态度不好，结合她长期以来的工作状态，决定扣发她一个月奖金，并向全园职工通报。王老师面子上过不去，认为园长对她有看法，想压制她，坚决不肯接受处分，并闹得全园人尽皆知。园务会研究决定，让她停职检查，检查通过后先当保育员，什么时候真正认识错误并改变态度才能回到原岗位。王老师很愤怒，和同事交谈时，流露出辞职的意思。而园里许多教师认为，王老师待人接物方式得当，园里一些工作如排练节目、布置教室等，在她的带动下，往往能取得很好的效果，是不可多得的人才，因此都替她说情。园长与园务会处于尴尬境地。

　　从事件的起因来看，该园的管理长期以来就存在一些问题，最明显的就是对幼儿教师思想和职业道德教育重视不够。王老师的冷淡态度是长期以来形成的，但因为一直和同事相处融洽、尊重领导，园里就没有给予充分的重视。园长在批评王老师后，没有进行细致的思想工作，没有与之详细分析问题所在，没有听听王老师的解释，而是单一地采用强硬管理的方法。园长这样做，是将自己完全置于领导者的位置，只是以自己的判断来衡量幼儿教师的工作情况，对教师缺乏关心与信任，易导致园长威信下降，得不到教师的支持。在王老师不服气，并认为园长对自己有看法后，园长只注意这件事对全园工作的影响，而没有从思想上根除她的错误认识。受了处分，王老师难免心有怨气，无心在幼儿园继续工作也在情理之中。其实犯了错误的人更需要理解、劝导，需要有人指明方向，唯此，才能充分认识到自身错误，也才能真正改正错误。因此，批评教师之后，园长应进行细致的思想工作，详细分析问题的所在，动之以情、晓之以理，帮助她根除错误的认识。园长既要让职工服从，又要让职工心情愉快。

　　这件事的影响其实并不局限于王老师和园长之间，还可能影响到全体员工对本园行政工作的看法，进而影响到教职工工作的积极性和幼儿园保教工作的质量。对于王老师这样的散漫作风不管不行，不能让它蔓延开来，但管要有方；不能只靠行政处分、强制手段，不能将幼儿园的行政管理搞成一个制度化的冷漠的东西。

二、思想教育工作要与帮助教师解决具体困难结合起来

思想教育工作要想收到良好的效果，不能空讲道理，幼儿园思想教育工作必须建立在"看得见的真诚"基础上，必须与关心教职工疾苦、解决实际问题结合起来。

有时，园里的政策触及个人利益，容易造成矛盾的激化。在这种情况下，园长的思想教育工作一定要与帮助当事教师解决现实问题结合起来。

某园实行教师聘任制，一个教师因为人际关系比较紧张，造成无岗。为了教育帮助她，园里决定对她进行试聘，园长亲自出面，采取逐级做思想工作的方法，为她创造机会，选择试聘岗位。由于思想工作深入细致，其他教师没有反对意见，她也没有闹情绪，在新岗位上干得很出色，人际关系也改善了许多，许多教师多次为她申请提前转聘。这件事不但教育了她本人，也教育了其他教师。

三、不能过高地估计经济杠杆的作用

有的园长过高地估计了经济杠杆的作用，把经济利益渗入幼儿园工作的方方面面，并通过各种方式强调经济利益，从而给教师制造这样一种印象，即从事幼儿园内的各项工作，首先就是为了钱。把幼儿园内所有工作明码标价，这并没有真正体现社会主义市场经济的精神，而是对教师所从事的崇高劳动的一种贬损。广大教师之所以努力工作，是因为对孩子的爱，对幼教工作的爱，是因为职

业道德的驱动，经济手段只是驱动中的一个方面，并且它的作用是有限的、间接的。说它是有限的，是因为只有当教师对经济利益的额度满意时，才能真正具有动力作用；如果额度不合理，反而会影响教师的工作热情。说它是间接的，那是因为经济利益不是直接产生工作热情的，是否能推动教师的工作，取决于教师对经济利益的态度。因此，园长不能迷信经济手段，使用经济手段必须同思想工作结合。人总是要有点儿精神的，作为塑造幼儿心灵的教师尤其应有健康向上的精神。幼儿园应通过有针对性的、灵活多样的思想工作，使广大教师真正爱孩子、爱自己的工作，增强工作的责任心。思想工作是一项长期的工作，某种思想的确立和转变不是短期内实现的。但是，一旦某种思想确立了，其成效也是长期的。不少优秀教师成长的事迹充分说明了这一点。

因此，园长应高度重视对教师的思想工作，并且应从教师队伍的实际出发，采取切实有效的方式，避免空洞的说教和训斥，同时应该以身作则并充分发挥教师中先进典型的榜样作用，只有这样，经济手段的作用才能得到更好的发挥，幼儿园各项工作的目标才能得到更好地实现。

四、思想教育工作要着力解决师幼关系问题

幼儿园的工作最终是为幼儿的成长服务，而和谐的师幼关系是教育好幼儿的前提。因此，改善师幼关系在幼儿园管理中具有战略意义。所以，幼儿园思想教育工作要着力解决师幼关系问题。

园长怎样通过思想教育工作指导教师营造良好的师幼关系呢？

（一）让教师认识到爱孩子是赢得孩子信赖的前提

要让教职工们认识到师德、师魂从来不是抽象的，而是具体表现在对幼儿的关爱上。幼教工作者，应具备的最基本的素质就是爱，而爱就体现在细微之处，如"蹲下来讲话"、"抱起来交流"、"牵着手教育"等。教师就是用爱为幼儿创造良好的成长环境的人，这种环境肯定由这样一些元素构成，如容忍、鼓励、赞

美、嘉许、接纳、认同、分享、公平、安定、友善、祥和。心理学家曾经说过："在容忍中长大的孩子，将来必能极具耐性；在鼓励中长大的孩子，将来必能充满自信；在赞美中长大的孩子，将来必能心存感恩；在嘉许中长大的孩子，将来必能爱人爱己；在接纳中长大的孩子，将来必能心胸宽广；在认同中长大的孩子，将来必能掌握目标；在分享中长大的孩子，将来必能慷慨大方；在公平中长大的孩子，将来必能维护正义；在安定中长大的孩子，将来必能信任他人；在友善中长大的孩子，将来必能懂得关心；在祥和中长大的孩子，将来必能心境平和。"

教师是幼儿幸福童年的保护者，必须让一些非爱的元素远离幼儿的生活，如指责、恐吓、怜悯、嘲讽、嫉妒、羞辱等。心理学家曾经说过："在指责中长大的孩子，将来容易怨天尤人；在敌意中长大的孩子，将来容易好斗逞勇；在恐惧中长大的孩子，将来容易畏首畏尾；在怜悯中长大的孩子，将来容易自怨自艾；在嘲讽中长大的孩子，将来容易消极退缩；在嫉妒中长大的孩子，将来容易钩心斗角；在羞辱中长大的孩子，将来容易心怀内疚。"

幼儿园通过思想教育工作，要让幼儿教师认识到热爱每一个幼儿是教师的基本素质，不爱孩子的幼儿教师，不管他的口才有多好，不管他的弹琴、绘画、舞蹈技能有多高，他都没有用武之地，因为幼儿教师的工作对象就是心灵稚嫩的孩子，没有爱，教师就会自觉不自觉地流露出冷酷的神色，对此幼儿是非常敏感的，他们的幼小心灵绝不会为这种不爱他们的教师敞开。这样的教师就不可能成为让幼儿信赖的教师，就不可能成为幼教领域的明星。明星能够照亮别人的世界，教师中的明星首先是因为爱孩子而能照亮和温暖孩子心田的人。

教师的"非爱"态度不仅不能打开幼儿的心灵之门，还会使孩子在需要教师照顾时得不到照顾，严重影响他们的身心健康。

有一天上午户外活动时，有个男孩由于贪玩不上厕所而尿湿了裤子，但教师没有发现。午睡时，这个男孩把湿透的裤子捂在被子里。12点钟，下午班的老师接班后不知道孩子尿湿裤子，就让男孩睡在湿透的床上。午睡起床时，老师发现床是湿的，以为孩子睡午觉时尿床，就打电话通知家长。家长拿着衣服急忙赶到幼儿园，经询问才知道孩子上午就尿湿裤子了。家长对老师说："我们的孩子上午尿湿裤子，直到现在你们才通知我们，太不负责任了。"教师不耐烦地说："上午不是我的班，我负什么责任！你找上午班老师去！"家长十分生气地牵着冻得浑身冰凉的孩子回家了，晚上孩子发高烧被送往医院。家长对此意见很大，第二天找到园长，要求赔偿孩子的住院费、医疗费。为此事，园长扣除上、下午班教师一个星期的奖金，并责成教师向家长道歉。下午班教师不服，找园长理论。

幼儿尿湿裤子在幼儿园里是不可避免的，但在出了问题后，教师对问题的处理态度很能反映出她对孩子是否有责任心。孩子把湿透的裤子捂在被子里睡觉肯定会有异常表现，但下午班的老师没有发现孩子的异常，这说明她平时对孩子的观察和了解不够。起床后，教师发现孩子的裤子、被子是湿的，认为是午睡时尿床引起的，更说明这位教师平时与孩子的交流不够。尤其不应该的是，这位教师面对家长的不满采取了生硬的态度。家长有权向教师了解孩子在园的情况，或对幼儿园的工作提出质疑，而教师应给予耐心的解释，并查找自己工作的不足，不能推卸责任。在该案例中，孩子尿湿裤子，首先是上午班的教师观察不细，而下午班的教师没有发现午睡时幼儿的异常，导致问题进一步加重。问题虽然是上午班教师造成的，而下午班教师又成为问题的延续者。如果下午班教师责任心强，就会细致观察每一个孩子，并仔细询问，就不致造成后来的结果。孩子尿湿裤子不敢向老师说明，说明孩子怕老师，原因可能是教师对孩子情感投入少。可见，爱每一个孩子是幼儿教师应具备的最基本素质，一个幼儿教师不具备最基本的素质，怎么能关心、爱护孩子从而教育好孩子呢？

因此，园长必须狠抓幼儿教师热爱孩子的教育。事后，该幼儿园以此事为契机，组织幼儿教师讨论"下午班老师该不该负责任"。在讨论中，园长主动向教师们提出问题："假如这就是我的孩子，假如我就是孩子的妈妈，我该如何对待他？"在讨论和思考中，广大教师得出共识——面对着身心稚嫩、需要得到身心两方面呵护的幼儿，幼儿教师必须学会站在妈妈的角度思考问题。此后，"一切为了孩子，一切从孩子出发"的价值观深入教师心中。

（二）对伤害幼儿的现象，幼儿园必须采取零容忍的对策

教师心里有爱还是无爱可以立竿见影地在孩子的反应中得到证明，而且对孩

子的心灵会产生即时的影响，或是伤害或是滋润。因此，对于伤害幼儿的现象，幼儿园必须采取零容忍的措施，必要时拿起法律的武器捍卫幼儿的权益。

这天，某幼儿园托班孩子牛牛咬了宝宝，宝宝妈妈问谁咬的，当班马老师告诉了她并领她找到牛牛，宝宝妈见到牛牛又打又骂，马老师在一旁看着而无动于衷。

园长了解情况后非常震惊，当即召开园务会做出决定：马老师停职反省。马老师拒不认错，也不看望受惊吓的牛牛，认为园长对她有看法，并在不明真相的教师中散布不满言论，一时间全园上下议论纷纷。

面对僵局，园长主动和马老师开诚布公地交流，帮她澄清错误的认识。同时，园长召集全体教职工开会，向大家如实讲清事情的来龙去脉，发动大家讨论，并征求大家的意见，使大家清楚地认识到这件事的严重性，并以这一事件为契机，广泛开展树立正确的教育观、儿童观的工作，教育大家以爱护和保护幼儿为第一职责。同时，组织大家学习《教师法》《义务教育法》《未成年人保护法》，增强教师的法制观念，坚持依法施教。

显然，在这个案例中，园长的做法是正确的，她坚持原则、严格管理、有章必循、有制必依，不以马老师抗议、闹情绪而妥协。马老师的行为已经严重背离了教师的职业道德底线，必须进行严厉的批评教育。面对这一恶性事件，园长不是就事论事，而是以此为契机，帮助大家树立正确的教育观、儿童观，组织教师学习有关的法律知识，增强法制观念，体现了依法治教的要求。

（三）让教师明确尊重幼儿的人格尊严是处理好师幼关系的前提

幼儿园要让幼儿教师知道人格尊严是宪法赋予公民的一项基本权利。但是，由于幼儿在教育活动中处于弱势地位，其人格尊严往往容易受到侵犯，尤其是对犯了错误的幼儿，教师更应给予特别的关怀，使他们健康地成长，绝不能采取简单粗暴的方法，不能侮辱歧视他们，更不能虐待他们（体罚和变相体罚幼儿）。但是，如果幼儿园对教师的思想教育工作不到位，这样的现象就会时有发生。兹列举几例：

某园大班一名幼儿午睡时不睡觉和其他小朋友说话，以致全班幼儿都不能正常入睡。班里老师非常生气，惩罚他在厕所里做抱头下蹲的姿势，并让其他小朋友看着他，说："小朋友看到他的下蹲姿势，好玩吧？谁如果再不睡觉，就跟他一样的下场！"

某园教师因幼儿不听讲，罚其光脚在厕所站立数小时，致使幼儿着凉，回家后几天高烧不退。

有一名实习生到某园实习，班级教师给她安排了一个节目排练任务。在排练节目时，有一个幼儿在走舞蹈队形时走错了，实习生先是大声呵斥，然后又用力拉小朋友到正确的位置上，但因用力过猛，致使幼儿摔在地上，造成胳膊骨折。

此"曲"不应园中有！类似事件发生以后，幼儿园应严肃处理，同时要对教师进行及时的思想教育工作。

在思想教育工作中，园长要把个别教育和一般号召结合起来。所谓一般号召，即以事件为契机组织全体教职工开展主题为"假如我是孩子的妈妈"、"用什么眼睛看孩子"的爱岗敬业大讨论；通过大讨论，帮助教师提高认识，增强对孩子的爱心和责任感。

五、通过思想教育工作维护教师的心理健康

幼儿园里往往会有个别教师和个别保育员，心胸狭窄、斤斤计较、过于敏感、易于激动，经常在同事之间制造矛盾，和家长也经常发生不愉快的事情。一个心胸狭窄、脾气暴躁的教师也会严重影响幼儿的心理健康。因此幼儿园有必要在维护教师心理健康方面做些工作。

（一）建立和谐融洽的工作氛围

工作中的人际关系是影响教师心理健康的重要因素。教师常为与领导、同事、幼儿家长的关系紧张而烦恼。所以，园领导应做到平等待人、平易近人，不打官腔，少拿架子，并经常通过工作会议、情况通报会、谈心、联谊会等方式沟通感情，增进相互理解，建立起与教师和谐的工作关系。同时，教育教师认识自己的长处与不足，学会尊重他人，掌握正确的为人处世的原则，懂得"尊人者，人尊之"和"隐人之恶，扬人之善"的道理，只有这样才能与他人建立真诚的友谊，形成融洽的人际关系。

（二）培养教师耐受挫折的能力

教师在工作和生活中常有不如意的事，比如在竞赛中没有拿到好成绩，社会对学前教育不重视、不理解，职称问题迟迟得不到解决，生活艰苦，子女待业……导致挫折的因素是非常多的，而且也是难以避免的。面对各种挫折，如果教师心理承受能力差，就会产生心理疾病。所以，有效的办法就是提高教师承受挫折的能力。为此，园领导要帮助教师提高认识水平，正确认识社会和自己；帮助教师面对现实，总结经验教训，树立信心；教育教师对待外部刺激要冷静分析，正确对待，学会反思。特级教师魏书生说得好："埋怨环境不好，常常是我们自己不好；埋怨别人太狭隘，常常是我们自己不豁达；埋怨天气太恶劣，常常是我们的抵抗力太弱；埋怨学生太难教育，常常是我们的方法太少。"园长要教育教师学会凡事首先从自己身上找原因，而不是随便委过于人。

（三）帮助教师确立正确的奋斗目标

不正确的目标追求也会影响正常的心理状态。过高的目标、理想，会使人振奋，但也使人紧张不安，实现不了又导致挫折感倍生；过低的目标虽然使教师轻松愉快，但不容易获得成就感。所以，园领导要帮助教师确立自己的目标、发展方向，特别是确立长期的目标，把教师的精力引导到工作学习上来，保持心理健康。一般来说，新手教师的目标应该包括端正幼教思想，熟悉教材，了解幼儿身心发展规律和特点，热爱幼教工作，掌握保育、教育的基本技能技巧；骨干教师的目标应该包括能够根据幼儿身心发展特点设计保教方法，出色地完成保教任务，能做好家长工作，为幼儿园发展做出贡献；老教师的目标应该包括进一步巩固专业精神，克服职业倦怠，给青年教师以有效指导，总结经验推陈出新，带动同行进步。

（四）关心教师的生活

教师的生活水平、生活质量也会影响其心理健康水平。恋爱失败、家庭关系紧张、基本生活设施缺乏等都会导致教师心理不平衡，进而影响工作效率。对此，园领导不能视而不见，不管不问；而应该做有心人，多了解教师的疾苦，尽自己所能，向他们伸出援助之手，帮助他们改善生活水平。

影响教师心理健康的原因很多，但只要多关心教师，摸清造成他们心理疾病的原因，提高他们自身的素质，这些心理疾病是能消除的。

六、要善于发现好的典型，树立学习榜样

幼儿园管理的最高境界是组织精神的培育，组织精神是组织成员在实践活动中积淀提炼出来的，是体现组织意志、激励组织成员行为的精神成果。组织精神并不是一下子形成的，最初体现在个别成员的言行中，园领导需要及时发现并捕捉到这种组织精神的胚胎，并加以培育以形成全体教职工共同认同的精神目标。而言行能够体现出组织精神的这些教师就成了活的标杆，这样的人越多，幼儿园就越有活力，越有正能量。所以，园长要采取各种形式发挥他们的标杆作用，这种手段在古代叫"封神演义"。"封神"，就是树立典范；"演义"，就是以高尚的精神鼓舞人。以先进分子身上的闪光精神鼓舞群众，就是"封神演义"。

事实上，在幼儿园里不仅先进教职工身上有闪光的精神，每个普通教职工的行为或思想中都会时不时地有闪光点展现。因此，园长要积极地发现每一个人身上的闪光点，在各个部门和岗位都树立典型，让每个人都能感受到领导对他的重

视、培养和期待，产生成为先进分子的强烈愿望。这样，幼儿园的思想教育工作不仅要组织教职工学习科学的理论和劳模的事迹，还应该给广大教职工创造相互教育、相互帮扶的条件和机会。这种面对面的相互教育也是思想教育工作的有效形式。

某园坚持开展"一事一议"、"每月话题"活动，活动主题根据形势需要确定，如"我爱我家——赞主人翁精神"、"评先进之后"、"干一行就干出名堂来"、"多一分理解"、"完善自我"等。所议的事情都是具有教育意义的小事，但大家已形成共识，要从身边的小事中讲出个精神境界来。比如"完善自我"的话题抓住了这样一件小事：一位要发火的教师听到别人议论自己后，没有发火，而是表现得非常冷静，处理得非常恰当。园长就抓住这位教师的这件小事，向教职工发出完善自我、加强自身修养、树立良好职业道德的倡议，在教职工中产生很大的反响。过去，园里自由主义和吵架的现象时有发生，可是开展话题教育活动后，园里的人际气氛和谐多了。

七、批评处分教师要有灵活性

思想教育工作本身包括批评的手段，园长对在工作中犯错误的教职工有批评的权力。但是，由于错误的性质以及教职工的气质、性格不同而导致的承受能力的差异，批评方式和力度也应有所不同，应该巧用"风"、"雨"、"雷"、"电"四种手段。

1. 承受力弱先透风

承受力比较弱的教职工，犯了错误需要公开批评时应先给他们透透风，好让他们有个心理准备。什么样的教职工承受能力比较弱呢？首先，性格敏感多疑型的教师承受力较弱；其次，性格火暴、点火就着的教师看起来比谁都厉害，实际上比谁都脆弱；最后，自尊心过强的教师承受力往往也很弱。这些人犯了严重错误，需要公开批评时，应在事前做好他们的思想工作，让他们有个心理准备。否则,公开批评时性格敏感多疑者可能会吃不消;脾气火爆型可能当时就跳起来;自尊心过强者则可能因此自暴自弃,破罐子破摔。

2. 偶尔失误毛毛雨

对于平时一贯表现不错、自我要求严格、偶尔犯点错误又不是故意为之的教职工,在批评时只需下阵毛毛雨就行了。这样的教师一般都上进心比较强,且自尊、自爱、自强。对于这样的教师,园长没有必要大张旗鼓地批评他们。

3. 迷途不返打惊雷

对于脸皮特别厚、思想作风不正派、总想在政策之外谋取不合理利益、精神萎靡颓唐或惰性心理、试探心理严重的教师,在犯了严重错误时,批评必须有足够的力度。只有给他们打惊天雷,才能促其幡然醒悟,非如此不足以触动其心。

4. 灰心丧气要充电

对于受到批评处分后灰心丧气的教职工,园长还要给他们充充电,给予一些情感安慰。园长要让他们认识到,园里给予批评处分,不是针对个人,而是针对其违反园规园纪的错误行为。其实犯了错误的人更需要理解、宽慰,更需要有人指明方向,唯此,他们才能充分认识到自身的错误,才能真正改正错误。

八、处理错误行为要讲"围师必阙"

思想教育工作要求处理教职工的错误行为时,特别讲弹性,用《孙子兵法·军争》的话讲叫"围师必阙"。

围师必阙,本意是说在战争中围城时不能四面围定,像铁桶一般。如果把敌人围得水泄不通,那么敌人就没有了任何侥幸突围的心理,就会死心塌地地与城池共存亡,这样就会严重加大攻城的难度,增大伤亡,付出更大的代价。所以,在围城时,优秀的将军会三面围定,然后网开一面。这样好诱惑敌人产生侥幸突围的心理,从而达到消灭敌人的目的。

围师必阙用于指导处理教职工的错误行为,至少可以给园长两点启示:一是说话留有余地,二是办事要有退路。

（一）说话留有余地

说话留有余地有三层含义，一是点到不点透，二是泛指不特指，三是柔中寓刚。

（1）点到不点透，是指在教育、讲评或谈心时，对于一般性问题应该点到为止，不可深究，以免将简单问题复杂化，人为地制造对立情绪。

（2）泛指不特指，是指对于刚露头的不良倾向只泛讲，不具体到某人某事。

有位中学校长检查工作时发现一位语文教师改作文极不负责，收上来的作文，看都不看，就随便地在学生作文本上写上不负责任的格式化评语。于是，校长在教师大会上生气地说："我们有的语文教师改作文不认真！作文收上来，看都不看，就在作文本上写上不负责任的格式化的评语，就这样糊弄学生，敷衍工作，误人子弟！这是不能允许的！"说罢校长还在桌子上狠拍一下。但是校长没点名！

会后，这位语文教师主动到校长办公室承认错误，感谢校长没点自己的名字，给自己留了面子，并发誓在以后工作中一定把作文教学搞上去。这位教师前脚刚走，又来了一位语文教师向校长承认错误，校长根本未发觉原来他改作文也不认真！

这叫敲山震虎，也叫模糊教育，给人"言者无心"的感觉，却能达到"听者有意"的目的。这种方法也符合思想教育工作尊重人的要求。

（3）柔中寓刚，是指领导者在做思想教育工作时要注意音量不要过大，谈话说理语气要柔和，但要坚定有力，不失原则立场。

（二）办事要有退路

办事要有退路也有三层含义，一是悬而不"绝"，二是秘而不宣，三是堵疏结合。

（1）悬而不"绝"，是指既然教职工犯了错误，就要抓住问题不放，按规定严肃处理，但是又不能把人一棒子打死，治病是为了救人，所以不能无限上纲。

须知管人不是把人管住、管死而是要把人管好、管活，处理错误行为的目的是改造人，而不是让其彻底不能翻身。悬而不"绝"，既能使犯错误的教职工受到较大的震动，又能给他改正错误后成功的机会，从而达到促进其转化的目的。从悬而不"绝"出发，园长还要善于善后，犯错误人员如有悔改的表现，园长应及时做出反应，给予表扬、鼓励，给他一个绝处逢生的感觉。

（2）秘而不宣，是指对于涉及犯错误教职工的个人品德、修养、声誉、生活隐私等方面的问题一定要冷处理，缩小范围和影响。否则，会严重伤害教师的自尊心，导致其破罐子破摔，甚至与领导死斗到底，这样以后再也无法领导他了。

（3）堵疏结合，是指一方面要建立健全规章制度，严防各种漏洞和歪风邪气；但是在贯彻各种制度规定、安排工作及布置任务时，不仅要让教职工知道不能怎么做和只能怎么做，更要让他们明白为什么，从而将规章制度内化。从堵疏结合出发，园长在教师表现出不理智的行为时，最好不要马上做出处理决定；而是先让教师冷静下来，给他讲明道理；使教师真正认识到自己的错误，再做处分，效果会好一些。

第12章 做好家长工作
——相看两不厌

在幼儿园里,为家长服务是幼儿园的双重任务之一,因此,家长工作与保教工作具有同等重要的意义,幼儿园能否在保教方面形成自己的核心竞争力,能否获得稳定的生源,能否树立良好的园所形象从而得到社会的支持、拓展生存的空间,在很多方面都取决于家长的配合与支持。因此,家长是幼儿园最重要的战略合作伙伴,是协助幼儿园做好幼教工作的最重要的盟友,家长的意见将直接决定社会对幼儿园的认可水平,因此,家长也是幼儿园必须予以重视的首要公众。

作为园长,必须把家长工作放在重中之重的地位,指导全园保教部门和人员密切与家长的联系沟通,主动承担起向家长宣传先进幼教理念和方法,指导和帮助家长提升育儿能力的责任,并通过家长工作,密切与社区的联系,融入所在社区,争取并动员社会各方面力量对幼儿园工作的关心和支持。

为此,园长本人也需要亲自做一些家长工作。比如平时利用早晚迎送幼儿的时间与家长接触,沟通信息;定期或不定期地召开小型家长座谈会,约见个别家长;组织和开展家长委员会的工作,等等。园长应指导家庭教育并征求意见,密切幼儿园与家长之间的联系,以及有针对性地解决一些问题,包括倾听家长的抱怨,解决和化解矛盾;在家长和教师之间搭建桥梁,求得相互理解和信任;实现同步教育,不断地提高幼儿园的保教服务质量。

一、帮助家长规范幼教理念

最理想的教育是学校、家庭配合默契的教育,通过家长工作,可以使家长端正教育思想,遵循正确的教子原则,把握科学的育儿方法,与幼儿园形成教育的合力,促进幼儿的健康和谐发展。

今天,绝大多数家长都有家庭教育的责任感,但是家长毕竟不是专业的教育人员,在教育观念和教养方式上还存在着很多偏差。比如,望子成龙、望女成凤心切,往往给孩子加上过重的学习负担,为以后厌学埋下隐患。目前,社会上各种特色班和兴趣班兴起,就是利用了家长的这种心理。调查显示,上海近五成的孩子有学习障碍、夜惊,35%的孩子参加了各类"兴趣班",但是这些所谓的"兴趣班"并不是从儿童的兴趣出发,而是从家长的兴趣出发给孩子安排的。

很多家长认为孩子只要学习好,有若干在社交场合为自己添彩的技能,就可在社会上站得住脚;而不考虑怎样培养孩子良好的品格,不考虑培养孩子对生活的敏感性和热情,使家庭教育出现了严重功利化的趋向。

有些家长对孩子过度保护和干预,严重影响了孩子良好个性的发展。很多孩子缺乏自信,在生活方面低能,都跟这种不当的教养方式有关。有些家长自身文化水平低,行为习惯和文明素养差,更影响了孩子社会性的发展。

因此,家长特别需要幼儿园给予指导、帮助。园长要充分了解和分析家教的特点和当前存在的问题,通过家长工作,让家长了解幼教规律,树立正确的教育观和教养态度,用正确的方法教育幼儿。

案例1

亮亮在入园前已识得600余字,家长为此非常自豪,教师也认为他是个"小神童"。可是,经过一段时间的观察,教师发现这个孩子只有识字能力是超常的,其他方面如生活自理、口语表达、动作协调等能力都是同龄孩子中非常差的。于是，教师与家长取得了联系，了解到父亲对孩子的管教特别严厉，规定每天必须看书认字1小时，做不到就拳打脚踢，母亲心疼孩子就百般顺从孩子，结果造成了孩子不正常的发展状况。

了解情况后，教师先通过家园联系手册与家长进行交流，并请他们参观幼儿在园活动，发现自己孩子与其他孩子的差距。孩子父母意识到自己在教育孩子过程中存在的问题，愿意配合幼儿园对孩子实施全面发展的教育。

 案例2

在园长接待日，园长接待了一位中五班的小朋友家长。这位家长反映的是中五班有一个男孩子该不该被评为"好孩子"的事。她说："中五班××小朋友挺聪明可爱，尊敬师长有礼貌，和小朋友团结友爱，热爱劳动，各方面表现都不错，就是一样不好，思想道德坏，他喜欢和班上的女孩子玩，有时还抱着小女孩亲一亲，拉一拉她的衣服和小辫子，我的女儿也被他抱过。这件事，我已经向老师们反映过了，老师不仅没有在班上批评他，反而还评他为'好孩子'，在全园升旗仪式上表扬他。我认为老师在了解到孩子行为不轨时不但不批评他，反而让他当了'好孩子'，是不公正的。今天向园长反映，是请你帮助老师改正教育方法，让全班小朋友都知道××是坏孩子，教育女孩子不要和他玩，他就不在女孩面前不规矩了。"

园长听了她的述说之后，表示非常欢迎她能主动找园领导反映教育问题，并向她讲了幼儿教育的原则和方法，同时指出《幼儿园工作规程》明确规定，幼儿教育工作的原则是"面向全体幼儿，热爱幼儿，坚持积极鼓励，启发诱导的正面教育"。接着，园长对家长说："老师采取积极鼓励、启发诱导的正面教育使他纠正不当行为有什么不好呢？再说一个4岁的孩子，他的道德观还未真正形成，并没有形成自己的是非、善恶判断标准，因此，不能用评判成人的道德标准评判孩子。对于孩子的一些不当行为，老师和家长应给予正面的引导，不能断定他就是一个坏孩子。如果老师和家长都这样认为，并且公开批评他道德不好，对孩子才是不公平的，将会对他幼小的心灵造成伤害，反而不利于他良好行为的养成。"

听了园长的话，家长若有所思地低下了头。

案例2中，家长抓住幼儿的一些不当行为，从成人的角度去大加指责，并不是故意想去伤害孩子的自尊，而是由于对幼儿教育工作缺乏认识，不能用现代的儿童观、教育观去看待孩子。出现这种问题，说明幼儿园特别需要做好家长的家庭教育指导工作，帮助家长转变教育观念、树立现代儿童观，提高家庭教育质量。

一天，园长接待了一位这样的家长，他要求给孩子办理退托手续。理由是幼儿园没有学前班或者大大班，不学拼音，不写汉字，家长担心明年孩子上小学跟不上。第二天又来了一位家长，理由同上。以后，陆陆续续又来了几位家长，有的要求退托，有的要求转园。

面对这样的问题，幼儿园领导坐在一起进行了认真的分析，得出了这样的共识：

第一，应当理解家长。现代社会是竞争的社会，竞争给人带来了很大的压力，因此，家长对孩子成长的每一步都十分关注。家长想让孩子上学前班或者大大班，提前学一些拼音或其他知识，这是社会因素所致，因此应当理解家长。

第二，家长的认识有一定的局限性，还不能全面正确地理解学前教育。学前教育不同于中、小学教育，是以游戏形式进行的，这是由幼儿的年龄特点决定的。幼儿年龄小，这个阶段的教育要以保育为主，传授知识、发展智力的任务只能通过游戏活动来渗透。纯粹的知识传授只能伤害孩子对学习的天然兴趣；过早地教孩子拼音和识字，远远不如培养孩子一些良好的学习习惯重要。

第三，采取灵活的对策。一是根据家长的要求，在大班增加拼音课，让孩子学一些简单的汉字，与大班教材交叉进行。二是通过家长会和个别交谈等方法，向家长宣讲幼教常识，让家长明白幼儿教育不同于学校教育，什么年龄学习什么内容是有规律的，如果硬性地把小学的东西拿到幼儿园来灌输，无异于逼刚出生的孩子吃红烧肉，孩子非但难以接受，还会产生厌学情绪，影响到以后的学习和发展。三是通过家长会、专栏或新闻舆论、专题节目等，向家长宣传《幼儿园工作规程》和《幼儿园教育指导纲要(试行)》等幼教纲领性文件精神，让家长明确，这两个文件是国家对幼教的基本要求，是教育科学的具体体现。

一些幼儿园盲目迎合家长的需要，跟着家长的意见跑，这就完全失掉了正规教育机构的先进性和主导作用，结果严重影响自己的课程建设和发展规划。

"唯有真理能动人。"幼儿园坚持正确的幼教理念，并重视向家长和社会宣讲正确的幼教理念，才能真正满足家长享受优质教育的需要，得到家长的支持。事实上，一个好的幼儿园在正确的幼教理念指导下，会有自己的课程优势，形成自己的专业自主性，会让家长追着幼儿园跑，幼儿园越办越上档次；相反，一个差的幼儿园，经常无视正确的幼教理念要求，没有自己的课程定位，家长要求什么就讲什么，逐渐丧失专业自主性，跟着家长的趣味跑，会越办档次越低。所以，《易经·蒙卦》说："非我求童蒙，童蒙求我。"它启发园长们，在幼儿园里幼儿学什么，不能一味地听家长的，或者随波逐流，这样幼儿园发展只能走低端路线。幼儿园工作必须从先进的理念出发，通过大胆探索，努力形成自己的专业自主性，在为幼儿成长服务方面形成自己的核心竞争力，包括探索形成属于自己的园本课程优势，随后家长自然会转变原来对幼儿园不正确的看法。

二、树立为家长服务的意识

幼儿园与家长的关系是服务与被服务的关系，"为家长服务"是幼儿园的双重任务之一。《幼儿园工作规程》第三条明确指出："幼儿园的任务是实行保育和教育相结合的原则，对幼儿实行体、智、德、美全面发展的教育，促进其身心和谐发展。幼儿园同时为家长安心参加社会主义建设提供便利条件。"

可是，实际情况是家园之间往往只限于单一向度的关系，只要求家长给幼儿园提供服务、支持，而忽略幼儿园作为社会服务机构要以为家长和社区提供教育服务为要务。很多幼儿园只在提高教育教学质量上下功夫，把服务家长放在了次要的位置。比如一些幼儿园每学期开学，规定幼儿报名时间为三到五天，过期不收；每天接送幼儿都有时间限制，稍迟一点，大门便上了锁；寒暑假也和其他学校一样放假……其结果是，相当一部分家长都是双职工，不能及时接送孩子，假期当中无人照顾孩子，感到十分不方便。在市场经济条件下，双重任务缺一不可，重视幼儿教育质量的提高固然重要，但方便家长的任务决不可忽略。因为，幼儿教育不同于其他阶段的教育，它具有教育和社会福利性特点。服务家长、方便家长是我们应尽的职责，并不是额外的负担。

某县实验幼儿园采取如下做法受到好评：每学期开学，在电视上通知幼儿入学报名时间，有特殊原因的，即使超过报名时间，园里照样接纳；规定教师提前半个小时到园，使家长有宽裕的时间去上班；每天放学后，留2~3人值班，不管家长何时来接，只要有幼儿在，教师就不能离开；寒暑假，根据家长要求开办了音乐、美术辅导班等。

今天，在我国以公办园为示范，以民办园为主的幼教格局已基本形成。一方面，国家大力建设公办园，另一方面民办园如雨后春笋一样遍地开花，园与园之间生源的竞争越来越激烈。想要在激烈的竞争中生存下去，园长必须明白幼儿园的竞争实质上是服务水平的竞争，而要想提高服务水平，至少需要考虑以下五个因素：

(一) 尊重家长的意见

家长既然是幼儿园必须予以重视的首要公众，那么幼儿园就要特别尊重家长的意见，每学期至少召开两次家长会，向家长汇报工作，征求意见；设立意见箱；开设家园联系园地和家教常识宣传栏；公开食谱。此外，幼儿园教学活动应对家长开放，方便家长随时参与。一些大型活动可以与家长一起举办，如运动会、庆祝会、联谊会等。

要加强家园联系工作，幼儿园应要求教师经常与家长沟通，让家长了解班级的近期及长期教育目标；办好家园联系专栏，让家长了解幼儿教育规律，并请家长配合保教工作；对待爱挑剔的家长，可以请他们为幼儿园的工作提意见和建议，甚至主动邀请他们谈教育幼儿的经验及方法等；积极向家长宣传幼儿园制度，让家长了解幼儿园，理解教师的工作。比如接送卡制度，有些家长不够理解，要耐心讲，不能与家长争吵。

（二）提高幼儿膳食质量

家长非常关心孩子在园的膳食质量。因为膳食质量直接关系到孩子的营养，而孩子的营养不仅关系到孩子的身体健康，而且也直接关系到孩子的智力发展水平。科学家用大白鼠做实验，把两拨大白鼠置于不同的环境中培养，一拨有丰富的营养，一拨营养严重不良。培养一段时间后，让大白鼠走迷宫。结果在营养充分的环境里长大的大白鼠走迷宫特别快，而在营养不良的环境里长大的大白鼠在迷宫里怎么转也转不出来。可见，膳食质量直接关系到幼儿智力发展水平。园长一定要抓好膳食管理工作，指导总务部门和卫生保健的相关人员协作配合做好这项工作，给幼儿提供合理的营养膳食，督促相关部门严格执行操作制度，避免由于工作疏忽可能给幼儿的健康和安全带来的危害。

现在有些幼儿园幼儿喝的汤每天味道一样，馒头很大，菜也切得很大，影响孩子们的食欲。

为此，可以学一学濮阳实验幼儿园的做法。

1. 开展学习活动

针对炊事员由于文化水平较低所导致的烹饪水平有待提高的问题，该园园长让餐饮部主任买来大量的烹饪书籍供炊事员研读，使其从理论上得到提高。同时，请来烹饪学校的专家来园讲课，现场制作演练，让炊事员现场体会各种饭菜的制作技巧。另外，分批派炊事员外出参加学习培训，回来后汇报学习情况，并演示学习到的不同食品的制作方法和技巧。

2. 以老带新，以强带弱

该园充分发挥老炊事员的带头作用。园里有两个炊事员经验丰富、技术全面，在充分肯定他们工作的基础上，给他们提出带新人的要求，让新炊事员在他们的帮带下成长。

3. 开展观摩活动

像教学上观摩课一样，每学期让炊事员自报比较拿手的饭菜，每个人做一样食品，供大家品尝、点评，使每个人都能从中得到提高。

4. 开展技术比武

园里相继开展"汤羹比赛"、"做馒头比赛"、"炒菜比赛"。比赛前,每位炊事员都进行精心的准备,赛场上炊事员精心制作,参加的评委有园领导、教师代表、家长代表,他们对每道食品进行认真品尝。通过技术比武,炊事员的工作积极性大为提高。

(三)实行选班制

现实中,经常有家长抱怨幼儿教师态度不好,对孩子厚此薄彼。虽然通过教育一般可以改善教师和家长的关系;但是能不能探讨建立一种教师必须热情为幼儿和家长服务,否则就难以立足的机制呢?

比如废除由家长统一报名、幼儿园统一分班的做法,改为事先公布各班保教人员名单,由幼儿家长和幼儿自选班级和教师,从而引进竞争机制。

有些园长担心,家长不了解教师,会造成选班的盲目性。其实,家长最希望孩子遇到好老师,一旦幼儿园赋予家长选择教师的权利,家长会千方百计地了解并研究每个教师的特点,甚至新入学孩子的家长会向"老生"家长打听教师的情况,这样家长怎么会不了解教师的情况呢?通过选班制把评价教师的自主权给了家长,势必对教师提高保教服务质量形成了一种激励。

(四)认真研究市场需求

幼儿园要发展,就需要不断地开拓市场。市场在哪里呢?就在有需求的地方。因此,园长需要不断地研究市场的需求,把满足市场需求作为办园的目标。比如,改变传统的单一的全日制模式,增设"日托"、"周托"、"假日服务"项目,满足各种类型家长的需求;通过开办"母子早餐"解决孩子吃早餐难的问题;通过设立"糕点房",为孩子制作精细可口的糕点。

(五)让所有孩子都享受节日的快乐

对于大型节日表演活动,如"六一"儿童节等,很多幼儿园为追求节目质量,往往只抽取一部分孩子排练。在演出时,当其余孩子的家长没看到自己的孩子表演节目时，肯定会非常失落，孩子的自尊心也会受到打击。这就不符合素质教育的精神，不符合"为了一切孩子"的办园宗旨。因此，幼儿园必须改变观念，让每个孩子都成为活动的参与者，享受节日的快乐。须知，教育改革的目的，并不是单纯地追求孩子的表演水平高低和节目质量好坏，而是让全体孩子参与。幼儿园应鼓励教师发挥主观能动性和创造性，尽力编出具有本班孩子特色的节目。

三、指导教师做好家长工作

幼儿园的工作离不开家长的理解和支持。《幼儿园工作规程》明确指出："幼儿园应主动与家长配合，帮助家长创设良好的家庭环境，向家长宣传科学保育教育幼儿的知识，共同担负幼儿教育的任务。"

为此，园长要特别注重对班级教师家长工作的指导。家长工作是班级保教工作的一个重要组成部分。因此，园长需要引导他们认识这项工作的意义，明确内容要求，有计划地结合日常保教工作进行；要把家长工作作为教师工作的重要职责，并作为自我评价的内容之一，促进教师主动与家长沟通联系，协调相互关系；帮助和指导教师掌握家长工作的方式，学习与家长交往和交流沟通的技能，能根据不同家长的特点，做好家长工作。还要对保教人员进行有关家教知识和提升专业素养的培训，要将教师的家长工作能力，特别是与家长交往的能力，作为园本培训的重要内容。

在这一点上园长应与教职工取得共识，并指导教师在与家长交往中遵循相互尊重、信任的原则，建立起平等合作的关系。

有一天，小一班的一位家长敲门而入，开门见山地责问园长："园长，你们老师怎么回事，今天没让我孩子喝水，亏你们还是一级一类幼儿园呢！"园长一听，愣了，不可能吧！园里可从来没有发生过这样的事情，是不是有什么误会呢？见家长正在气头上，园长先请他坐下，让他消消气，把事情原委说清楚。该家长告诉园长说："今天我接孩子回家，孩子对我说：'老师说今天不让我喝水'。"园长听完对家长说："我先去了解一下，一定给您一个满意的答复。"

园长来到了小一班，找到了当班的张老师，询问此事。张老师急忙解释："园长，是这么回事，今天，李浩在喝水时，不停地喝水吐人，弄得满屋都是水，我就对他说：'你再吐水，不让你喝了'。"原来是这样！小班孩子不能正确地理解教师的话，所以表达出来就会引起家长的误会。园长马上将此事的真相告诉家长，并向家长道歉，家长反而不好意思了。

　　事后，园长又找到张老师，没有批评她，而是和她一起探讨教育的技巧。在探讨中，张老师认识到自己的错误，主动提出第二天向家长道歉。

　　当家长和教师发生矛盾时，园长对待家长的态度和行为要妥当。园长不要袒护教师，不要推卸责任；更不能针锋相对，以免矛盾激化。园长应先劝慰家长，让家长冷静下来，这样有助于澄清事实、消除误会，并为家长和教师深入沟通做好铺垫。须知，家长到幼儿园不只是听幼儿园的要求、了解幼儿在园的表现，还有权利对幼儿园工作发表意见、提出建议；因为自从家长把幼儿送到幼儿园接受教育起，家长就成了幼儿园工作的合作者、监督者和评价者。

　　另一方面，作为园长对待教师的处理方式也要得当。当家长反映教师工作中的不足时，园长不要武断地否定教师；而要深入调查了解，使事情真相大白。在这个过程中给教师解释说明真相的机会，维护其自尊心，注意保护其工作的积极性；同时从中及时发现问题，提出明确的建议和要求，给予必要的指导。

　　显然，在本案例中，张老师以威胁的话语指导幼儿，这种做法是不正确的，对待这种错误的做法，园长可以有两种处理方法：一是直接批评教育；二是采用启发自觉的方式，帮助她提高认识。园长采用了第二种方式，以平等的身份与张老师探讨教育幼儿的技巧，解除张老师的自我防护心理，让其自觉认识到错误，张老师就是在这种情况下主动提出向家长道歉的。由此可知，对于教师的不当行为，有时不一定采用直接批评的方式；用谈心启发的方式，一样可以达到目的，而且更有利于教师主动认识问题。

四、建立合理的家长工作制度

实践证明,开展家长工作本身并不难,难在怎样提升家长工作的效果、防范家长工作的形式主义,做到真正的家园同步。比如,幼儿园鼓励家长提意见,家长可以随时到园长室反映班上的情况,可是有时也会出现家长虽然对教师不满或有误解,但是担心向园长提意见,导致教师给自己的孩子穿"小鞋",于是话到嘴边又咽回去。家长不敢反映意见,一方面不利于教师在工作中认识自己的不足,妨碍幼儿园保教质量的提高。另一方面这种被压抑的不满和担心可能越来越严重,导致家长带着幼儿转园,给幼儿园造成声誉上的损失。

可见,家长工作并非一朝一夕之事,也并非凭着园长在家长会上三言两语就能够解决的,而是贵在建立合理的家长工作制度。

建立合理的家长工作制度,不仅能够保障家长对幼儿园的信任,还能避免幼儿园的工作出现偏差。家长工作制度应包括具体实在的内容,比如建立园长联系家长制度、建立家长学校、调动家长参与幼儿园教育和管理的积极性、落实家访工作、定期召开家长会、举行家长开放日活动,让家长深入地了解幼儿园、了解幼儿教师的工作。通过家长工作制度可以避免家长工作的形式主义,不断提高家长工作的效果与水平,实现真正的家园同步。

(一)建立园长联系家长制度

作为园长,要特别注意了解家长对幼儿园工作的意见和期望,因此必须建立园长直接联系家长的制度。有些家长顾虑教师对自己孩子的态度和行为,不敢到园长办公室反映意见,这就提醒园长可以利用接送孩子的时机和家长直接沟通,或者不定期地召开小型家长座谈会,个别约见家长,征求意见,及时掌握情况,有针对性地指导教职工解决问题,自觉地提高保教质量,改善服务品质。

（二）建立家长学校

幼儿园教育也离不开家庭教育的配合，园长必须充分地认识到家庭教育对促进幼儿园教育的重要性，认识到家庭教育因其具有情感化、生活化、个别化、多样化的特点，能最有效地和幼儿园教育形成互补关系，但是以上家庭教育方面的优势的实现和发挥有赖于家长作为家庭教育主体的素质。所以，幼儿园必须利用自己在幼教方面的专业优势给家长提供一些专业培训，启发他们形成正确的教养思想，强化他们承担家庭教育的责任感，提高他们科学育儿的自觉性。园长最好直接给家长讲课，讲课内容要针对幼儿的年龄特点和目前存在的突出问题，力求有的放矢。为此，园长可以在课前向家长们做问卷调查，了解家长在教育孩子中遇到的难题，也可以在讲课过程中让教子有方的家长现身说法。

（三）调动家长参与幼儿园教育与管理的积极性

家长的关心与支持、监督评价也是搞好幼儿园管理、提高工作质量的促进因素。而且，家长身上蕴藏的社会资源往往也非常丰富，主动争取家长参与幼儿园教育与管理就可以更有效地利用这些社会资源，打开幼儿园通向社会的渠道，提升幼儿园的社会生存能力和对外交流能力，使幼儿园获得社会的广泛理解和支持，扩大教育和服务的功能，树立自身良好形象，最终优化幼儿园生存发展的外部环境。

（四）落实家访工作

幼儿园应要求教师有计划地对全体幼儿及其家长进行家访。这样可以了解幼儿的成长环境和家庭教育情况，拉近家长和教师的关系，给家长育儿提出中肯的建议；也有助于教师了解孩子在园外的情况，与家长交流教育幼儿的经验，帮助家长了解孩子的情况，实现有的放矢的教育。幼儿园尤其应重视幼儿入园之前的家访，这种家访可以使家长和教师建立相互信任的关系，取得家长的配合，可以帮助幼儿尽快适应幼儿园的生活。

（五）定期召开家长会

家长会是一种非常重要的家长工作形式，可以开全园的家长会，也可以以班级为单位召开。家长会可以安排在学期初，也可以安排在学期末，还可以根据需要临时召开。通过家长会，向家长报告孩子在园生活和学习情况，给家长提出配合幼儿园保教工作的一般要求，回答家长所关心的一些问题，征求家长的意见，了解他们的需求；也可以通告幼儿园有关改革的重大决定，或现在面临的一些困难，争取家长的谅解、支持和帮助。

（六）举行家长开放日活动

幼儿园应利用一些重要的节日或定期举办家长开放日活动，让家长多参与幼儿园的各种活动，如亲子运动会、文艺演出、集体生日庆祝会等。开放日活动有助于家长了解孩子在园里的表现，了解幼儿园的教育内容和方法，增进对教师的理解，认同幼儿园的工作特点，强化配合意识。

五、园长要做教师和家长之间沟通的桥梁

在幼儿园里，教师和家长之间的矛盾是比较容易发生的。因为幼儿园工作琐碎，有时教师确实因为照顾不过来而使一些幼儿发生意外事件，幼儿又不具备自如的语言表达能力和理解能力，因此家长对幼儿园的误解时有发生。

误解和隔阂产生以后，应当想办法尽快消除，因为在没有取得家长信任和支持之前，幼儿教师的很多工作是难以做好的。消除误解和隔阂一方面要靠教师的自我反省能力，但在更多情况下需要园领导做教师和家长之间沟通的桥梁。

家长在盛怒之下，由教师直接解释，效果反而不好。家长会认为教师在为自己辩解或推卸责任；而园长以一个理智的第三者的身份介入，会被认为客观公正得多。因此，园长要主动地为家长和教师疏通沟通渠道。这样园长就必须能够对家长和教师矛盾的性质做正确的判断，做好协调工作，并指导教师改进工作态度

和方法。

有一天，一位家长来到园长办公室，告诉园长她的孩子要转园。园长先沏上一杯热茶递过去，然后关切地询问要给孩子转园的原因。家长不无忧虑地说："我家孩子所在班的张老师常批评孩子，孩子说什么也不愿上幼儿园了。我们想跟张老师谈谈，可见她一脸严肃的样子，话到嘴边就又咽回去了。其实我也不愿意舍近求远，可这样下去，孩子会产生自卑感，对性格发展不利！"园长听了家长的反映，首先向家长表示歉意，然后诚恳地说："如果确实如你所说，我们一定会对老师严加教育，促其改正。你看这么办好不好，让孩子继续在这个班待一段时间，观察观察，如果没有大的改变，仍不满意，你可以在我园任意选班，也可以转园。"家长听了园长热诚感人的话，表示可以先试试。

家长走后，园长及时了解情况，并迅速召开园务会议，研究此事发生的原因、可能造成的后果及需要采取的防范措施。大家认为，张老师是新调来的教师，缺乏细致的工作经验，性子又急躁，以至于造成消极的影响，建议扣发她的当月奖金，并对其进行批评教育。会后，园长找到张老师耐心地进行引导教育，使她认识到自己在教育观念、服务态度上存在的问题，以及由此给孩子幼小心灵造成的精神创伤，给幼儿园带来的消极影响。张老师主动向家长道了歉，取得了家长的谅解。

转园事件结束了，园长考虑到事情虽然发生在张老师身上，但反映了教师在儿童观、教育观和服务态度上不同程度地存在着问题。于是，组织全园教师开展了一次大讨论，在提高认识的基础上适时提出"满面春风待家长，一片热忱育幼儿"的服务宗旨，倡议开展"微笑服务，真情育儿"活动，并定期检查评比，随时征求家长意见。园长还组织一批骨干教师参照各方面的经验，根据本园特点，制定了一套幼儿教育规范用语。比如，当能力强的幼儿取得进步时，教师一般只用"可以"、"有进步"、"挺好"等赞语，而不用"太好了"、"太棒了"等容易助长幼儿自满心理的语言；对于那些在活动中能力、表现较差的幼儿，教师多用"不要紧，慢慢做"、"不要紧，我们一起跳"等安抚鼓励的语言，禁止使用"笨"、"真笨"等字眼；对于顽皮、淘气的孩子，教师禁止使用"皮"、"坏"等字眼，以免挫伤孩子的自尊心、自信心。一系列措施的实施，提高了教职工的思想认识，幼儿园的工作大有起色。

有一项科学调查显示：如果一个顾客得到了满意的服务，会影响4个人，而如果他抱怨你的服务质量，则可能影响15个人之多。"好事不出门，坏事传千里"讲的就是这个道理。今天，在生源竞争激烈的情况下，非正常转园无异于一枚重磅炸弹，会给幼儿园的声誉造成极坏的影响，甚至带来生存危机。面对转园事件，该园长不愠不火、不急不躁，采取有力的措施，不仅阻止了幼儿转园，还把幼儿园引向了健康发展的轨道。她的做法值得园长学习、借鉴。

（1）热情接待要求转园的家长，认真听取家长的倾诉，诚恳地表示歉意。园长抓住家长的矛盾心理，从理解家长，关心家长、设身处地为家长着想出发，用真诚而委婉的话语"款待"家长，用保证改进、以观成效的许诺打动家长，入情入理，使家长改变初衷，有效地阻止了转园事件的发生。

（2）在对教师的处理上，既坚持原则，按规章制度办事，又本着治病救人的原则做耐心细致的思想教育工作，终于使老师认识到自己的错误，主动向家长道歉，从而避免了事态的恶化。

（3）"一叶落而知天下秋"，通过一个幼儿非正常转园，园长马上察觉到教师在教育思想、儿童观念上存在的问题，继而发起了大讨论活动，防患未然，把问题消除于萌芽状态，并将幼儿园工作推上了一个新的台阶。

开学两周后的一天，一位小三班的幼儿家长带着孩子到园长办公室，要求退园。园长很惊讶，急忙询问原因。家长说孩子这几天早晨一起床就哭，就是不愿上幼儿园，非得在家里大便以后再上幼儿园。园长很奇怪，孩子之前从来没有过这种情况，家长说孩子还不会擦屁股，园长这才恍然大悟。原来小三班班主任是新调来的，以前是教学前班的，没教过小班。通过这件事，园长觉得可能其他家长对老师也有不满意的地方。于是第二天下午，幼儿园召开了班级家长会，果然很多家长提出：老师关注幼儿不细，喝水、大小便的自由度不够，老师很厉害，孩子不喜欢上幼儿园等等。

针对家长提出的意见，园长找小三班班主任谈话，并分析了她班上存在的问题，同她一同制定了两个目标。

目标一：让孩子喜欢你，喜欢上幼儿园，尽快熟悉新环境。

目标二：学会在幼儿面前扮演教师、朋友、父母这样三种角色，即在组织幼儿教育活动时，扮演好教师角色；在游戏时，扮演好朋友的角色；在一日生活照顾上，扮演好父母的角色。

园长特别语重心长地谈到幼儿教师扮演父母角色的重要性，强调说："生活照顾是新生家长最关心的问题，家长反映更多的是幼儿喝水及大小便的问题，这就要求我们老师给予悉心照顾和指导，不要怕麻烦，要耐心地鼓励和帮助幼儿，使幼儿消除恐惧心理，真正地喜欢老师，喜欢上幼儿园。"

通过这次谈话，小三班班主任的观念转变了，在短时间内，就得到了家长的好评，班里出勤率几乎达到了百分之百。

第13章 学会运筹时间
——寸光阴不可轻

时间是构成生命的元素，时间的浪费是最大的浪费。鲁迅先生说："无端地浪费别人的时间等于谋财害命，无端地浪费自己的时间就等于慢性自杀。"从管理角度讲，时间是最稀有的资源，如果时间管理不好，什么都管理不好。因此，在组织中，管理者层次越高越需要具备时间管理的能力。正如管理学大师德鲁克所说："一个管理者的职位越高，自己可支配的时间就越少。"所以管理者必须有珍惜时间的意识，要把时间的支付当作投资，运筹好时间。

一、要有时间管理的意识

现在很多园长没有八小时内外的区别，甚至有些园长忙得连自己的私生活都没有了。之所以如此，是因为他们受传统管理的影响没有时间管理的意识。

传统管理思想认为，管理中的资源主要是人、财、物，时间、信息的资源意义主要在20世纪末才受到重视，因此很多领导者没有时间管理的概念，尤其是幼儿园园长，往往出自骨干教师，在保教工作中具有较强的奉献精神，才被提拔到领导岗位上，他们往往还以过去骨干教师的思维方式考虑问题，因此习惯于在领导工作中不计代价地投入自己的时间，缺乏时间成本意识。

下面是访谈中几位园长表达的想法：

园长甲："我觉得园长的时间管理更多的是把自己管好。我是由一线教师、教研组组长一步步升上来的，升任园长之后，突然发现自己好像什么都不会。别人都很忙，而自己却不知道要做什么事。初任园长，我怕别人不服气，只好假装忙碌；摸索了好一阵子之后，才知道计划、反思、授权、管理、领导才是自己工作的关键和重点，而这些都要从自己的学习、自己的时间运用和管理来起步，因为没有人会亦步亦趋地监督指导你。然而时间到了，又得交出成绩。"

园长乙："我从来没有看过时间管理的书籍，因为我没考虑到园长要有时间管理。我只是把几个时间段分好，我觉得我做得很好，可能别人觉得我牺牲了自己的生活。甚至几年前，我父亲住院时，我都在医院里他的病床旁边做幼儿园的海报展示，护士都觉得很惊奇呢！我是不坐办公室的，我把我的时间全部奉献给教育一线了。"

园长丙："我可以在第一时间掌握社区、家长的需求。我已经坚持八年了。我做园长第一天，就把我家里的电话告诉给了全园家长，我不说这是我家电话，我就说这是家教热线，白天没有的，只有晚上有。家长什么都会说，幼儿园什么地方做得好，什么地方做得不好，家长不知道这是园长家的电话。我觉得这个很好，所有的信息都在我手里了。我现在做家长工作感觉得心应手。我虽不明着要求老师这么做，但是有些老师已经在学着做了，现在全部的老师都受到感召了，我们现在很齐心协力的。"

这是三位园长的访谈记录，从中可以看出园长往往有很强的奉献精神，有些园长甚至以园为家。

但是，从管理科学的角度讲，既然时间是一种资源，而且是最稀有的资源，就不能无限制地投入！因为管理是要讲效益的。所谓效益，主要在产出和投入的比值上，单位时间产出越多越有效益，或者达到同样的产出，付出时间成本越少越有效益；而不计代价的时间付出，显然是缺乏效益意识的表现，甚至会带来负面效果。比如损害了身体健康；忽略了家庭责任，影响了家庭和谐；承受过大的压力，身心俱疲，产生严重的职业倦怠。园长这样反而不利于幼儿园的发展，也难以疲惫之躯感召年轻老师进步。因为他们没有感觉到园长就是由敬业而获得幸福感的表率。

因此，对于今天一些劳模型园长在工作中不计代价投入时间的做法，我们需要有更清醒的认识：一是这种奉献精神是好的，领导应该是鞠躬尽瘁，热爱本职岗位；但是不考虑时间成本的思路是需要商榷的。领导艺术是平衡的艺术，新时期的园长能不能在工作与生活、投入与产出、八小时之内与八小时之外等看似矛盾的方面找到平衡点呢？

如果承认平衡的重要，那么每位园长都应该考虑如何科学地运筹时间，以使我们的工作更有效率且有闲暇的时间享受生活；而生活的馈赠反过来又能使我们生机勃勃，给工作注入活力。

二、要重视时间管理工作的有效性

作为管理者，必须提高时间管理的有效性。有效性是一种习惯，主要是后天养成的。美国著名管理学家德鲁克强调管理者要提高有效性，必须养成五个习惯：一是知道自己的时间用在什么地方；二是重视自己的贡献；三是善于利用长处；四是集中时间和精力用于少数重要的领域；五是善于做有效的决策。德鲁克提高有效性的五个习惯对于指导园长运筹时间启示意义非常大。

1. 知道自己的时间用在什么地方

很多园长早上起床，忙到熄灯，躺在床上辗转反侧，睡不着觉，感觉做了很多事，一天都没闲着，可是心里还是不踏实；因为一些特别需要做的事没有来得及做，而做的很多事情都好像价值不大。

之所以有这种情况，是因为园长不知道自己的时间应该用在什么地方。园长的时间应该用在什么地方呢？这得从园长角色和幼儿园管理的最终目的说起。

（1）关于园长的角色。国外对卓有成效的学校管理者所提出的角色定义是远见者、促进者、评估者以及改善者。我国学者梁雅珠认为园长有七种角色：幼儿园的规划者、教师的指导者、服务者、协调者、学习者、评价监督者以及探索者。这些角色旨在表明，园长主要是做人的工作，而不是做具体的事。因为园长是远见者、规划者，所以园长不仅要规划幼儿园远景，还必须通过与教职员工的沟通、授权、进度追踪等互动行为让教职员工认同这些远景和蓝图，并自觉为之努力；因为园长是促进者和指导者，所以园长不能总是把自己关在办公室里对着计算机从事文书工作，园长更多的是在正确的时机、适当的场合里做着教职工的激励、教育和指导工作。所以，有效的园长不做具体的事，却在鼓舞、指导别人做事。

（2）关于幼儿园管理的目的。今天人们普遍认为应该形成高效能团队。领导就是服务，作为服务者，园长更多的是直接服务于保教团队，而不是直接服务于幼儿和家长。园长不可能从事所有家长的咨询指导工作，只能服务部分家长；园长也不可能直接站上教育一线为所有幼儿服务，只能教养部分幼儿。因此，园长唯有通过对保教团队的培训、激励并给予他们在工作上必要的支持，才能使所有的家长得到指导帮助。因此，园长的时间主要用在教师身上，用于培养高效能团队。

所以，园长的工作和教职工的工作不一样，园长工作主要是"做人"，而教职工工作主要是"做事"。园长不做人的鼓舞、教育、指导、评价工作，而专门"做事"，看起来很辛苦，却严重忽略了高效能团队的建设，最终影响团队的绩效。

2. 重视自己的贡献

所谓贡献，主要包括三方面的绩效：一是直接的成果；二是价值的实现；三是未来的发展。有效管理者并非为工作而工作，而是为贡献而工作。如果园长只拘泥于工作，而不问这种工作有多大的贡献价值；那么园长不但目标短浅，而且目标往往错误，造成时间成本的巨大浪费。

3. 善于利用长处

德鲁克认为，管理者用人不在于如何避免人的短处，而在于发挥人的长处。长处包括自己的长处、上司的长处、同事的长处和下属的长处。大部分的管理者都很清楚自己下属的作用以及如何激励他们去达成组织的目标，但是不十分了解自己的上级领导或主管单位的功能、作用以及如何运用他们去达成组织的目标。聪明的园长会试着了解这些上级领导和外部单位，了解他们的功能、作用以及工作目标是什么，如此便能站在对方的立场上，从更宽广的角度考虑问题，知道可以从这些上级领导或外部单位得到怎样的支持和资源。他们看到的是上级领导可以被运用的优势，而不是视之为警察或工作监督者。

有位园长这样说："领导也是人，他们有他们的工作业务，也需要大家的配合。况且国家教育的基本政策是什么方向，他们大多很清楚，这样我们才能走正确的道路，不白做工。现在我们的上级领导，基本上都很有能力，他们的改革意识也很强。前几天他们帮我们安排了一场园长培训，培训上的收获是我外面听几场报告都听不来的。我可能花费了一些时间，但这个收获不是我花几天时间可以得到的，也不是我跟老师们研讨可以研讨出来的，我很感谢这样的协助。"

4. 集中时间和精力用于少数重要的领域

人的精力、智力、体力都是有限的，有限的时间里，我们不可能什么都能做好，那么就专心致志地做好一两件最有助于实现目标又有实现可能性的事吧！这一两件事就是重要的事，园长看准了就要坚持做下去，不要随便更换目标！园长要想提高时间管理的效益，就要学着集中时间和精力用于少数重要领域，而不是随便为眼前的诱惑所干扰。

5. 善于做有效的决策

决策是管理者特有的任务。要做出有效的决策，园长必须弄清问题的性质，找出解决问题的办法，确定执行的方法，在执行过程中注意反馈，以印证决策的有效性。有效的决策意味着园长要最大限度地避免决策失误，这样的决策必须建立在深思熟虑和征求教职工意见的基础上。事实证明，快速的决策多为错误的决策，而一个错误的决策，执行得越完美，越是对时间的浪费。

三、做好目标设置和计划管理工作

园长既要管理自己的时间，也要管理别人的时间。完成这种工作主要靠目标设置和计划管理工作。

首先，园长要做好目标设置工作。目标设置是确定未来要实现的结果或要达到的状态。园长要指导大家设立各层次、各阶段的目标。各层次的目标包括幼儿园的总目标、部门目标和个人目标。显然，在层次性目标中，总目标是圭臬，部门目标围绕着总目标设立，个人目标围绕着部门目标设立；而在阶段性目标中，长期目标是圭臬，中期目标围绕着长期目标设定，短期目标围绕着中期目标设定。通过目标设置，有助于自己和广大教职工掌握工作的重点——把时间投资花费在所设定的目标和项目上，便可掌握工作的重点。而没有目标设置，园长们便必然被繁杂的事情缠身或充当救火队员的角色。所以，园长要想控制自己的工作时间，首先必须做好目标设置工作。目标设置的成果还必须以文本形式呈现出来，这样可以给全体教职员工提供清晰的工作框架并指引其行动。

目标设置完成后，接着就是通过计划管理统一步调。园所中各层次的目标都靠行动计划来落实，计划管理就是用计划去组织、指导、协调、控制人们的活动，以实现幼儿园目标的管理方法。园长要组织教职工围绕着幼儿园大目标，如办园理念、宗旨、幼儿园品牌、办园特色等，确定各项工作的任务，并排列出这些任务的先后次序。通过计划管理把幼儿园的发展远景落实到每日例行活动当中，如早餐质量提升、特色课程设计研发或举办亲子阅读学习活动等，并与园中的资源配置作整合，保证幼儿园远景得以一步步变成现实。

从短期的角度来看，计划管理会占用园长一些时间，但是这些付出是值得的，因为做了计划的园长会得到更佳的工作成果；而正因为这些行动和计划卓有成效，能使自己和大家在工作中得以删繁就简、去芜取菁，避免忙乱性和无目的性，这样就真正提升了时间管理的有效性。所以，园长应宁可花一些时间去做计划管理，而不是把宝贵的时间浪费在因没有计划管理而必然导致的危机处理上。

可见，有效的目标设置和计划管理是运筹时间的重要前提。

（1）要制定目标和温习目标。确立幼儿园长远发展规划和特色方向后，园长还要经常带领全体教职工温习园所的总目标，使行动不偏离目标，减少目标游离造成的时间损失，园长从全园总目标出发，才能做到胸有全局，分清主次轻重，一定时期集中精力，解决一两个重要的问题。事实证明，轻重抓准了，往往可以事半功倍。

（2）抓好计划管理。计划是落实目标的手段，为了保证计划的执行，园长还应该考虑到计划的科学安排。有经验的园长都有自己的工作日程手册，对自己每月、每周的工作都有一个恰当的安排。事实证明，填写园长工作日志和制定每周全园工作日程表，可以帮助园长合理地运筹时间。园历的编制也有助于园长对全园整个学期的各项工作很好地做出安排。园长唯有主动自觉地安排好自己的工作计划，才能克服盲目被动的局面。

"凡事预则立，不预则废。"目标设置和计划管理要走在管理工作的前面，不打无目的和无准备之仗。目的和计划一旦确定，就不要轻易改动。做好目标设置和计划管理工作，要求园长有正确的思路，园长看起来不做具体的事务，但是他要不厌其烦地思考问题，把思路确定下来。思路就是出路，只要思路正确，后面的事情就很容易做好。思路是需要策划的，不管干什么工作，策划都要走在前面，中间再调整、总结，正确了再去做，谁是这方面的能手就将其纳入进来一起策划，不分年龄高低。

目标设置和计划管理工作实际上是强调在运筹时间时增加计划性。为此，园长要养成记录时间使用情况的好习惯。要有一个时间记录本，通过这个小本，提高时间使用的效率。

这个本上，首先要有一个工作时间安排表，通过这个工作时间安排表，做到学期有中心、阶段有重点、周周有计划、天天有打算，按表做事，不能过一天是一天。其次，在这个本上每天都要记录时间是怎么使用的，这有助于核算时间的成本，由此提高谈话、写东西、做事和接电话的效率。再次，这个小本还有随时对时间安排做调整修补的功能，有时间时看看这个小本，上面记录着最近时期的工作安排，对于安排的合理性，做一下反思和梳理，使其更趋于合理。由于平时有准备，所以总能在恰当的时间，做出恰当的安排，给人气定神闲的感觉。最后，这个小本还有记录思维火花的功能。园长要善于在平日的思考中，把思维火花记录下来，不然产生这些思维火花的时间就全被浪费了。

有位园长的习惯非常好，工作中当他突然有了好的想法，就会马上记下来；他看书会做书摘，日积月累摘抄了好多文字；看到对教职工有用的文章，他会马上交给网管传出去，让大家都看看。他认为智慧主要出自平时的遐思，只要善于积累，时间的"边角料"都会变成宝贵的财富。

四、学会按优先级做事

园长对于工作项目要有所取舍,不要将时间浪费在对目标无帮助的事项上,能授权给他人的工作就不要独揽在身,如此方能提升园所的整体效益。园长应能够摒弃什么事都办但什么事情都办不好的坏习惯。

1. 使用 ABC 排序系统

阿兰·拉金建议在安排工作顺序时使用 ABC 排序系统,他主张在列出工作清单之后,在自己最重视的项目上标上 A,一般重要的项目上标注 B,最不重要的项目上标注 C。然后,应该把大部分的时间用来完成 A 级的活动或工作,然后才是 B 级和 C 级。阿兰·拉金强调 A、B、C 级只是相对的,它们完全取决于人的价值和标准,而且优先级会因时间的推移而产生变化。

2. 认清事情的性质

史蒂芬·柯维将耗费时间的事务依急迫性与重要性(急迫性是指需要立即处理的事情,重要性是指在很大程度上关涉目标实现的事务)做了区分,归纳出四个时间管理象限图:第一象限为重要且紧急的事务。第二象限为重要但不紧急的事务。第三象限为不重要但是紧急的事务。第四象限为不重要且不紧急的事务。管理者通过对时间管理象限图的了解,将有助于分析自己时间管理的现状,进而提出有效的时间管理策略以提升个人时间管理的效能。

3. 坚守优先级

如果园长把什么事情都排在计划表上,但是没有时间认真、专心地做其中任何一件事,那么结果注定是非常糟糕的。这样园长就必须把经常面对的事情排定优先级,集中精力完成被自己列为最优先的工作项目,舍弃较不重要的事务,这样才能得以解脱烦琐杂务的束缚,从而有足够的时间来面对真正重要的大事。

具体来说,坚守优先级,可以把每天需要应对的事件分为五种类型:一是急件,要马上处理;二是优先件,要优先考虑;三是普通件,有空再办。但是什么时间有空，得记下来，提醒自己，不然普通件就变成了急件；四是委托件，授权下级做；五是垃圾件，果断放弃。

从坚守优先级出发，园长要有说"不"的勇气。园长是统揽全局的人，切忌直接的、救火式的服务风格。要实行岗位责任制，谁的责任谁负责，要对教职工的工作提供思想方法的指导、提供评价信息，给予情感态度上的支持；但是绝不替人做事。当然，拒绝下属也是很难的，势必影响他们对自己的态度，园长也一般不忍心看到下属失望。因此，园长要善于平衡阶段性工作绩效和人际关系两者之间的微妙关系，毕竟这两者对于园所长期的经营绩效而言，都具有重大的影响；但是一定要以培养下级对工作的忠诚度为指导原则。

五、学会集中利用时间

园长每天遇到的事情虽然很多，但是都可以按照其性质分门别类，把同等性质的事情集中在一起，放在一个时间统一做，可以大大地提高时间的使用效率。

1. 放弃琐碎的工作模式

在幼儿园里，每一个教职工甚或家长都会占用园长的时间，因为园长有指导和安排教职工工作的责任，有与家长沟通甚至为家长提供家教咨询的责任。所以，这些事务有把园长的时间切割得支离破碎的危险。有很多园长就在这种背景下形成了琐碎的工作模式，一天到晚忙于应付各种来自于教师的问题、家长的问题，忙得像一个不停旋转的陀螺；但是基本都在原地打转，总结中发现工作并没有往前推进多少。

从自己的时间被别人切割的危险中走出来，最好的方法是做好工作程序的设计，达到集中运用时间的目的，如集中运用时间处理教师问题，集中运用时间接待家长的访问。园长应主动做好自己的时间规划，把与教师或与家长互动的时间安排在时间表里并形成惯例。

2. 培养有效的电话沟通的技能技巧

过多的电话也是园长工作和生活压力的一个主要来源。电话本身并不是问题，问题在于园长缺乏有效的电话沟通的技能技巧而沦为"总机"。打进打出的电话都应该速战速决，应尽量集中在一个时间段里把该打的电话都打完，并将一些适合委派给教职工处理的电话交给他们。比如把园所外部来电，转接到相关的部门或保教员工，安排专人先行接听。

3. 研究事情的关联性

审视繁杂的事务，有时能够看出规律来，即事务再繁，都可以分门别类，而同门类的事务都可以集中处理，甚至可以把相关性很大的几件事合并成一件事处理。园长谙熟此理并身体力行，就可以举重若轻。

六、大胆授权

幼儿园是服务机构，园长除了服务家长、幼儿之外，还要支持教职工的工作以及与社区、教委等各单位打交道，若凡事亲力亲为，必定力有不逮，因此，园长要学会有效授权。

（一）为什么要授权

授权的具体原因至少有三个：

1. 授权不可避免

再完善的计划和目标都需要合适的人执行，否则便是纸上谈兵。园长受能力和精力限制，不可能无所不能，因此，必须把技术性的工作和相当多的管理工作授权给下属去执行。

有位园长说得好："我常说，我是做大事的，也是做小事的。不大不小的事情，让别人去做。小事情都是一个个萌芽，如果没发展好，长出来都是毒草，必须除掉。大事，方向要正确，比如教改的方向、管理的方向如果不正确，你越认真、越走得远、越适得其反。"

显然，她所谓的不大不小的事情，基本上都是技术性的事情和一般的管理工作，这些事情是最繁杂的，需要广大干部和职工发挥各自的专长分别去干才能干好，园长在这面授权是必须的。

2. 授权可以解放领导者

园长集人事、训练、财务、教育质量、园务行政等重大责任于一身，倘若缺乏授权的策略及技巧，便会深陷于低层次的琐事当中，无法洞察全局而做有效的领导。

将任务授权或委派给那些做得比自己快、比自己好的人，有助于减少自己管理的压力和工作量，从而解放自己，使自己能够拥有更多的精力专心做那些对幼儿园的发展来说更加重要的事情，克服过去事多只好拖延的恶习等。

3. 有助于提升士气和工作绩效

《孙子兵法》说："将能而君不御者胜。"如果员工有足以胜任工作的能力，管理者就不应干涉他们的行动，反而应给予其更多的权利让他们有所发挥。

有效的授权彰显了园长对教职员工的信任，相信他们有能力做好工作，从而激发他们工作的积极性，并通过给予他们更多的自主权激发他们的主人翁责任感，使他们不再感觉自己只是被动的执行者，而是设计者、组织者，从而积极关心幼儿园的发展。在独当一面的工作过程中，员工得到锻炼的机会，从而提高工作绩效。

因此，管理学家薛帕认为："授权是执行官最有效的时间管理工具"。另一位管理学家巴卡纳提及授权的好处时说："管理者能有更充足的时间从事思考和计划，面临一线的人员比远距离管理者更能做出有效的决策，激发员工士气以及员工能从授权中发展技能并提升生产力。"

（二）如何授权

今天，授权的重要性，已得到越来越多园长的重视，下面是三位园长关于授权的看法：

园长甲："以前幼儿园，一个萝卜一个坑，下面是教师，上面是园长。园长任何事都得管，门卫请假了园长得去顶，厨房没人了园长去顶，东西没人买园长去买，这样的园长就是应付事情。只能说这件事自己做了，而且做完了，但要讲什么效率、什么成果是没有的。园长这样做，我认为不利于一个幼儿园的发展；要想幼儿园发展得好，园长要抓重要的事情；大事干好了，幼儿园基本上就发展好了。"

园长乙："我认为园长更多的是指挥而不是埋头苦干，我常把我们的分园长找来，跟她们说大家一起做、怎么做，而我则去看她们执行的情况，其实也是给她们锻炼的机会。"

园长丙："园长不是万能的，有时候你的思考不一定比下面的人好，如果他有这个能力，为什么要把他的空间淹没呢？"

然而，授权并不意味着简单地要求或指派一名下属完成一项任务或几项任务。正确的授权要求任务的性质和被授权者的能力、兴趣和个性互相匹配。因此，授权建立在对下属充分了解的基础上，要与培训、提高和激励相结合，因此授权的过程也是培养干部的过程；授权的同时，领导不能推卸责任。从实际经验看，那些能带出好队伍的园长，都是在一次次的授权中，帮助教职工提升完成任务的能力和分析问题的能力，让教职工在一次次的调整中提高自己、改变自己；他们知道一个没有跟踪和指导的授权，是不负责任的授权，最终也当然是失败的授权。

关于如何授权，管理学家薛帕和范斯的理论能为园长提供有益的指导。

薛帕将授权分为四步骤：第一，选定合适的员工；第二，对结果形成共识；第三，提供完成任务的职权和方法；第四，监控追踪任务。

管理学家范斯还提出管理者在授权之前，应给予员工适当的训练；在执行任务当中，提供必要的指导；在成果呈现的时候，能促进员工生产力的提升，并在适当的时机给予员工升迁，以担任更合适的职位。

七、提高会议效率

会议是一种重要的管理手段。通过会议，可以使园领导之间、园管理层级之间以及各部门之间互通信息，协调运转。园长可以通过会议，统一指挥，研究部署工作，实现对各部门的调控。会议也可以作为科学决策和民主管理的重要形式。

幼儿园例行的会议制度包括园务会议制度、年级组长会议制度、班长会议制度、教研组组长会议制度、教工代表大会制度、家长会或家长委员会制度，以及卫委会、伙委会制度等。

有些幼儿园学习企业管理的做法，实行每周一次例会制度，通过例会，检查上周任务完成情况，明确总目标，部署阶段性工作重点和各部门具体要求，调配执行人员，沟通各方面信息，协调内外关系，使管理工作动态运行，起到提高工作效率的作用。

现在，园长尤其是公办园园长面临的问题是会议太多。上级主管部门似乎把开会变成解决问题或开展计划之前的一个必要的程序及形式，以至于园长常常要参加各式各样、大大小小不同的会议。事实上，有非常多的会议是不需要召开或园长没必要参加的。这些不必要的会议之所以存在，通常是因为上级各主管部门已经形成一种固定的文化、程序、形式或特殊的人际关系需要满足。园长一方面在会海中疲于奔命；另一方面沾染了会议癖好也在园里组织一些在下属看来没必要的会议，搞得下属疲于应对。

因此，园长不能不考虑提高会议的有效性问题，以加强会议管理。

1. 重视会议的贡献

德鲁克建议召开会议之前，管理者要先问自己：我为什么要召开这个会议？目的是什么？因为有效的管理者坚持开会必须真正有所贡献。他说："有效的管理者在会议开始时，会说明会议的目的和要求达成的贡献，同时，他还会设法让会议紧紧围绕着主题。他绝不会使会议成为一次摆龙门阵的机会，任大家随便发言。当然，如果会议的目的是激发大家的思想和创见，他也不会仅让一个人滔滔不绝。他会刺激每一个与会人员的发言兴趣。但是在会议结束之前，他会回到开场所介绍的主题，使会议获得的结论与主题相符。"

2. 加强对会议的时间管理

斯特格曼和麦肯锡针对校长工作提出的有效的会议时间管理技巧值得园长参考。这些技巧包括清楚明确的会议目标；避免不必要的会议；为会议及所讨论的议题设定时间限制；会前提供会议流程，并要求与会者会前有所准备；只邀请必要的人参加会议；准时开始和准时结束会议；会议中紧紧围绕着会议议程，不准偏离主题。

受此启示，园长一定要注意会议的效率，要规定召开会议的时间期限、任务与内容、主持者或负责人，每个会议都务求解决一个问题，不开没有用的会议。

3. 值得借鉴的经验

园长们要提高会议的效率，发挥会议的管理功能，有必要借鉴一些成熟园长的经验，再结合自己的情况，创造自己的办法。

一位园长说："有些非常重要的事情，我会到每个部门召开小型会议，一个部门一个部门地开，尽量不要四个部门一起过来，除非是业务学习；有时候业务学习结束后的5分钟、10分钟把要求提清楚就好了，千万不要啰嗦。我会把开会的要求都告诉每个老师，或者把要准备的单子发下去；教师不要糊里糊涂来开会。还有我们非常讲究时间观念，中午12:30开会就中午12:30开始，包括家长会也是。在会议中，我事先会做好安排；安排很重要，还有要事先跟别人讨论过、研究过，不要打无准备之战。我们开会的时候，一定要讲清楚什么目标、什么要求、谁去负责、什么时候完成，时间、地点、人物全都定好。会议结束后提供会议记录给与会人员。事实上，正确的会议记录包含了许多重要的功能，比如会议的决议事项，下一步的行动及执行日期，谁负责追踪以及运用何种追踪评估的工具等。如果忽略了会议记录，很可能对会议结果无法进行有效的追踪。"

4. 对于上级主管部门召开的会议，要有取舍的智慧和勇气

如今，园长有相当多的会议通知都来自于上级各主管部门，"下面一根针，

上边千条线"。有时，各部门都通知园长开会，让园长应接不暇。在这种情况下，园长对各种会议必须有取舍的智慧和勇气。

下面是一位优秀园长的经验，很值得借鉴。

对于会议的选择，我是很有原则的。一般的党务会议，我会派工会主席或者派个会记录的党员老师参加，因为很多都是理论的东西，操作的东西是没有的。政务的会议我要分一分的，如果是工作总结，我就会参加，而有的发言跟幼儿园没关系的，我就可以派一个人去。还有些比较小型的座谈会我是必须去的，因为他抽到你一定会叫你发言，这个是要去的。还有些教育界的会议我会看情况，有时我会派副园长去；安全会议，管安全的人去；食品卫生保健会议，就让保健老师去；人事工作会议人事干部去。有什么重大事情，这些人跟我汇报就好。

八、培养提高时间管理效率的一些好习惯

这些习惯包括用好生物钟、报表要简化、办公桌保持整洁、追踪工作成果和给自己一些忠告。

1. 用好生物钟

不同的人有不同的生物钟，有的人早上效率高，属于百灵鸟型；有的人晚上效率高，属于夜猫型；有的人偏偏中午效率高，这就是生物钟的差别。园长要研究自己的生物钟，利用自己效率最高的时间做需要非常清醒的头脑才能考虑清楚的事情。

2. 报表要简化

有时，为了考核评价而取得第一手材料，园长需要向教职工布置报表；但是次数不能多，形式要求不能烦琐；否则教师不仅要付出过高的时间成本，也影响情绪。

3. 保持办公桌整齐清洁

在桌面上只摆放正在处理的文件，这样园长就能够迅速地从自己的办公室里

找到自己需要的文件或档案。

4. 采取严谨的工作态度和方式对工作成果进行追踪

凡事有交代就必须有落实，无论对自己，还是对教职工。

5. 给自己一些忠告

做报告，讲话要简短；打电话，采取长话短说的原则；对下级的请示，要及时处理；晚上睡觉前，对自己利用时间的情况进行总结。

第14章 学会反思
——君子有九思

园长的成长是一个复杂的过程。在这个过程中，园长是否具有反思意识和能力至关重要。反思，是指行为主体"对某个问题进行反复的、严肃的、持续不断的深思"。园长在管理活动中的反思，可以理解为园长对自身、对幼儿园管理实践活动的过程及其潜在的管理观念进行全面深入的思考、回顾和再认识。

一、正确地认识反思

自古以来，优秀领导都有反思的习惯。如今，园长要做好幼教管理工作，同样需要让反思成为自己的工作习惯和生活习惯。

（一）反思的必要性

园长之所以需要反思，是因为园长工作属于高度专业性的工作。所谓专业性工作，是说这种工作有自身独特的规律性，需要较高的素养，需要从业者受过专门的训练并形成与之相适应的专业能力和专业精神才能胜任。专业性工作与普通工作的区别在于：普通工作经过简单的训练就可以上岗，而专业性工作需要受过专门的教育、具备了专业素养后才能胜任。

园长的工作就是高度专业性的工作，因为它是对幼教事业的管理。幼教事业是有规律的，把握这种规律，园长需要学习系统的学前教育知识。幼教工作需要从教者对幼儿有爱心，懂得幼儿身心发展的规律。另外，幼儿园管理本身也有自己的特殊规律和特点，把握了这种规律和特点，才能管理好一所幼儿园。因此，并非什么人都可以胜任园长的工作。一个园长在管理幼儿园之前，必须首先做好专业素养方面的准备，成为专业人员。

专业工作的一个显著的特点，就是通过不断的反思式学习，保持其从业人员的专业水平。因此，反思是园长专业发展和自我成长的核心要求，是园长教育管理智慧的源泉。美国心理学家波斯纳曾提出一个教师成长公式：教师成长＝经验＋反思。这个公式同样适用于园长的成长，因为园长也是教师。从公式中可以看出，园长的成长过程是一个日常工作→总结经验→发现问题→捕捉问题→反思实践的过程。每位园长都具备一定的知识，拥有一些管理工作的经历；但这种经历不会自发地转化成个人成长的宝贵资源。对于有些园长来说，他们有过成功的喜悦和失败的遗憾，有过一些工作的灵感；但疏于反思与总结，"智慧的火花"也转瞬即逝。

因此，反思是一个人联结过去、现在和未来的手段。没有反思，过去的经历就难以构成对今天和未来有用的经验，过去对今天和未来就没有丝毫意义！《中庸》说："人莫不饮食也，鲜能知味也。"感叹人人都有饮食的经历，可是很少有人懂得自己吃过的东西的真正味道，就像猪八戒吃人参果一样，囫囵一口吃完了，连个咀嚼回味的过程都没有，人参果什么味道呢？不知道！吃了等于白吃！所以，苏格拉底说："未经反思（反省）的人生是不值得经历的。"

一个园长或许工作了 20 年，但是如果没有反思，也只是一年经验的 20 次重复！而对于勤于思考的园长来讲，善于记录一个个鲜活的案例，通过对案例的分析与反思，他的管理故事就会成为其个人发展的宝贵资源。事实上，每位园长都有能力对自己的管理行为通过反思进行研究、改造。利用反思这一中介，园长不仅可以获取知识，形成正确的自我概念，同时自己的教育智慧、道德水平、专业知识、教学能力、人格素质和工作效能都能得以提升。

（二）反思的本质

反思的本质就是回到原点考虑问题。

在汉语的日常应用中，"反"就是回、还，"思"就是"思考"。孟子说："爱人不亲，反其仁；治人不治，反其智；礼人不答，反其敬——行有不得者皆反求诸己，其身正而天下归之。"（《孟子·离娄上》）可见，反思就是回到原点考虑问题。

园长反思的原点有两个，一个是自己这个原点，一个是公理标准的原点。

1. 回到自己这个原点

在领导行为中，领导者自己才是责任主体。主体有了问题，不能责怪客体；而客体有了问题，从领导行为本身分析，也是领导主体的引导、教育工作没做好，所以，领导者仍应反思自己的责任，比如指令不明，没有把下属放对位置；威信不够，没有让下属信服自己以致上有政策下有对策；对下属管理力度、教育力度不够。

所以，中国古代领导哲学特别强调领导工作出了问题，领导者首先要反思自己的责任，要求领导者必须是严以自律的表率，做好自我意识管理工作，培养自己作为领导者的专业人格。

佛家讲自性即佛，强调反思必须从自己这个原点出发，非常耐人寻味。佛家故事说，佛祖出生，第一句话是"天上地下，唯吾独尊。"这句话的象征意义是——世界上只有一个救世主，就是自己！一个人不相信自己，不依赖自己，没人能救他。佛祖圆寂前说的最后一句话是："要相信自己，切勿求诸他人。"佛祖这种思想与孔子、孟子思想非常相似，孔子说："君子求诸己，小人求诸人。"（《论语·卫灵公》）君子依靠自己，小人依靠别人。孟子进一步说："行有不得者皆反求诸己。"意思是说事情没做好，不要把责任推到别人身上，首先从自己身上找原因。可见，儒家认为，责任内求还是外求是界定人成熟与否的分野。这启示我们，成熟的园长事情没做好，首先从自己身上找原因，然后就能找到原因，改正错误，提高自己；而不成熟的园长，事情没做好，一股脑儿把责任推到别人身上，可是他忘了推卸一次责任，就等于放弃了一次从自己身上找到原因、改正错误从而提高自己的机会。放弃了无数次这样的机会,会把自己打造成一个只会推卸责任、只会发牢骚、只会怨天尤人的平庸人物。

因此,回到自己这个原点思考问题很重要,不管别人怎样,关键是忠实于自己的责任,反思自己是否做法不当。比如,作为园长,当工作忙不过来时,反思自己是不是做了不该做的事;当园里事事等自己表态时,反思自己是不是喜欢一个人说了算;当职工有话不愿意说时,反思自己是不是有了不好的作风;当职工多报喜少报忧时,反思自己是不是少了应有的威信。

2. 回到公理标准的原点

反思实际上是一种对照,把工作状况与公理标准对照,就发现了偏差,然后纠正偏差,让工作沿着正确的轨道运转。如果园长没有反思的习惯,可能只有行动,而没有效率;或者只有效率,而没有效果。所以,园长不仅要监控教职工工作的正确性,更要时刻监控自己领导工作的正确性,这样就会有反思的能力。如果没有反思,辛辛苦苦的工作也会成为盲目的重复劳动,甚至会因为偏离目标方向而南辕北辙。所以,园长的领导工作要抓两头,一头是生产实践,一头是理论学习。园长应引导大家学会互相对照,自己纠正自己的偏差。

(三)反思对于园长专业成长的意义

反思对于园长的专业成长具有十分重要的意义,表现在以下五个方面:

1. 有利于园长反思管理的意义

园长由于日常管理工作极其繁杂,有时会忽视教师和幼儿成长或保教工作中的问题,失去改进保教工作的契机。反思能够使园长停下脚步,去发现教学行为背后的意义。因此,园长停下脚步,让疲惫的身心静止片刻是很重要的。《大学》说:"知止而后能定,定而后能静,静而后能安,安而后能虑,虑而后能得。"

2. 有利于园长开阔视野

反思实际上是把实践和公理结合的过程,在结合中看出自己实践的偏差,形成心得。所以,反思的过程就是学习的过程,通过这种反思性学习,园长开拓了管理的经验和视野,有助于将来遇到类似的情形加以借鉴。

3. 有利于园长转变心态

有了反思的经验，园长就会体会到有必要接纳外界刺激，倾向于以开放的态度面对自己的优缺点，以理性心态面对问题。

4. 有利于园长发现盲点

通过反思，园长有机会对管理问题进行重新的检视与澄清；体会到可以从不同角度看待管理，帮助自己发现管理的盲点。

5. 有利于园长管理经验的运用和推广

园长可以从反思经验中得到帮助和启示，并运用于实践。

没有反思，一个人就是感觉主义者，仅仅是在被动地应付生活和工作，是生活和工作的奴隶。有了反思，一个人就等于有了"我的命运我做主"的意识。人的主体性乃至人的积极性、人的活力正是从反思开始的。

（四）反思的手段

反思的手段很多，最常用也最重要的一种手段是写反思日记或管理随笔。

园长撰写反思日记或教育管理随笔的目的，是使自己对一天的管理行为过程和效果进行反思，提高教育管理行为的自觉性。要提高管理水平，园长应养成每天写随笔或写反思日记的习惯。

反思日记，可以使园长记录每天管理活动中重要事件的过程和结果，成为自己再省思、锻炼思维能力的最好素材；也可以成为日后处理类似事件的参考。

反思日记，是园长与自己进行专业对话的一种形式。反思日记是比较个人化的记录和资料，如果能够将日记中的一些事件写成教育案例，就可以实现与同行的分享，发挥同行之间"专业对话"的作用。

园长通过反思日记，进行自我反省与批判，不断地将公理与实践做对照，不仅有助于改进自己的管理工作，提高领导艺术水平；更有助于增强自己的专业自主性，做自身专业发展的主人，持续地提升自己的专业素养。

二、反思的角度

要想做一个专业化的幼儿园领导,园长需要从哪些角度反思呢?在这方面,中国古代的领导哲学会给我们很多启示。

(一) 兵家的角度

《孙子兵法·计》中讲:"将者,智、信、仁、勇、严也。"其启示园长,应从"智"、"信"、"仁"、"勇"、"严"五个角度对自己的工作进行反思。

1. "智"的反思

"智",就是一个领导者的业务水平。园长要经常反思:"我有'智'吗?"然后,努力地在一般文化知识、学前教育知识和管理才能三方面提高自己。

(1)提高科学文化知识。当今社会,科技飞速发展,社会节奏加快。园长不能再满足于已有的文化知识水平,要有更新知识的紧迫感,关注社会的新变化,开阔视野,培养较广泛的兴趣爱好,具备一定的语言表达能力,丰富精神世界。这样,园长就必须从繁忙的管理工作中抽出时间学习,不断提高自己的文化素养,培养高尚的情操,深刻地理解幼教事业的意义,进一步掌握专业知识。

(2)具有学前教育、卫生保健方面的知识。园长应掌握学前教育理论,不断地学习教育科学知识和有关卫生保健知识,把握幼儿的年龄特点和身心发展的规律,并据此布置和指导工作,将幼儿园工作纳入科学轨道。通过提高学前教育、卫生保健方面的知识修养,做到能按照营养学知识指导幼儿食谱的制定,依据幼儿生长发育的特点合理安排幼儿一日生活制度;能运用有关幼儿发展和教育的规律性知识指导幼儿园保教工作,并针对本园保教工作中存在的问题组织教职工搞好教科研工作,避免工作的盲目性。

(3)具备管理才能。园长管理才能的内容主要包括组织能力、工作作风、工作方法。组织能力表现在能够把幼儿园的人力、物力、财力用在刀刃上,使每个教职工各司其职、各尽其责。工作作风表现在雷厉风行,有令则行,有禁则止,沉着冷静，不主观、不急躁。工作方法表现在工作中善于独立思考，也善于同群众商量，凡事寻求最优的方案，虚怀若谷，善于以理服人，方法细腻，不单纯依靠行政命令。

2."信"的反思

"信"就是领导者的信用水平，园长要经常反思："我有足够的公信力吗？"

《论语·学而》说："信近于义，言可复也。"可见，"信"就是真实无欺，既不欺人也不欺己，本质上是对自己所持的信念、原则和语言发自肺腑的忠诚，是自我人格之统一性与完整性的现实体现。孔子说："人而无信，不知其可也。"（《论语·为政》）又说："民无信不立。"（《论语·颜渊》）《左传·僖公三十五年》中说："信，国之宝也；民之所凭也。"所以，信是一个人通过保持自我同一性而被别人认同的宝贵素养，是人的品质中不可或缺的元素。

显然，园长必须做到取信于民，这样不仅要重承诺，更要处事公道。

某省实验幼儿园的一位园长在总结她的工作经验时这样说："我们办什么事情不可能完全正确，也不会事事都是最佳方案，更不会百分之百的科学合理，但我们应该做到公平、公正。第一，要有一个处理事情的标准，这个标准要能被大多数群众所接受；第二，要严格执行这些标准；第三，任何人在这些标准面前都必须拥有同等的权利和义务，并拥有同等的机会；第四，在一些涉及教职工切身利益的重大问题面前，如分配住房、评定职称、提拔干部、进修深造等事情时，还要做到公开，并且运作程序也要公开。比如中层干部竞争上岗时，我们幼儿园经反复酝酿讨论，拟定了岗位职责、任职条件，张榜公布，并通知到因故不在本地的教师返校参加竞争上岗，使每个教师机会均等。然后，我们在全封闭的情况下拟定试题，召开全园教职工大会，让竞争者公开演讲答辩，由各类代表性人员组成评审组当场打分，同时由与会人员投票，并由群众代表监督各运作程序。由于竞争上岗严格按照公平、公正、公开的程序进行，竞争上岗的教师是众望所归，他们走上中层领导岗位后，在工作实践中充分展示了他们的才干，受到大家好评。没有竞争上的同志也毫无怨言，因为竞争的结果体现了民意。"

3. "仁"的反思

"仁"就是情感投资，作为园长，要经常反思："我的情感投资够吗？"

《论语·颜渊》解释"仁"为"爱人"。可见，"仁"是一种发自内心的对他人的关怀和爱护，从管理角度讲，"仁"就是情感投资。"仁"在管理中的价值就在于能够通过建构情感相融的干群关系，调动群众工作的积极性，培养群众对组织的忠诚度。

《孙子兵法·地形》说："视卒如婴儿，故可与之赴深溪；视卒如爱子，故可与之俱死。"《史记·孙子吴起列传》讲了这样一则故事：

吴起为将，与士兵同吃同住，睡觉不铺席子，行军不骑马乘车，与士兵分吃自己带的干粮。士兵有长痛疽者，吴起用嘴为其吸出脓液。这个士兵的母亲听说这件事哭起来。有人问她："你的儿子只是一名士兵，将军亲自为他吸出脓液，你哭什么呀？"士兵的母亲说："往年吴将军为我儿子的父亲吸吮脓液，他的父亲战不旋踵，拼死沙场。将军今天又为我的儿子吸吮脓液，我不知道儿子又要死在什么地方了。"

由此可见，领导者关怀和爱护员工，可以满足人的情感需求，换回员工努力工作的回报。

尤其幼儿园是典型的女人的天下。俗话说："女人成堆事成堆"，因为她们基本上是情感大于理性的。所以，有时也会出现讲道理无用的情况。这个时候就只好用情感感化的方式。所以，很多优秀的园长都有不讲道理的一面，他们知道对女教职工更应该加大柔性管理和人文关怀的力度。

4. "勇"的反思

"勇"就是有魄力，表现在有创新精神和担当精神。园长应该经常反思："我有'勇'吗？"

（1）"勇"表现在有创新精神。园长之所以要有创新精神，因为今天"新"已经不可避免：教职员工面孔新（更换频繁）；担任园所要职的新人辈出；家长也越来越求新，逼着幼儿园硬件设备新、建筑风格新、招生宣传广告新、办园理念新。因此，作为园长必须把创新作为幼儿园发展的立足点，不仅自己要创新管理方式，也要大力支持教师改革创新。

比如农村幼儿园要支持教师因地制宜创特色。农村有丰富的农产品资源，这些都为幼儿园园本课程的开发提供了丰富的资源，也为幼儿提供了接触大自然的机会。比如教师可以带领幼儿去花生地摘花生，去果园摘苹果，去菜农地里种白菜、萝卜等；可以带领幼儿参观农民的劳动；还可以在幼儿园开辟种植园，开设自然角。农村幼儿园还可以结合家乡特色及教师在童年时玩的游戏，制作玩具作品，让教师把自己小时候玩的游戏教给孩子，不仅能让孩子玩得开心；而且能极大地丰富幼儿的知识，增强幼儿动手操作能力，增强幼儿爱家乡的情感；同时也使教师有了自主权，有了一块属于自己的小空间，更好地施展了自己的才华。

园长在工作中要不断地给教师提出新问题，给教师以新的启发，鼓励他们大胆进行课程改革的探索，积极尝试以孩子的体验、探索、操作为主的现代教育方法。当然，改革并不是意味着把原来的东西统统推翻，对原有的常规不断充实、完善，也是创新。

（2）"勇"还表现在园长要有担当精神。创新是有风险的，一方面园长在创新前要通盘考虑，考虑到风险的可能性，做到凡事有预案。另一方面，创新中一旦出现失误，园长要敢于承担责任，包括替教师担责。有担当精神的园长才会众望所归，才会让幼儿园里有越来越多的勇敢创新者。

5. "严"的反思

"严"包括严以自律和严以律人。园长要经常反思："我是一个'严者'吗？"

（1）优秀园长都是严以自律的典范。要求教职工做到的，园长首先应努力做到；要求教职工不做的，自己坚决不做。正如孔子所说："政者，正也。子帅以正，孰敢不正！"

因此，"严"的对象首先是领导者自己，园长首先要让自己能经受严格管理的考验，然后才能考验别人。

（2）对教职工敢于严格管理，能够将法律、制度、政策、指令贯彻到位，提高执行力。

（二）道家的角度

道家强调领导者应该有八项修炼。老子说："知人者智，自知者明，胜人者有力，自胜者强，知足者富，强行者有志，不失其所者久，死而不亡者寿。"（《道德经》第三十三章）老子强调领导者要修炼智、明、力、强、富、志、久、寿八项修养。

（1）"修智"，就是修炼认识别人的能力。园长要经常反思："我了解别人吗？"园长若不了解别人，也就无法领导别人。

（2）"修明"，就是修炼认识自己的能力。老子认为，了解自己比了解别人还重要。园长要经常反思："我真的了解自己吗？"通过反思，就能在自己的知识结构图表上发现"明了区"、"模糊区"、"盲区"、"误区"。"明了区"是自己的知识和能力完全能够驾驭的区域，研究自己的"明了区"，有助于增强自信；"模糊区"是自己似懂非懂的区域，研究自己的模糊区，有助于通过培根固本，发展专业性；"盲区"是自己一无所知的区域，研究自己的盲区有助于放弃一些力有不逮的诱惑，以谦逊的态度把任务授权给在这方面比自己能力更强的人，也有助于增强学习内驱力；"误区"是自以为是但在当下已完全不在行的区域，研究自己的误区可以避免犯严重的错误。

（3）"修力"，就是修炼综合竞争力。综合竞争力最终体现在核心竞争力上，园长要打造自己的核心竞争力，要经常反思："我在教学上、在教师工作中、在家长工作中、在支持性环境创设上、在招生上，有核心竞争力吗？怎样打造自己的核心竞争力？"

（4）"修强"，就是修炼战胜自我的能力。在这一点上，园长应该接受陶行知先生的建议，每日四问："一问自己的健康有没有进步，二问自己的学问有没有进步，三问自己担任的工作有没有进步，四问自己的道德有没有进步。"

（5）"修富"，就是修炼正确的财富观。财富观体现着一个人的核心价值观的健康水平，而价值观元素对领导力起着巨大的影响作用。如果领导的财富观是错误的，就会为聚敛财富而不择手段。因此，园长要经常反问："我的财富观正确吗？"财富包括物质性财富和非物质性财富。老子说"知足者富"，启示我们，人对物质财富的需求是有限的，不必把精力过多地浪费在这个方面；可是，人对非物质性财富的追求却是无限的,人要能摆脱物质性财富对自己的诱惑,就可以在非物质性财富方面大有收获。什么是非物质性财富,非常耐人寻味!作为园长,带出一支优秀的幼教队伍,为幼儿幸福的一生奠基,通过卓越的两个服务的工作,提高社会的福利水平,赢得尊重,实现自己的人生价值,这就是最大的非物质性财富。

(6)"修久",就是修炼同一性。一个幼儿园要形成特色,就必须把过去和现在的先进经验和精神保持下去,不能随便改变方向。否则,今天这样搞明天那样搞,就不会形成自己的传统。所以,幼儿园里好的精神要薪火相传,好的措施要保留,好的规矩不能变。后任园长要总结前任园长的经验,要肯定过去的成绩并且发扬光大,要在继承优良传统的基础上开拓创新。否则,随便新官上任三把火,是搞破坏,是不懂得幼儿园发展的连续性。因此,优秀园长总是尊重前任的好的做法,在前任基础上添砖加瓦;糟糕的园长才不顾历史,随便另起炉灶!因此,园长每日要反思:"我园的好传统,我有保护意识吗?"

(7)"修寿",就是修炼精神力量。作为园长应有一种能够超越形体的精神力量。有这种力量,一个人就能做到"死而不亡"。其实,教育传承的就是这种不死的精神。每一位幼儿教师都应该是这种精神的传递者和捍卫者!尤其是园长,作为幼儿教师,也作为教师的教师,更应该成为这种精神的弘扬者、呵护者,并且力求自己成为这种精神的活的载体,力求自己站在孩子和教师面前,就是一本教科书。让孩子和教师读着你,如饮醇醪。那么园长每天都应该反思:"我有精神力量吗?"

(三)儒家的角度

儒家的三省、四忧、九思同样给后人留下深刻的印象。

1. 吾日三省

《论语·学而》篇中的曾参说:"吾日三省吾身,为人谋而不忠乎?与朋友交而不信乎?传不习乎?"曾参的每日三省非常适合园长作为每天的必修课。

(1)"为人谋而不忠乎?""忠",朱熹注曰:"尽己之谓忠"。因此,这句话是提醒园长首先要学会从为群众负责的角度反思:"我为群众办事是不是尽心竭力?"

（2）"与朋友交而不信乎？""信"，朱熹注曰："以实之谓信。"因此，这句话是提醒园长要学会从处理同事、朋友关系的角度反思："我同同事、朋友交往是不是诚实可信？"一个园长经常这样反思，就能够优化自己工作的内外环境。

（3）"传不习乎？""传"，朱熹注曰："受之于师谓之传。"其实，"传"还可以从"传道"的意义上理解。过去，人们往往把这句话理解为："老师传授给我的学业是不是复习了呢？"可是，"习"还有练习、演习、实习、实践的意思，显然按后者翻译更符合《论语》重视实践的原意。这样，这句话就可以解释为："从老师那儿学到的东西或者我要求别人做到的东西，我自己身体力行了吗？"显然，这种理解对于园长改进领导作风更有启发，强调即知即行，要求下属和群众做到的，自己首先就要做到。优秀园长从来都是严以律己、以身作则的典范。

2. 四忧精神

孔子说："德之不修，学之不讲，闻义不能徙，不善不能改，是吾忧也。"（《论语·述而》）朱熹集注："尹氏曰：'德必修而后成，学必讲而后明，见善能徙，改过不吝，此四者日新之要也。苟未能之，圣人犹忧，况学者乎？'"这段话启示园长，要实现自己的专业化，必须有四种忧思精神：一忧道德不修，二忧学问不讲，三忧义不能徙，四忧择恶固执。孔子的四忧精神折射出难得的反思意识。

（1）道德不修。园长的道德决定幼儿教师的道德，幼儿教师的道德决定能否为幼儿健康成长奠定扎实的道德基础，而幼儿的道德基础是否扎实将直接决定未来国民的素质。今天很多国民道德不修已严重影响到国家形象。

有报道：巴黎圣母院的门口用中文写着一行字——"请勿大声喧哗"；美国珍珠港，垃圾桶上也用中文写了一行字——"请把垃圾丢在此"；泰国皇宫的厕所里面，用中文写着一行字——"便后请冲厕"。

为什么外国人要在显眼的地方用汉字写这样的忠告？因为有些中国的留学生、游客连这些基本的道德、礼仪都不懂，所以才惊动人家专门提醒。一些留学生、游客德之不修，根子从学前道德教育的缺失中可见端倪。

试想如果每个园长都有修德意识的话，是不是会特别重视幼儿的道德教育呢？是不是会特别注意给幼儿的成德创造支持性、示范性环境呢？该园的孩子长大后到国外留学、旅游时不修德的现象是不是会大幅减少呢？所以，国民道德的改善有赖于园长的忧德意识。

（2）学问不讲。"讲"就是研习学问。园长如果不以学问为宝，那么很难形成一个园所的学习型文化，很多幼儿教师就不会成为学习者，那么在这样的教师主导下的幼儿启蒙教育一定是不扎实的。而幼儿阶段是奠定人生知识、能力、道德、习惯基础的关键期，关键期的教育没做好，以后受到再好的教育也难以弥补这种损失。所以，全世界都重视早期教育。而在早期教育的成效中，园长是一个重要元素，所以，园长研习学问精神是非常重要的，这种精神会感染教师，使教师也成为终身学习者和研究者。学得好，才能教得好，才能完成服务幼儿成长这个专业任务。过去，经常有一种说法："教师要做人师，不做经师"。这种说法值得商榷，因为好经师才能成为好人师！学生是不会心甘情愿接受一个知识浅薄的教师的！要做好人师，先得把经师的基本功打好！所以，教师必须成为学习型教师，要以研究者的心态置身于教学情境之中，以研究者的眼光审视和分析教学理论与教学实践中的各种问题，对自身的行为进行反思，对出现的问题进行探究，对积累的经验进行总结，力求形成规律性的认识。而这种学习型风气一开始得由园长引导和带动。

正是从这个角度讲，园长必须有忧学意识。

（3）义不能徙。在"闻义不能徙"中，"徙"就是一点点的进步。现实中，人们最容易忽视的就是一点点的进步。孔子又用堆土成山为喻说明坚持一点点进步的重要性，"譬如为山，未成一篑，止，吾止也；譬如平地，虽覆一篑，进，吾往也。"（《论语·子罕》）孔子这是在鼓励学生们在道德品质的塑造上，要坚持不懈，要有"闻义不能徙"的忧思，在任何时候对听到、看到的合理的事情都要积极响应，一点点的靠近，积小善为大善。

在企业管理中，"戴明循环法"很能说明孔子的"徙义"法。戴明循环研究起源于20世纪20年代，认为任何有过程的社会活动都是四个环节——计划、执行、检查、处理（Plan-Do-Check-Act）的循环，简称PDCA循环，即整个管理系统的各个层次、各个环节都在进行计划→实施→检查→处理这种循环，其中"计划"是明确目标、制定方案的过程，是整个循环的起点和基础；"实施"是努力实现目标、执行方案的过程;"检查"对整个循环起着控制和把关的作用;"处理"则是一个总结与改进的环节,是使循环得以自我完善的重要阶段。

第二次世界大战后,日本的松下、索尼、本田、重工等都先后应用戴明循环,使日本的产品质量达到被世界广泛承认的水平。有的教练也把戴明循环应用到体育训练当中,称之为"百分之一进步法",就是每天进步一点点,积累成巨大的成功。乔丹所在的芝加哥公牛队的教练要求所有的队员,每天进步百分之一,第二天比第一天要好百分之一,比前一天多投进一个球,比前一天配合更默契一点。就这样,连续拿下六届 NBA 总冠军。

戴明循环法的基本精神就是在正确目标计划指导下一点点地完善自我,重视自我检查、反思;发现问题,一点点地改进和完善。因此,整个戴明循环的过程就是"徙义"的过程。

园长有"义不能徙"的忧思,就能自觉不自觉地实践戴明循环法,从而在幼儿园管理中获得巨大成功。

(4) 择恶固执。"不善不能改,是吾忧也。"孔子担心的是人性中一种暗礁——"择恶固执"。他启示弟子:人的成长过程就是人心向善——择善固执——止于至善的过程,在这个过程中问题一般出在第二个阶段,即"择善固执"变成了"择恶固执",其表现就是"不善不能改"。

园长工作中很容易出现这样的问题:明明一些做法、想法和习惯不好,却不思改变,抱残守缺,固执己见,恶性循环,这些"不善"足以构成毁掉自己乃至幼儿园发展前程的"炸弹"。所以,孔子讲:"不善不能改,是吾忧也。"园长有对"择恶固执"的忧思,才能反思,有反思才能发现暗礁,清除暗礁。园长有对"择恶固执"的忧思,也才能下决心,与自己的陋习、陋见做斗争,自己为自己立法。

园长在为自己立法的过程中,特别需要借鉴孔子的"四毋"精神。《论语·子罕》载:"子绝四:毋意、毋必、毋固、毋我"。

- "毋意",就是不凭空揣测。园长在领导工作中要有客观精神,做判断以事实为准绳,避免先入为主的主观主义。
- "毋必",就是不做绝对化判断。园长在与教职工互动时,应充分考虑到人是复杂因素综合作用的产物,不要对人做简单的定性判断。

- "毋固"，就是不固执己见。园长要保持思维和心灵的开放性，不固执己见，也不自我封闭，敢于诚恳地接受批评和意见，不随便嫌恶任何一个人。
- "毋我"，就是不自我中心主义。园长要克服自我中心主义的不良心理倾向，学会换位思考，评价别人不带主观色彩。

每天，园长都应从"择恶固执"的忧思出发，反思一下："我能做到'毋意'、'毋必'、'毋固'、'毋我'吗？"

3. 九思法

和曾参每日"三省"比较起来，孔子的君子"九思法"对园长加强自我反思更有具体指导意义。《论语·季氏》记载："孔子曰：'君子有九思：视思明，听思聪，色思温，貌思恭，言思忠，事思敬，疑思问，忿思难，见得思义'。"

- 视思明，是指要反思是否真的看明白。因为，表象与真相经常不一致，园长必须学会透过现象看本质，经常反思自己是否被表面现象甚至假象所惑。
- 听思聪，是指要反思是否听得清楚，是否偏听偏信，是否听进了各方面的意见，尤其是反面的意见；是否听见了弱势者的声音。
- 色思温，是指做教职工和家长工作时要反思脸色是否温和。要对群众有热情，要微笑服务。一些园长受官本位意识影响，整天满脸严肃，不苟言笑。一些园长用过高的标准要求教职工，缺乏对教职工的宽容和谅解，最终都会使自己丧失应有的亲和力。
- 貌思恭，是指态度上要反思是否谦恭有礼貌。既然领导就是服务，园长就必须对教职工有一种恭敬虔诚的态度。比如，与教职工交流要全神贯注，有话好好说，不盛气凌人，不动辄激动，照顾教职工的情绪和感受，否则教职工还怎么敢对园长有所期待呢？
- 言思忠，是指要反思说话是否负责任。园长讲话要有"法"可依，不该说的不说，该说的要敢说，要想好了再说，不说有碍团结、不利大局、违背原则、没有根据的话；既不失言，也不乱言。说话要有利于解决问题，有利于和谐。

- 事思敬，是指做事要反思是否严肃认真。孔子说："敏于事而慎于言。"(《论语·学而》)强调低调说话，高调做事。又说："执事敬"(《论语·子路》)、"修己以敬"(《论语·宪问》)、"事君，敬其事而后其食"(《论语·卫灵公》)，都是强调对工作百分之百负责，把主要精力放在提高工作能力上，先把事做好再考虑荣誉、报酬等问题。

- 疑思问，是指有疑问时要反思是否恳切发问。孔子说："盖有不知而作之者，我无是也。多闻，择其善者而从之，多见而识之，知之次也。"(《论语·述而》)又说："多闻阙疑，慎言其余，则寡尤；多见阙殆，慎行其余，则寡悔。言寡尤，行寡悔，禄在其中矣。"(《论语·为政》)都是在强调做人要有老老实实的学习态度，不懂就问，先做看准的事，看不准的要存疑，然后请教行家。

- 忿思难，是指发怒时要反思后果能否承受。如果后果不能承受，就得忍住一时之气。它启示园长要做情绪的主人，每临大事有静气，常怀律己之心，常想冲动之害。要学会盛怒之际，适时缓冲一下情绪，尽量让自己心气平和一点。

- 见得思义，是指见到好处要反思该不该要。它启示园长处理好"得"与"德"的关系，做到"欲而不贪"(《论语·尧曰》)，即可以有在物质、名位、精神生活、情感生活上的追求，但是必须以正当的手段取得，不能有损他人的利益，尤其是在教职工物质生活、精神生活还处在低水平的时候，园长更应该见得思义、以"德"律"得"，这样才能赢得教职工的真诚拥护，为官有为。

 学前教育类书目

书号	书名	著、译者	定价(元)
幼儿园教师专业成长指导			
2547	认识婴幼儿的游戏图式	张晖 等译	48.00
2113	做会沟通的幼儿教师	胡剑红 等主编	38.00
2236	幼儿园文案撰写规范与技巧	刘敏 等著	52.00
2311	幼儿园探究性环境创设（四色）	康丹 等译	48.00
2056	小脑袋，大问题（四色）	孟晨译	48.00
2309	破解幼儿园教师的90个工作难题	杜长娥 徐钧 主编	52.00
2112	幼儿园优质教研活动设计方案	朱清 等著	38.00
1781	给青年幼儿教师的建议	吴邵萍 著	40.00
8470	答新手幼儿教师120问	刘洪霞 主编	28.00
1798	幼儿园新手教师指导手册	王芳 等著	48.00
1783	从新手到骨干——幼儿教师专业成长故事	尹坚勤 编著	42.00
1780	幼儿教师追求幸福的方法	余胜兰 著	42.00
9111	做个幸福快乐的幼儿教师——为你的专业成长支招	莫源秋 著	28.00

编号	书名	作者	定价
9047	幼儿教师临场应变技巧60例		25.00
8930	幼儿教师易犯的150个错误	编著	32.00
0070	幼儿教师必知的礼仪规范	佳 编著	38.00
9611	幼儿园教师必知的60条教育政策与法规	洪秀敏 编著	34.00
幼儿园教师专业成长指导系列合计			**681.00**
幼儿园教师教学技能与活动指导			
2727	从头到脚玩绘本（全彩）	董旭花 张海豫 主编	78.00
2253	理解儿童心理从绘画开始（全彩）	陈侃 著	38.00
0760	幼儿园备课·说课·听课·评课	俞春晓 等 著	42.00
9499	幼儿教师必须修炼的10项教学技能	俞春晓 著	25.00
9454	幼儿园教学诊断技巧与对策58例	王春燕 等 著	38.00
9612	幼儿园综合主题活动 ——设计技巧与优秀案例	赵旭莹 等 主编	42.00
1235	幼儿园绘本美术活动创意设计（全彩）	郭莉萍 赵福云 主编	68.00
9323	幼儿园美术活动创意设计（全彩）	罗梅 赵福云 主编	56.00
0180	给幼儿教师和家长的81条美术教育建议（全彩）	李力加 著	62.00
9150	幼儿园节日活动精彩设计方案	刘洪霞 主编	35.00
9590	幼儿园语言活动创新设计	郭咏梅 著	32.00

……
欲了解更多图书信息，请登录：www.wqedu.com
联系地址：北京市西城区三里河路6号院2号楼213室　万千教育
咨询电话：010-65181109，65262933
*本目录定价如有错误或变动，以实际出书为准。